教育部人文社会科学研究规划项目（编号：18YJA630138）

去中心化情境下企业创新实施中知识治理的困境与对策研究

张建宇　著

中国财经出版传媒集团

经济科学出版社
Economic Science Press

图书在版编目（CIP）数据

去中心化情境下企业创新实施中知识治理的困境与对
策研究／张建宇著 . -- 北京：经济科学出版社，
2022. 5

ISBN 978 - 7 - 5218 - 3627 - 1

Ⅰ . ①去… Ⅱ . ①张… Ⅲ . ①企业创新 – 研究 Ⅳ .
①F273. 1

中国版本图书馆 CIP 数据核字（2022）第 065969 号

责任编辑：程晓云　王金红
责任校对：李　建
责任印制：王世伟

去中心化情境下企业创新实施中知识治理的困境与对策研究

张建宇　著

经济科学出版社出版、发行　新华书店经销

社址：北京市海淀区阜成路甲 28 号　邮编：100142

总编部电话：010 – 88191217　发行部电话：010 – 88191522

网址：www. esp. com. cn

电子邮箱：esp@ esp. com. cn

天猫网店：经济科学出版社旗舰店

网址：http：//jjkxcbs. tmall. com

北京季蜂印刷有限公司印装

710 × 1000　16 开　12 印张　260000 字

2022 年 7 月第 1 版　2022 年 7 月第 1 次印刷

ISBN 978 - 7 - 5218 - 3627 - 1　定价：48. 00 元

（图书出现印装问题，本社负责调换。电话：010 – 88191510）

（版权所有　侵权必究　打击盗版　举报热线：010 – 88191661

QQ：2242791300　营销中心电话：010 – 88191537

电子邮箱：dbts@ esp. com. cn）

前　言

　　网络技术的普遍应用和平台商业模式的兴起让众包、众筹和众创成为新兴事物而得到普遍关注和应用。这一背景下个体对组织的依赖程度越来越小，分散于不同区域、时空、组织甚至部门的拥有异质化知识个体的自主集聚力量要高于以往任何时刻。相对于过去以企业为中心的整合创新，一些脱离于企业科层控制的个体或组织开始成为企业创新知识的重要贡献者。去中心化成为企业创新中面临的一种情境，企业创新的知识贡献者分散于不同区域、时空、组织甚至部门，且大多不受企业控制。多元且失去有形壁垒的知识节点成为企业创新实施的催化剂，去中心化情境下企业的知识活动突破了传统情境中"集体性行为"和"独占性获取"的基本假设，逐渐走向"自主行为"和"开放共享"状态，这无疑给知识治理提出了新的挑战。

　　本书作为教育部人文社会科学研究规划项目（编号：18YJA630138）的结项成果，重点从去中心化情境下创新的内涵把握与理解出发，将去中心化情境下的创新界定为特定情境下囊括了对手和用户的多层次合作创新，将创新的表现形式聚焦在搜索基础上的知识碰撞，强调去中心化情境下创新是企业对创新资源的搜索，注重的是知识碰撞和重组，强调的是分散知识节点碰撞之后的累积性结果。本书研究发现，去中心化情境下用户已经是创新的重要知识贡献者，企业更多表现出无边界和开放性，创新过程是自主节点知识的反复拼凑过程。企业越来越倾向于吸纳更加分散化和多元化的创新者，利用分散于企业内外部的各类知识，融合转化为更丰富的产品与服务。由于企业是无法创造知识的，唯有个体才能创造知识，因此去中心化情境下企业创新实施时的角色就是支持和激励自我管理的分散个体努力去碰撞、拼凑和创造知识，而这是知识治理而非知识管理需要完成的核心工作。组织有必要设计合理的组织结构和机制来确保自身扮演好以上角色。

　　本书研究发现，去中心化情境下企业创新实施的三重知识治理困境，主要表现在节点知识公共化与私有化的平衡困境、节点知识原子化与网络化的平衡困境以及节点知识冗余化与精益化的平衡困境，本书重点分析了以上三重困境，并从组织双元性视角提出了对应的解决思路。鉴于去中心化情境下每一个知识个体呈现出自我管理的松散状态，企业的知识创造特点此时就符合坎贝尔（Campbell，1960）谈及的盲目变异和选择性保留（Blind Variation and Selective Retention，BVSR）的进化特点，企业单纯以假想的集中式高层理性借助科层体系去管理企业内外部每一个知识个体已不再现实，因为这些自我管理的知识个体（节点）之间形成了一种相互依赖的新型共生关系，每一个知识节点都难以被企业所观察和管理，在某种程度上甚至处于失控状态，这也给企业知识治理提出了更多难题和挑战，这也是本书在探索过程中需要进一步思考的问题。

本书在完成过程中经历了很多困境，尤其在研究过程中有很多现实问题需要进行抽象化描述时总有不准确之处，企业的现实调研也由于疫情总有间断。好在天津财经大学商学院为我开展课题研究提供了良好的支持条件，商学院院长彭正银教授在课题研究过程中也提出了很多难得的意见，在课题研究过程中也得到了国内外同行的指导，包括了东北财经大学陈仕华教授、东南大学杜运周教授、南开大学李辉教授、清华大学王涌教授、西南政法大学韩炜教授、加拿大布鲁克大学周连喜教授、加拿大麦凯文大学魏小军教授等，在此一并致谢。

当然，本书完成过程中我的科研团队也付出了很多努力，参加本书研究的博士生和硕士生在查找资料、统计数据等方面付出了很多努力，博士生杨旭贡献良多，尤其他本人独立完成第3章和第6章内容的撰写。博士生王师静云，硕士生李捷、林香宇、孙溶梓、张磊鑫、李嘉星、王一凡等同学深度参与了本书的初稿工作。对硕士生而言，这是难得的学术训练机会，硕士生李捷和林香宇尤为认真，林香宇负责了内容2.1、李嘉星负责8.1、张磊鑫负责8.2、王一凡负责5.1、华梦梦负责5.2、侯容容和徐婧婵共同负责了7.1和7.2。值得说明的是，在完成本书过程中课题组成员相互帮助，很多内容实际是大家共同完成的。当然本书中有很多不完善或错漏之处，一些观点也需要进一步推敲，文责和观点都由本人负责，欢迎读者批评指正，联系邮箱zhangjianyu@ tjufe.edu.cn。

张建宇

2022 年 3 月

目　录

第1章　去中心化情境下创新的再认识 ················ 1

　1.1　去中心化情境下创新到底是什么 ············ 2

　　1.1.1　创新定义的再认识 ··················· 2

　　1.1.2　去中心化情境下创新内涵的再解读 ········ 3

　1.2　知识视角下创新理论的演进 ··············· 5

　　1.2.1　宏观层面的创新理论解读 ·············· 6

　　1.2.2　产业层面的创新理论解读 ·············· 8

　　1.2.3　微观层面的创新理论解读 ············· 10

　1.3　创新实践的发展脉络 ··················· 12

　　1.3.1　狩猎采集社会的部落创新实践 ·········· 12

　　1.3.2　农业社会的国家创新实践 ············· 14

　　1.3.3　工业社会的公司创新实践 ············· 16

　　1.3.4　知识社会的平台创新实践 ············· 17

　1.4　去中心化情境的界定与认识 ·············· 22

　　1.4.1　认知层面的去中心化情境 ············· 23

　　1.4.2　技术层面的去中心化情境 ············· 25

　　1.4.3　社交网络层面的去中心化情境 ·········· 27

第2章　去中心化情境下企业创新实施过程及知识表现特征 ····· 30

　2.1　去中心化情境下企业创新实施的过程 ········· 30

　　2.1.1　创意的产生和筛选 ·················· 31

　　2.1.2　创新的实施与完成 ················· 35

2.2　去中心化情境下企业创新实施的知识支撑 ……………… 37

　　2.2.1　知识的内涵与分类 ………………………………… 38

　　2.2.2　数据、信息与知识 ………………………………… 40

　　2.2.3　知识的去中心化特征 ……………………………… 44

　　2.2.4　知识创造与创新 …………………………………… 44

2.3　去中心化情境下企业创新的知识创造过程 …………… 46

　　2.3.1　知识创造的一般性质 ……………………………… 46

　　2.3.2　去中心化情境对知识创造的影响 ………………… 48

2.4　去中心化情境下创新的知识表现特征 ………………… 51

　　2.4.1　主体的多元性与多样性 …………………………… 52

　　2.4.2　信息的冗余性 ……………………………………… 53

　　2.4.3　内容的弱可控性 …………………………………… 53

　　2.4.4　载体的依附性 ……………………………………… 54

第3章　去中心化情境下企业创新实施中知识活动的困境 ……… 56

3.1　去中心化情境下企业知识占有的困境与障碍 ………… 57

　　3.1.1　知识占有的表现特征 ……………………………… 57

　　3.1.2　去中心化情境下知识占有的障碍 ………………… 60

3.2　去中心化情境下的知识流动及其障碍 ………………… 63

　　3.2.1　不同程度的知识流动对企业创新实施的影响 …… 64

　　3.2.2　去中心化情境下知识流动的障碍 ………………… 66

3.3　去中心化情境下的知识创造及障碍 …………………… 70

　　3.3.1　企业创新实施中知识创造的再解读 ……………… 70

　　3.3.2　传统情境和去中心化情境下的知识创造 ………… 72

　　3.3.3　去中心化情境下企业知识创造的障碍 …………… 73

第4章　去中心化情境下节点知识活动的公共化
　　　　与私有化的权衡困境 ………………………………… 76

4.1　去中心化情境下节点知识的公共化 …………………… 77

　　4.1.1　知识的公共品属性 ………………………………… 77

　　　4.1.2　去中心化情境下知识公共化的必然性 ················ 79

　　　4.1.3　知识公共化的影响 ··· 84

　　4.2　去中心化情境下节点知识的私有化 ························· 86

　　　4.2.1　知识的私有化属性 ··· 86

　　　4.2.2　知识私有化的相关影响 ····································· 88

　　4.3　去中心化情境下知识公共化与私有化的权衡 ········· 90

　　　4.3.1　基于公共化与私有化特征的知识分类 ··············· 90

　　　4.3.2　去中心化情境下知识私有化与公共化平衡困境的突破 ····· 92

第5章　去中心化情境下知识节点活动的原子化

　　　　与网络化的权衡困境 ··· 97

　　5.1　去中心化情境下知识节点的原子化 ····················· 98

　　　5.1.1　知识节点的原子化状态 ····································· 98

　　　5.1.2　知识节点原子化的利弊 ··································· 101

　　5.2　去中心化情境下知识节点的网络化 ··················· 105

　　　5.2.1　去中心化情境下知识节点网络化的状态与表现 ········ 105

　　　5.2.2　知识节点网络化的影响 ··································· 108

　　5.3　去中心化情境下知识节点原子化与网络化的平衡 ··· 111

第6章　去中心化情境下节点知识活动的冗余化

　　　　与精益化的权衡困境 ··· 114

　　6.1　去中心化情境下节点知识活动的冗余化 ··············· 115

　　　6.1.1　节点知识活动冗余化的必然性 ························· 116

　　　6.1.2　节点知识活动冗余化的积极作用 ····················· 117

　　　6.1.3　节点知识活动冗余化的消极作用 ····················· 118

　　6.2　去中心化情境下节点知识活动的精益化 ··············· 119

　　　6.2.1　节点知识活动精益化是组织追求的结果 ············· 119

　　　6.2.2　节点知识活动精益化的积极作用 ····················· 121

　　　6.2.3　节点知识活动精益化的消极作用 ····················· 122

　　6.3　去中心化情境下节点知识活动冗余化与精益化的权衡 ··· 123

　　　6.3.1　节点知识活动冗余化与精益化的关系 ··············· 124

　　　6.3.2　节点知识活动冗余化与精益化的可能权衡措施 ………… 126

　　　6.3.3　不同边界条件下节点知识活动冗余化与精益化的

　　　　　　选择与平衡 ………………………………………………… 129

第7章　去中心化情境下企业创新的知识产权相关问题 ……… 132

　7.1　知识产权设计的初衷与知识产权发展的现实 ………………… 133

　　　7.1.1　知识产权的源起与特征 ……………………………………… 133

　　　7.1.2　知识产权保护机制的影响及套利者可能的恶意诉讼 … 135

　　　7.1.3　知识产权的发展历史 ………………………………………… 137

　　　7.1.4　知识产权的变化趋势 ………………………………………… 140

　7.2　去中心化情境对传统知识产权的影响 ………………………… 143

　　　7.2.1　传统情境下知识产权的特点 ……………………………… 143

　　　7.2.2　去中心化情境下知识产权的新特点 …………………… 145

　7.3　去中心化情境下的知识产权议题 ……………………………… 146

　　　7.3.1　去中心化情境下引发的知识产权相关问题 ………… 146

　　　7.3.2　去中心化情境下相关知识产权问题的对策 ………… 149

第8章　知识驱动的创新生态系统 …………………………………… 152

　8.1　创新生态系统与知识活动 ……………………………………… 152

　　　8.1.1　去中心化情境与知识驱动的创新生态系统 ………… 152

　　　8.1.2　创新生态系统中的知识位势与知识势差 …………… 154

　8.2　创新生态系统中知识治理聚焦的议题与挑战 ……………… 157

　　　8.2.1　知识治理聚焦的议题 ……………………………………… 157

　　　8.2.2　去中心化情境下知识治理的挑战 …………………… 158

主要参考文献 ……………………………………………………………… 161

第 1 章

去中心化情境下创新的再认识

在信息技术和互联网的赋能下，平台经济及其模式得以兴盛发展，众包①、众筹、众创变得日益流行，用户创新②、同侪生产③、产消者④这些新颖的模式逐渐成为企业日常经营活动的一部分。当各类平台开始兴起时，个体不再单独依附于某个组织、某个群体或某个指令，单个个体借助各类平台的武装呈现出较强的去中心化特点，这也构成了企业当下所面对的情境。企业的创新活动也呈现出很多新的特点和规律，我们有必要去探索这些特点和规律到底是怎样的，传统上对企业创新的认识在新的去中心化情境下同样需要进一步阐释。另外，由于创新理论和创新概念的形成大多是工业化时代围绕企业家展开的⑤，具有较强的中心化特点，去中心化情境下这一特点需要进一步深入。

创新对企业发展的重要性已毋庸置疑，很多企业都会将创新融入使命或核心价值观之中，绝大多数企业都将创新视为获取竞争优势的重要手段，甚至有企业直接把创新融入其品牌或标识之中，像惠普（Hewlett-Packard）、联

---

① 众包强调的是非专业化外包，表现为企业把任务以自由自愿形式外包给非特定大众志愿者。

② 麻省理工学院冯·希伯尔（Von Hippel，1986）教授发现用户尤其是领先用户（Lead User）常常会是创新的重要来源，这些用户由于对自己所使用的产品或接受的服务并不满意而主动改进技术和方法以寻求满足自我需求的解决方案。

③ 同侪生产又称之为并行生产，这一思想源自耶鲁大学本克勒（Benkler，2006）教授提出，其生产方式不依靠科层制度（没有控制制度），所有生产的参与者都完全独立地自愿开展工作，彼此达成一致的手段是相互间的交流，最大限度地激发了生产参与者的积极性。同侪生产过程中的参与者首先考虑的是满足自己需要，然后才是回馈社会、获得认可并享受收益。

④ 托夫勒（Toffler，1980）在《第三次浪潮》中首次提出 Prosumer 一词，它是指那些为自己使用或满足自己欲望而不为了销售的产品或服务的人，表示他们既是消费者（Consumer）又是生产者（Producer）。

⑤ 创新理论创始人熊彼特（Schumpeter，1912）指出企业家是创新的主体，而企业家本身更多表现为一种职能而非单独指个体。

想（Lenovo）等。毫无疑问，对创新的解读或理解往往决定了企业在创新上的差异化表现，企业的认知结构和状态必然成为其进行创新的重要基础，因此如何解读创新也就成为企业谋求竞争优势的重要前提。当信息技术全面渗透到人类社会的方方面面时，个体获取信息和知识也变得更为便捷，这就降低了个体对组织和他人的依赖性，因而个体就呈现出一种去中心化状态。这种状态似乎是信息技术发展的结果，传统上我们极易把组织中的个体状态描述为以科层制度为核心的中心化状态。产生这一认知的原因在于我们当下所能感知到的组织及其运行都是以科层为核心进行的，常常会误以为去中心化情境只是当代社会技术发展的结果。同时，人类社会对于创新的系统理解与研究开始于工业化生产之后置于科层组织中去理解就再自然不够了，这种理解更强调其中心化整合而非去中心化聚合或者一些其他的表现形式。从工业化或后工业化时间段的故事中去把握创新自然存在一些局限性，这就有必要将创新的时间轴拉得更长一些，本书将从人类社会解决自身生存和发展问题的历史长河中去了解和把握创新，这样对于阐释创新尤其是去中心化情境下的创新将很有益处。本书不难发现，在时间隧道中"去中心化"也许并非当下才有的特殊情境，在经济社会发展的转型时期似乎都有"去中心化情境"的出现，重新将创新现象置入历史长河中进行定义将是本书研究的起点。

1.1　去中心化情境下创新到底是什么

1.1.1　创新定义的再认识

创新的英文表达"innovation"是从拉丁语的动词"innovare"衍生而来，意为更新、制造新事物或者改变，成为新的。中文"创新"一词最早可追溯至《南史·后妃传上·宋世祖殷淑仪》："据《春秋》，仲子非鲁惠公元嫡，尚得考别宫。今贵妃盖天秩之崇班，理应创新。"其中"创新"一词，一指创立或创造新的，二指首先。简单来说，创新即为使用新的方法做出不同的东西，从而创造新价值。

创新理论创始人熊彼特（Schumpeter，1912）用"创造性毁灭"来形容创新，他把创新活动描述为由"企业家"将从来没有过的"生产要素和生产条件的新组合"引入既有的生产体系。在熊彼特的定义下，创新囊括了新原

料、新产品（新特征）、新工艺（方法）、新市场、新组织五种方式，这五种
方式实际可概括为"输入—转化—输出"过程中的创造与变革，这种创造与
变革的核心在于创造了新的价值，从而表现出更多的经济思维而非技术思维。
从企业角度看，那些不能为企业带来收益的创新活动都不能界定为创新，显
然这一思维是以企业作为唯一受益方来理解创新的。已有的研究有时并不关
心这些新颖思想、方法和技术是出于提出者的自我感知还是企业内部高层的
战略要求抑或是二者皆有之，那些最期望从创新中获益的企业更愿意借助科
层的力量来实现创新。事实上，很多问题的解决方案或技术手段是出于个体
的自我服务，部分方案也只是自我服务基础上的局部扩散并未形成社会化结
果，这种状态在人类社会发展的过程中表现得很普遍。换言之，大众为满足
自我需要的解决方案（创新）或者大众智慧在缺少有效扩散的条件下总表现
出去中心化的特点，这一特点未被企业界广泛关注的原因在于去中心化解决
方案的搜索成本、试错成本过高，而依赖企业科层体制自上而下地进行创新
是企业得以获益的最常见也是最经济的手段，因此传统上对创新的理解基本
是围绕中心化情境展开的，其核心问题就是整合。信息技术的发展、平台网
络的兴起和知识型人群在人口中的比例大幅增加带来了几个非常显著的变化：
其一，各类知识资源和搜索引擎的结合使得企业搜索和试错的成本大幅度降
低；其二，各类知识平台和知识库（数据库）的涌现让个体面对问题时的解
决能力大幅提升；其三，零工经济和共享经济的出现使创新过程中个体对组
织的依赖性大幅降低。以上三个显著变化为去中心化提供了基础，在这一情
境下对创新的理解就需要重新再认识。

1.1.2　去中心化情境下创新内涵的再解读

在创新过程中，企业最关注的核心问题似乎就是整合资源为创新所用，因
此一开始企业需要关心的问题就是如何把不同背景、不同想法的人或组织整
合起来为一个共同的创新目标而努力，这些整合包括了企业同一部门不同个
体之间、企业内部不同部门之间、企业与其他伙伴之间以及企业与消费者之
间的整合，这也导致近年来出现了开放式创新、无边界管理、网络组织、跨
界等新兴词汇，一些思想也的确启发了企业展开有效创新。但莱斯特和皮奥
尔（Lester & Piore, 2004）对大部分管理人员的访谈中发现企业在创新过程

中往往追求更好地维持而非打破组织边界①，这是典型的中心化情境下的思维。去中心化情境下，个体在面对问题时更倾向于自主解决而非寻求组织或他人，在缺少信息技术支撑时针对类似的问题往往缺少主导性解决方案，诸多创新往往都是基于问题解决者的背景、能够获得的资源以及自身的条件等展开的，各类创新在资源整合利用上水平不高，高质量水准的创新往往也难以实现，但创新的状态是一种分布式创新（Distributed Innovation）状态，因此单纯从工业化之后企业的创新实践中去解读创新是稍有偏颇的，这就有必要从人类社会的原子化生存到社会化生存的过程中诸多的创新实践中对创新进行重新解读。

就人类早期生存而言，人的创新是基于自我需要的满足，基本不涉及市场交易。熊彼特用"新生产函数"和"创造性破坏"来描述创新，更多是从宏观意义上解释社会的价值创造，这也是驱动经济增长的重要动力，如果缺少这类价值创造，人类的经济社会就会陷入到循环流转之中而不能带来增长。早期的人类活动呈现出不同群落的分散状态，创新者并不看重创新的社会意义（强调交换性），他们更关注创新对自己而言是否有价值，他人对创新的价值判断并不重要，即便产生了新的生产函数和创造性破坏也是出于自我的历史比较。法国思想家卢梭（Rousseau，1755）早就指出人类社会早期，相对丰裕的自然物（主要满足人的生理欲望）能够最大程度地满足个体的需求，游荡在森林中的人类既无语言，也无住所；既无竞争，也无合作；既无工业，也无农业，彼此间没有也不需要任何联系，个体都是在自给自足的状态下只能感受到自己真正的需求，这就使得单个个体只会关注自己的需求物（早期人类连自己的孩子都无法分辨）而不关注其他人。由于早期人类既无传承也无积累，未能构成社会形态，因此每个个体几乎都是从零起点出发活在自己的世界里，循环往复地重复着去中心化情境下人类生活的生存图景②。当人口数量的增长超过了自然采集物能够供给的数量时，人类的不同群落之间就开始有了竞争，人也开始借助对动植物的驯化（早期人类社会的技术创新活动）来满足自我生存的需求，竞争本身就促进了社会学习，群落的竞争

---

① 莱斯特和皮奥尔（Lester & Piore，2004）发现在管理实践中，很多时髦的名词和模型更多是套话而非操作性实践，在短时间内就成为被人诟病的陈词滥调而被实务界在实践中抛弃，创新过程中对资源的整合是企业界最重视的工作，其核心是如何更好地维持组织边界。详细资料请参考：Lester R K. & Piore M. Innovation: The Missing Dimension [M]. Harvard Business Press, 2004.

② 卢梭（Rousseau，1755）认为，人的初始阶段是在一个又一个世纪的粗野中流淌的阶段，人类物种作为物种已老，但就社会性而言，人类还非常幼稚。

力越来越体现在群落首领的领导能力上，人类活动的自我中心状态逐渐转化为人依附于群落或社会群体的社会化状态，这一状态一直延续至今，这也就难免在 20 世纪初期熊彼特及其后期的创新学者一直强调企业家在创新中的主体地位，更多体现出的是围绕企业家的"中心化情境"。但创新的现实情形是"藏创于民"，民众智慧驱动创新在"中心化情境"被忽视的原因是缺乏平台而非民智不足（Von Hippel，1978）①。

以信息技术为支撑的平台经济兴起提高了创新资源的可获得性，民智得以开启或得以被发掘的原因在于"隐藏的智慧"在恰当的治理环境下得到了释放，这种释放是在特定平台下的自主释放，表现出的是不同智慧主体在各类互动关系（包含信息互动、社会互动、知识互动甚至是无互动的知识释放）中的自我进化。各类知识提供平台（如维基百科、百度百科等）、知识交流平台、知识付费平台、专业互动社区等为单个个体提供了创新的可能。平台上不同个体的创新动机也呈现出千变万化，除了以获利为目标的创新以外，还包括了满足自我需要的创新、以炫耀为目标的创新②、互动交流中的偶然创新等，呈现出"百花齐放"场面。平台赋予了这些不同动机下创新的社会意义（为交换提供了便捷），同时也激发了个体贡献知识的欲望进而推动了创新，为去中心化情境下各类创新活动提供了机遇。

1.2 知识视角下创新理论的演进

根据理论的研究层次，我们从知识视角对既有创新理论的演进进行梳理，包括了宏观层面、中观层面和微观层面。宏观层面的创新研究，以熊彼特的创新理论为标志，这一路径的研究主要聚焦于技术创新的动机、产生的经济

① 冯·希伯尔（Von Hippel，1978）主张不能只将客户需求视为应该迎合的对象，更应强调客户的创新贡献，传统的企业主动范式之外还需加入客户主动范式，最大限度地发现和挖掘民众智慧对于创新是有益的。详文参见：Von Hippel E. Successful Industrial Products from Customer Ideas：Presentation of a New Customer-active Paradigm with Evidence and Implications [J]. Journal of Marketing，1978，42（1）：39 - 49.

② 制度经济学家凡勃仑（Veblen，1899）在其《有闲阶级论》中谈到炫耀性消费这一概念，强调上层阶级通过对物品的超出实用和生存所必需的浪费性、奢侈性和铺张浪费。凡勃仑认为人们占有财富更多不是生理需求而是为了获得社会地位和别人的赞誉，从而让自己的虚荣心得到满足。凡勃仑在 1899 年那个生产主导型社会提出这样的思想史极为难得。当前中国已经全面进入小康社会，社会状况也从生产主导型社会步入消费主导型社会，与炫耀性消费相对应的炫耀性生产（实际就是创新）也会成为推动社会发展的重要推动力。

和社会效益以及创新政策的制定,强调知识的组合、扩散以及在此基础上的保护政策。中观层面的创新研究,以弗里曼(Freeman,1991)的产业创新为焦点,主要聚焦技术变革与产业的动态演化过程。微观层面的创新研究的历史背景是美国的管理革命,以潘罗斯(Penrose,1959)的公司增长理论为标志,聚焦于发生在组织内的知识创造。

1.2.1 宏观层面的创新理论解读

创新领域的学者们多将熊彼特视为创新理论的鼻祖,因为其最先给出了创新理论,而不是将创新视作一个偶然的不可解释的现象(Fagerberg et al.,2005)。熊彼特强调创新是企业家打破人们固有经验对要素重新组合的过程,他认为企业家的创新活动既是利润的来源,又是经济周期变化的原因。但不论是"创造性破坏"还是"颠覆性技术"都是基于打破原有经验的变革方式。尽管熊彼特的创新理论并没有得到当时主流经济学界的认可,但他的思想为之后的技术创新理论研究奠定了基础。直到20世纪50年代,科学技术在经济发展的过程中开始显现出其独立而突出的价值,使得创新理论成为一个十分活跃的研究领域。索洛(Solow,1957)认为资本和劳动无法完全解释经济增长,并将经济增长中除资本和劳动带来的增长外的余值归因为技术进步,在这之中就包括知识、管理技能等。

20世纪60年代,随着英国萨塞克斯大学科学政策研究中心(SPRU)[①]的成立,创新逐渐成为一个独立的研究领域。此时,对于创新的研究主要聚焦于宏观层面的技术创新,即创造新技术并把它引入到产品、工艺或商业系统中,或者创造全新的工艺和产品以及对现有工艺和产品的重大技术改进。技术创新理论主要关注熊彼特五种创新形式的前两种——产品创新和流程创新与经济增长的关系,认为产品创新可以增加就业和收入,流程创新可以减少成本(Fagerberg et al.,2005)。除了创新对经济增长的影响,学者们也开始研究技术创新是如何从出现到普及的。曼斯菲尔德(Mansfield,1961)通过研究影响企业模仿速度的因素(如普及率、盈利能力、投资成本等)来解

---

① 1965年科学政策研究中心(SPRU)成立,该机构有一个经济学、社会学、心理学和工程学的交叉背景研究团队,Christopher Freeman是第一任主任。随着SPRU的发展,产生了一大批与之有关的学术项目、学术会议和学术期刊,并于1972年创刊《研究政策》(Research Policy),后成为创新研究领域的核心期刊。

释创新传播速度。同样是创新传播速度，罗杰斯（Rogers，1962）的创新扩散①理论则不局限于创新的接受者，而是从创新的产生开始对整个扩散的过程进行研究。罗杰斯认为创新从首创者开始逐步扩散到追随者，而追随者对创新的采用过程是一个信息搜集和处理的行为。在采用过程中，个体对创新的认知其实就是三种知识的获得过程。当个体知道一个创新的存在时就会产生第一种知识—知晓性知识，随后在知晓性知识的激励下，个体开始去寻找"如何使用的知识"和"原理性知识"②。法格贝格等（Fagerberg et al.，2005）认为同时期的弗农（Vernon，1966）的"产品生命周期理论"也或多或少地受到了熊彼特和罗杰斯的影响。

从罗杰斯开始，知识的概念开始被用于技术创新领域的研究。阿罗（Arrow，1971）认为市场的不确定性导致人们需要将信息作为商品进行交易，同时将生产信息的过程定义为发明，提出发明在市场中的最佳配置取决于发明的过程和知识市场的特征。他还认为知识是需要获取的，并将生产中解决问题时积累经验，从经验中获取知识的过程称为学习行为，也就是"干中学"，技术进步就是这样的学习行为，因为技术进步是对生产活动中产生的问题给出解决方案。罗森斯伯格（Rosenberg，1982）认为技术创新是一个"黑箱"，针对技术进步的研究应该更进一步，去探究技术创新的内部。与阿罗看法相同，罗森斯伯格认为技术创新是一种学习行为，他对阿罗的理论进行了补充，将学习行为分为"用中学"（在使用中学习）和"干中学"（在做事时学习）两类。罗默（Romer，1986）在阿罗的基础上，把知识完整地纳入到经济和技术体系中提出了第一个内生经济增长模型，将技术创新看作经济长期增长的内生变量。罗默认为知识的"外部性"③使得其具有递增的边际效用，因此投资和知识形成的良性循环能促进经济长期增长。融合了熊彼特的思想后，罗默（1990）将创新和不完全竞争整合到经济内生增长模型中，同时还对公共知识和企业自身的专有知识进行了区分。在学者们意识到知识的公共物品属性后，如何保证知识的收益从而保证知识创造的积极性渐渐成为热门议题。

---

① 罗杰斯（Rogers，1962）认为创新扩散是以一定的方式随时间在社会系统的各成员间进行传播的过程，包括五个阶段：了解阶段、兴趣阶段、评估阶段、试验阶段和采纳阶段。

② 罗杰斯（Rogers，1962）指出"知晓性知识"是这项创新是什么？"如何使用的知识"是能实施多少，如何正确使用？"原理性知识"是发生作用的机制、原理等。

③ 知识资产的"外部性"指当一个知识被创造出来时就无法做到完全保密，因此学术界多认为知识资产具有双重性，即私人产品属性和公共产品属性。

在国家层面，保护知识收益主要通过两种工具：法律和政策。勒温（Levin，1987）在对制造企业创新现状进行研究后，认为企业的模仿行为会损害创新企业的利益，强调应该通过专利制度和知识产权保护方案来一定程度上避免创新受挫，这一研究同时也回应了当时社会对加大知识产权保护力度的诉求。一部分学者希望帮助政府制定政策以引导和促进知识的生成，把驱动国家创新的知识内容置于政策层面。弗里曼（Freeman，1997）指出创新过程中的投资包括对有形资产的投资和对无形知识的投资。过往的研究主要关注有形资产对经济的影响，而忽视了无形知识的作用，并预言未来大部分人将在知识相关的产业工作，产业创新的趋势必然与知识深度捆绑。弗里曼还分析了公司所处行业等因素对创新的影响并提出了国家创新系统的思想[①]，这一思想的核心实际是各类知识的聚合推动了创新的产生，可以理解为在一国范围内如何确立知识生态网络以驱动创新。

1.2.2 产业层面的创新理论解读

相比于宏观经济层面的创新理论研究，中观层面的创新理论聚集于产业集群，开始的相对较晚。从弗里曼开始，学者们开始关注各产业内"创新系统"[②]的区别，聚焦于技术变革与产业动态演变间的关系，认为产业的差异是历史、技术与企业制度三方共同作用的结果（Fagerberg et al.，2005）。法格贝格等（2005）认为几次工业革命期间的创新呈现出不同的特征，是因为产业创新系统中创新和知识的发展和传播发生了变化。而企业制度同样与产业特性和技术发展的关系密不可分，制度会随着产业和技术的变化而变化，而制度的变化又反过来影响产业和技术的变化（Enhgerman & Sokoloff，2003）。纳尔逊和温特（Nelson & Winter，1982）强调技术性知识对产业创新的影响，即产业的"技术范式"使得企业面临着不同的知识环境，并需要采用不同的学习方式。多西（Dosi，1988）从包括知识基础在内的创新机会、创新动机、研发投入、创新流程方面以及产业内个体之间和组织之间的知识流和信息流这几方面对产业创新进行了研究，指出各产业存在的差异会影响创新，而企业间创新模仿行为也不断影响着产业结构。在这之中，产业的技

---

① 弗里曼（Freeman，1987）将"国家创新系统"定义为一种由公共部门、私人部门等机构共同组成的知识网络系统，这些机构在系统内部不断活动并相互作用，从而影响到新技术的开发、引进和扩散。

② 埃德奎斯特（Edquist，2011）认为，创新系统就是创新活动以及影响创新的因素。

术知识的属性，会对产业内主要从事创新活动的组织特征产生影响（Malerba，2005）。

很多技术性知识本身所具有的公共品属性使得产业可以依赖累积性知识不断演化，诸多学者在技术性知识的理解上都达成了共识。其一是技术性知识的非竞争性；其二是技术性知识后期开发过程中的边际成本极小甚至可以忽略不计；其三是技术性知识在应用中的收益递增性，持续利用技术性知识至少不会让其贬值。以上特性使得技术性知识的再生产和转移呈现出无上限增长的态势（即技术性知识可以无限制的反复应用），这也给产业的变革与发展提供了无限可能。因为研发者既可以使用自身的技术知识也可以使用其他企业的技术知识，技术的研发相比于给某个企业带来的价值，给产业甚至是社会带来的收益往往更大（Los & Verspagen，2000）。另外，很多技术性知识虽然具有公共品属性，但并不意味着这类知识不需要加入产业层面的重新解读和理解。首先，因为任何知识都凝结着人类非语言智力活动，技术性知识尤为如此，因为它是在为人类社会提供产品或服务过程中所形成的智慧成果，必然包括了部分隐性知识内容，这一部分隐性内容使得各产业有着区别于其他产业的知识基础。莫克（Mokyr，2002）认为工业革命的核心，是工业技术知识从早期的隐性且实践性的知识转化成文字知识从而在更大的范围内被传播、实践和改进，也就是所谓的"产业启蒙"①，并随着产业知识的积累最终出现了产业革命。因此隐性知识以及非正式创新，就算无法体现在文字层面也不具备专有性，对产业创新也十分重要。其次，即便所有的技术性知识都完全开放共享也会因不同的产业认知能力而使得产业之间出现差异，也就是各产业的技术范式不同，因为不同产业在技术的可获得性、技术机会和技术积累性的程度上都存在较大差异（Malerba & Orsenigo，1997）。

虽然技术性知识由于其使用中的低边际成本而具有无限规模应用的可能性，但规模扩大所展现的技术性知识组合同样也让产业发展比以往更复杂，产业边界变得更模糊、产业变革变得更频繁、新兴产业的产生变得更普遍。这些变化涉及的是产业系统的行为人和网络维度的变化。随着产业内部主体之间频繁的知识交换活动被越来越多地提及，产业也被从知识的视角重新定义（张治河等，2015）。马勒巴和玛尼（Marlerba & Mani，2009）提出的产

---

① 莫克（Mokyr，2002）提出的"产业启蒙"是描述工业革命前知识对经济发展的作用的模型，模型指出知识进步的程度决定了工业革命的时机。

业创新系统理论①关注产业内各主体之间的互动和学习行为，这些主体及关系构成了产业内的网络。每个产业都具有特定的知识基础和知识活动，当产业内部的知识基础和知识活动发生变化后，产业的网络会发生变化，边界也随之变化。而随着技术的进步，产业内主体间的联系更为紧密，产业内外的互动也更为频繁，产业创新活动因此呈现出更高的模糊性、复杂性和活跃度。

1.2.3 微观层面的创新理论解读

20 世纪上半叶，美国逐渐取代欧洲成为创新中心。为了解释美国经济的繁荣，学者们尝试将创新放入到企业语境中，不再只关注一般意义上的技术创新，还对组织创新及组织内部的其他创新活动进行研究，以探讨到底什么样的知识内容更能促进企业的创新活动。潘罗斯（Penrose，1959）基于资源基础观将企业定义为一个有边界的资源集合体，认为企业内部的闲置资源是企业创新的动力来源，强调由技术知识和组织知识驱动的创新都是企业成长的重要因素。企业要想获得有效创新，在知识储备上应注重研发知识、营销知识、客户知识和管理知识（Freeman，1997）。野中郁次郎和竹内弘高（Nonaka & Takeuchi，1995）为代表的学者们强调知识创造是创新的前提，而要想实现知识创造就需要企业构建良好的知识流动机制。从微观的技术层面去理解，创新有时就会转化为某项新产品、新工艺中所包含的技术知识、设计知识、生产知识、融资知识、管理知识和市场知识（Freeman & Soete，2009）。

20 世纪下半叶，野中郁次郎（Nonaka，1991）以日本企业为研究对象，发现在经济环境不确定的情况下，企业保持竞争优势的一个确定性来源就是知识。因此野中郁次郎从知识的角度解释了创新，并提出了著名的知识创造的 SECI（社会化、外部化、整合化、内部化）模型。野中郁次郎（Nonaka，1991）认为，建立在西方传统哲学基础上的企业理论可以归结为笛卡尔式科学思维的产物，这种企业本质上是没有知识创造能力的"刺激—反应"式机器，如泰勒的科学管理理论就是立足于"科学"代替"经验"，而西蒙的信息处理范式受到计算机和认知科学发展的影响，过于重视人类推理和组织决

---

① 产业创新系统的概念从创新系统而来，关注产业间的主体间的互动和学习，由产业内的企业、产业内的其他主体、产业内的网络、产业需求、体制和知识基础六个组成部分（Marlerba & Mani，2009）。

策过程的逻辑方面（Nonaka，1991）。而企业创新行为是无法用信息处理理论解释的，因为创新的过程不仅包括信息处理，还涉及知识的取得、创造、运用等活动。企业不应该仅仅是机械地处理来自周围环境的信息，而是有意地创造信息。因为知识共创概念的引入，学者们将创新从单一的企业语境扩展为包括用户、员工、竞争者、政府等利益相关者组成的开放创新系统，强调企业对于外部知识的运用（Chesbrough，2003）。

　　除了对经济机构内的各企业间的外部学习进行了研究外，创新领域的学者们进一步将研究机构、高校、政府等非经济机构也纳入创新的外部知识来源的研究中，提出了创新网络①的概念（Freeman，1991）。随着创新网络的概念越来越多地被用在创新领域中，社会网络结构研究中的"弱连接"②"结构洞"③"网络嵌入"④等理论也逐渐被引入创新研究中（鲁若愚等，2021）。学者们基于结构洞理论，提出企业的新知识与其他资源一样会受到企业在创新网络中所处的位置的影响（Tsai，2001）。基于格兰诺维特（Granovetter，1973）的弱连接理论，学者们发现，当企业与其他创新主体存在强连接时有利于渐进式创新，而弱连接则有利于突破性创新（Lavie，2007），因为存在强连接的个体之间的知识相似，而存在弱连接的个体之间的知识相差较远。在创新网络中，企业在网络中的"关系嵌入"和"结构嵌入"⑤的强度会影响企业获取知识的效率，从而影响企业的创新活动（杨张博，2018）。

　　由于更多的知识需要通过挖掘、整合才能真正应用到企业创新中，搜索策略和知识吸收能力如何促进企业技术创新就自然而然成为学者们关注的重点。科恩和利文索尔（Cohen & Levinthal，1990）最先定义了企业吸收能力⑥，提出吸收能力会对企业的创新能力和灵活性产生积极影响。而要提升吸收能力，就不能忽视企业早期相关知识的积累以及企业研发投入的作用。对于外部搜索知识的效率，劳尔森和索尔特（Laursen & Salter，2006）从企

---

　　① 弗里曼（Freeman，1991）将创新网络定义为一定区域内的企业与各行为主体（大学、科研院所、地方政府、中介机构、金融机构等）通过建立正式或非正式的关系形成的用来进行创新活动的网络。

　　② 人与人的关系根据沟通的频率可以划分为两种：联系频繁的被称为强连接，联系较少的被称为弱连接（Granovetter，1973）。

　　③ 结构洞指在社会网络中某些个体与其他个体没有直接的连接，在网络中就仿佛出现了一个洞（Burt，1992）。

　　④ 嵌入理论指个人既不是完全服从社会价值的"社会人"也不是完全独立的"经纪人"，而是在追求自身利益的同时还能维持良好关系的"理性人"（Granovetter，1985）。

　　⑤ 关系嵌入指与其他主体的关系属性，结构嵌入指嵌入的网络的结构特征（鲁若愚等，2021）。

　　⑥ 吸收能力指企业发现新的外部信息的价值并将其商业化的能力（Cohen & Levinthal，1990）。

业对外部搜索知识的深度和广度两方面进行了测度，提出外部知识来源越多，对知识挖掘得越深入，越有利于创新，但过多的知识以及过于深入的利用外部知识会使得创新利润下降。而当企业充分运用的学习能力实现自身的知识与能力的进化，并且形成以其为核心的复杂生态系统时，创新生态系统（Brusoni，2013）便油然而生。

1.3　创新实践的发展脉络

相较于短暂的创新理论史，人类的创新实践史可以说贯穿了整部人类发展史。拥有生命的有机体——动植物几乎都要经历出生、成长、衰老和死亡的过程，而新一代动植物将在原有基础上重复以上生命周期，从而实现其自身演化。人类创设的企业似乎也会经历从产生到消亡的生命周期，企业的行为模式自然也会伴随着自己的生命周期轨迹而变化。在创新实践中，人类社会的发展也同样呈现其特有的生命周期特征，只是每一个小周期都建立在特有的经济技术条件下，一系列小周期组成的长周期构成了人类社会的演化过程，这一过程总是与技术（包含组织）的累积性变革和技术的创造性突破有关，这也构成了人类社会的创新发展轨迹，这条轨迹伴随着人类的认知革命、农业革命、工业革命和信息革命，助推人类社会从采集社会演化成当下的知识社会。

1.3.1　狩猎采集社会的部落创新实践

一些早期的骨骼化石表明，约 280 万年前，南方古猿进化成能人①。在之后的百万年，人类在技术方面都没有取得重大的突破，直到用火技术的出现。火的使用，使得人类在与其他生物的军备竞赛中，获得了决胜武器。一些洞穴中的烟熏痕迹证明，因为一些偶然的契机，80 万年前部分人类开始尝试驾驭自然界的火。火在最初只是一个偶然的发现，后来，击石和钻木取火方法的产生使它成了一种技能。例如，用火来烹饪食物，烧尖木矛，或用烧空的巨木制造独木舟，这些都是猎人使用火学到的技能。值得注意的是，50

---

① 戈什（Ghosh，2015）发现了 280 万年前的骨骼化石，能人因此成为最早被命名的人属物种，中国台湾学者称之为巧人。

万年后用火技术才扩散到大部分早期人类聚落中（Harari，2014）。火的使用既重塑了早期人类的身体，又改变了早期人类的生活状态，但这种状态的改变却经历了好几十万年才得以普及，在人类生活状态整体改变之前，各类技术实际只服务于自己或自己所在的群落，正如卢梭（Rousseau，1755）所说的那样："早期的野蛮人没有语言、没有住所、没有战争、没有联系、对同类没有需求、也没有伤害同类的欲望，人类只拥有这一状态下应有的情感和智慧"，呈现出明显的去中心化特点。

在大约公元前 7 万~公元前 3 万年，智人取得了众多的技术进步，一场名为"认知革命①"的变革在智人聚落中生根发芽。人类生活的方方面面都发生了极大的改变。油灯使得人类夜间也可以活动，弓箭帮助人类可以获得更多的肉食，针使得人们可以穿上御寒的衣物，等等。采集狩猎工具和技术不断改进，随之而来的是人口逐年增长。为了获得更多的食物，人们开始聚集成更大的组织、形成了部落社会，使用更为复杂的狩猎活动获取食物。人类既需要捕获野兽和鸟类，也需要捕鱼——捕鱼和打猎在方法上很相像，还要采集果类、坚果和根茎植物作为食物。在当时，人类既不知道驯养牲畜也不知道开垦土地。他们只知道依靠野生的食物——野兽、鱼和植物为生。赫拉利（Harari，2014）指出人类之所以能突破自然群体的数量"天花板"②，是因为人类掌握了灵活复杂的语言和虚构概念。戴蒙德（Diamond，2014）③ 提到此时早期人类的喉结构已经完善，因此早期人类可以使用复杂的音节描述更多的内容，以此来凝聚成更大的群体。同时，一些早期艺术或珠宝物品的发现也证实了人们对于虚构概念的掌握和运用。基于对虚构概念的理解，建立在信任的基础之上的商业也得以成型。有些内陆的部落遗址发现了贝壳等物品，也许这是以物换物的结果，但也不乏另一种可能，就是一般等价物此时已经出现。总之，通过一系列的人为努力，早期人类靠血缘纽带形成了部落，开始进行集体经营、集体劳动、分工协作的活动。随着技术不断改进，部落生产力上升，剩余品出现。部落中有的个体拥有更多的陪葬物品这一现象，表现了部落会推选某些个体作为领袖，内部逐渐形成等级。在部落领袖

---

① 赫拉利（Harari，2014）认为 7 万年前到 3 万年前，智人新语言的出现代表新的思维和沟通方式的出现，因此产生了技术方面的一系列重大突破，并把这一阶段称为"认知革命"。

② 社会学家认为一个自然形成的群体无法超过 150 个个体，而借由"八卦"等虚构故事的活动，人类群体得以突破这个上限。

③ 贾雷德·戴蒙德（Jared Diamond）的《第三种黑猩猩》与《枪炮、细菌和钢铁》《崩溃》被合称为戴蒙德的人类大历史三部曲。

的带领下，部落内部的人们有组织地进行劳作，共同对劳动工具和劳动技术进行改良和创新，统一对劳动成果进行分配。此时，个体和部落以及部落领袖形成了较为紧密的依附关系，技术的创新才开始以部落为单位，部落内部创新也越来越表现出一些中心化的特点。

1.3.2　农业社会的国家创新实践

约 1 万年前，最近的一个冰川期结束，气候开始变得温暖湿润，野生的谷物开始蓬勃生长。随着和谷物的长时期相处，人们逐渐学会了如何种植谷物（对部分植物的驯化），结束了不稳定的游牧或半游牧生活（Harari，2014）。对于动物的驯化，起初只是某个个体偶然的收养，从而实现为人服务。随着与野生动物越来越多的相处，人们学会了驯化动物的技术。虽然我们无从得知具体的从狩猎采集到开始驯化的时间点，但学者们普遍认为动植物的驯化是农业革命的重要标志，但从开始驯化到成为普遍性社会实践也同样经历了几十万年的历程，在驯化动植物的过程中，人类开始守土生活，逐渐从游牧采集社会步向农业社会。早期人类社会对动植物的驯化技术是满足自我生存的需要而存在的，因此动植物的驯化都体现出较强的区域性特点（见表 1.1），呈现出较强的去中心化特点。

表 1.1　　　　　　　　　部分驯化对象和区域

驯化对象	早期驯化区域
玉米、马铃薯、棉花	中南美洲
水稻、谷子、大豆、猪	中国
牛	中亚
小麦	古希腊两河流域美索不达米亚低地
狗	亚洲的尼泊尔或中亚地区

资料来源：根据赫拉利（Harari，2014）《人类简史：从动物到上帝》整理得来。

另外，由于人类对火的掌控更进一步，铸造原理被人类发现，金属器具投入到生产中。金属器具、联合畜力的应用使得生产力大幅提高，人们有了稳定的食物来源以及更多的时间去钻研技术。社会的创新实践活动更加丰富，包括新工具的发明，原有工具的改进，新工艺的发明，耕种新的作物品种，驯化新的动物等。人类发明了农业和畜牧业，原有以采集狩猎为主的攫取型经济转为生产型经济。农业革命削弱了人类与自然的联系，减少了人们因为食物分布变化而进行的迁徙活动，将人们与出生的土地绑定，当土地成为人类社会最重要的生产资料时，逐渐开始形成了私有制，在私有制基础上出现了阶级，社会开始从传统的平等的去中心化社会发展到以奴隶主和奴隶两个对抗阶级为核心的中心化社会，奴隶成为奴隶主的附属物，而奴隶主依靠有组织的暴力统治奴隶，这种有组织的力量就构成了最早的国家起源，这一起源是由于人对土地的过于依附造成的。

早在 1 万年前，大江大河沿岸①就已经形成了可以识别的永久的社会组织。约公元前 3000 年，社会结构逐渐变得更复杂，在新月沃地②的苏美尔文明中，国家和文字也已形成，人类文明史正式开始。赫拉利认为文字的出现源于人类的大脑容量的局限，人脑不足以应对日益复杂的生产活动，因此使用符号来记录事实和数字，这些符号也使得人类得以形成规模更大、结构更复杂的国家。公元前 1000 年左右，官僚体制也已经形成，生活在相同区域的家庭组成村落，自然资源丰富、人口大量涌入的村落扩张形成城市社区。农业社会的城市居民不单单只局限于从事园耕，而是有自己专属的职业。其中一些职业的分类非常详细，呈现出多样化的状态。农业社会不同职业的出现和细化标志着分工的出现和细化，更为精细的社会分工使得人们对社区和其他个体的依赖性大大上升，人与人之间出现了雇用与被雇用的关系。社会分工也使得大量富余劳动力得以从田地中解放出来，也正是因为过于依赖一定地域的自然资源，君主对于人们有着很强的控制力，国家可以集中力量，统一调动大量劳动力去从事包括农业耕作、工程或设施建造等方面的基础设施建设工作，建造了许多令人叹为观止的历史古迹，例如，中世纪欧洲的大教堂，埃及的金字塔，中国的长城等，充分展现了人们的智慧与才能。农业文明呈现出很强的地域特色，总体上都基于自然资源的利用但也因此受限于自然资源。土壤肥沃的地区形成土地文明，土地贫瘠的地区形成游牧文明，沿海地区形成海洋文明。同时农业社会后期的创新活动呈现出很强的"中心化"特征，很多的创新活动都服务于国家，或者是因为国家的号召而出现

---

① 包括两河流域即古巴比伦文明的发祥地、尼罗河流域即古埃及文明的发祥地、恒河流域即古印度文明的发祥地、黄河流域即古中国文明发祥地。
② 新月沃地位于美索不达米亚平原南部，是现叙利亚北部、土耳其南部、伊拉克北部及伊朗一带。

的，从十六七世纪的重商主义学说①就得窥一二。

1.3.3　工业社会的公司创新实践

　　史学家普遍将 18 世纪末期发生在英国和西北欧的工业革命，视作人类社会从农业文明转变为工业文明的分水岭。工业社会更多依靠技术的运用，人们对土地和传统自然界的依赖减少，用新的能源和机器来代替传统劳动，依靠技术和机器从事大规模的商品生产。蒸汽机的改进打破了人们传统的劳作方式，促进多个行业和产业群的技术、组织和制度的革新，被视为工业革命的标志性技术。自瓦特的改良蒸汽机起，机械动力开始替代了采集社会和农业社会的肌肉动力，使得人类摆脱土地的束缚成为可能。结合蒸汽机的发明过程和对 18 世纪末期专利数据的分析表明，当时所有发明创造都是来自于类似瓦特一样的发明家的个人努力（Fagerberg et al.，2005）。这些发明者基本都是在独立的工作间或者工厂中工作，这里要说明的是，即使这些在工厂的发明者，他们也不是专门从事研发工作，他们可能仅仅是工厂的一名工人而已。最关键的一点在于发明者本人具有善于发明的特性和创新性的努力，这一时期发明家的搜索和学习过程被描述为一种"试错"过程。这种发明创造虽然是发明家起到核心作用，但是他们的技能和知识基础是来源于已有的行业，或者说他们需要依附于其他人或企业的知识或者资源来实现创新。同时，受到 18 世纪的启蒙时代②哲学思想的影响，自由主义经济学强调市场和竞争，认为国家不必干预，每个人在自然状态下就是最优的。所以说当时的创新实践整体呈现出一种弱中心化或去中心化的特征。

　　19 世纪末期工业技术发生改变，一系列新的技术和产业开始出现，工业革命的重点从发展较为成熟的钢铁、煤炭和纺织等基础性产业向化学、电学和光学转变，技术领导地位也从英国向美国和德国迁移。另外，技术的发展

---

　　① 重商主义强调国家干预所有的经济事务，参与制定国家经济规划，并在很大程度上对私人活动进行管制（Coleman，1990）。

　　② 启蒙时代是在 17 世纪和 18 世纪主导了欧洲思想世界的一场智力和哲学运动。启蒙运动包括一系列思想，其核心是追求幸福、理性主权，以及证明感官是知识和先进理想的主要来源，如自由、进步、宽容、博爱、宪政和政教分离。有人认为启蒙运动始于笛卡尔（Descartes）1637 年的"我思故我在"（Cogito, ergo sum，意为"我思故我在"），而另一些人则把牛顿 1687 年发表的《数学原理》（Principia Mathematica）视为科学革命的顶峰和启蒙运动的开始。

不断催促着企业进行扩张，交通革命、通信革命①以及系统化管理②孕育了美国大型企业。为了获得更多的利润，美国企业通过横向合并、纵向一体化、海外扩张和多样化经营来扩大规模（Chandler et al.，1999）。其中，大规模垂直整合的企业整合了专业化的研发部门和实验室。在这类企业中，创新工作由一个专门的研发团队完成，并时常依赖与大学间形成的合作交流网络，例如杜邦建立的研发实验室。企业越来越看重创新对自身发展的重要性，也逐渐意识到成立专业的研发机构的好处。后来，一系列德国和美国的工厂、企业开始成立研发部门或者与大学合作，这里最典型的就是德国的化工企业。不难看出，19 世纪末期的创新成果更多是来自企业，这一时期，"工匠式"的发明创造数量急剧减少，企业开始对发明者进行规范的科学训练，设立专门研究部门的作用日益凸显。企业内部基于经验和编码的科学和知识成为企业竞争优势的主要来源。总体来看，以企业为中心的组织创新是这个阶段最明显的标志，即创新的中心化特征比工业社会的早期表现得更为强烈。

1.3.4　知识社会的平台创新实践

随着工业社会的发展，越来越多的人开始接受较好的教育，社会经济的发展也越来越依靠知识而非传统的劳动力。德鲁克（Drucker，1994）强调知识工作和知识工作者的生产力将越来越重要，人类社会开始从工业社会步入知识社会。管理者逐渐打破了工业社会中任务分配式的管理范式，转而开始想方设法寻求知识以及应用知识的方法。在工业社会向知识社会过渡阶段，技术型创业变得越发普遍，很多新公司的蓬勃发展几乎都与传统工业的组织模式完全不同，尤其是以信息技术为产品和支撑的企业表现出与传统工业企业完全不同的管理范式，也给传统工业企业带来了极大的挑战，一些新兴企业开始颠覆或并购传统优势企业，创新逐渐成为知识社会的主要驱动力，产品生命周期也随着创新频率的加快变得越来越短。敏捷性成为诸多组织追求的目标，行业的边界不再稳固，新兴行业层出不穷，而政府的监管和学术界对管理的研究逐渐落后于领先企业的实践。也正是在这样的背景下，

---

① 交通革命指铁路投入使用，通信革命指电报的广泛使用。铁路的发明尤其被管理学者们重视，德鲁克（Drucker，2009）认为铁路使人们得以真正摆脱区域的限制。
② 作为 19 世纪美国工业革命时期第一大行业，美国的铁路公司大多具有规模大、活动地域广、所有权和管理权分离的特点，所以最先实现了系统化管理。

才出现了蓝海战略①、破坏性创新②等概念，既有的范式、规则和主导设计可能会逐渐瓦解，但新兴的范式如雨后春笋般涌现，表现出了较强的去中心化特点。

1946年2月14日，世界上第一台通用计算机出现，信息革命由此开始，知识的交互和搜索更为便捷，信息传播、信息获取、物品制造的效率呈指数级增长。生物制药、航空航天、人工智能等技术极大地拓展了人类的极限。技术的革新使得人们的贸易和工作方式也随之变化。随着信息技术的发展，信息产业成为继农业、工业和服务业之后的第四产业，同时新技术也将大量的劳动力从工业中解放出来，投入到服务业和信息产业。区块链技术打开了去中心化的大门，为去中心化奠定了一个基础模式。基于创新与效率的需求，越来越多的组织体采用去中心化的架构，通过去中心化激发大众创新与活力，从而赋予组织效率与价值的提升，社会将进入一个充分挖掘内在价值、自我实现的时代，进而进入一个内、外在平衡的时代。互联网将世界扁平化，而去中心化将引导世界进入内在深度的时代，价值不在于外在高度，而在于内在深度。去中心化时代的开启，并不意味着反中心化，中心化仍然是组织管理的核心模式，只要人们有合作需要，只要合作能产生更大规模效应，就会有中心化的组织与管理需求。中心化与去中心化，就如同竞争与合作关系，没有合作的竞争，将进入"囚徒困境"，缺乏互信的无序竞争，两败皆伤；而没有竞争的合作，将进入低效无能的局面，一潭死水。激发每一个个体的潜力和活力成为知识社会中很多组织开展创新活动的关键手段。能容纳更多成员独立性、自主性和创造性的平台模式变成很多组织选择的重要模式。原先，因为信息阻滞、资源不足等原因需要通过组织完成的事情，在信息技术的助力下和各类平台的支持下个体也可以完成。同时，知识社会中知识工作者持有核心资源，知识工作者就可以单独完成知识的生产活动。从某种意义上说，与信息通信技术相关的技术（如大数据、云计算、人工智能、物联网）的使用与渗透使得个体逐渐摆脱了对组织的单边依赖，呈现出在不同平台上去中心化的特点。

知识社会中新兴技术、范式甚至是商业模式层出不穷，各种前所未有的概念、理念对传统技术、思维造成极大冲击，监管部门面对新兴事物有时候

---

① 蓝海战略（Blue Ocean Strategy）由欧洲工商管理学院钱金（Kim Chan）和莫博涅（Mauborgne）提出，强调通过价值创新重新定义行业。

② 克里斯滕森和波尔（Christensen & Bower, 1996）提出的破坏性创新强调通过价值重塑破坏在位企业的既有价值空间。

也是束手无策，这也就不可避免地造成了诸多风险，这些风险的产生是去中心化早期的必然结果。加之，很多投机者利用监管缺口，以新理念、新模式为标签欺骗了很多投资者和消费者，从而给新兴技术、管理范式和商业模式蒙上了较大的污名，很多实务界和学术界人士以近年来投机分子欺骗实例不断污名化新兴技术和模式，这其中包括"区块链污名化""共享经济污名化""平台经济污名化""互联网思维污名化""量子污名化"等，如表1.2所示。

表1.2　　　　　　　　　知识社会中新兴概念下的骗局

骗局概念	骗局形式	发生时间（年）
区块链全币种钱包	借助 BeeBankAPP 钱包躺着赚钱	2019
基于共享经济的免费装修	业主托管装修费，后期逐年返款	2016～2020
互联网金融 P2P	允诺高额回报率进行虚拟融资（e 租宝）	2014～2015
用互联网思维连接代理商	用"互联网＋"发展代理商	2016
"量子＋"	量子水、量子项链、量子手机贴、量子组织等	2019
物联网卡	收集客户的身份信息再进行倒卖	2018
中国物联网分享经济平台	借助奖励制度吸引会员发展他人加入	2017

当然，随着各类平台的纵深发展、信息通信技术的日趋完善成熟，新兴行业逐渐形成规范、各类主导性技术也逐渐形成，监管部门、投资者和消费者的日趋成熟也让很多借助新兴概念实施骗局的投机者原形毕露，最终受到法律制裁。而原本被污名化的技术、管理范式和商业模式也被逐渐正名，并走上了规范化的轨道，呈现出中心化的特点。包括创新活动本身也逐渐走上了规范化的道路，国际标准化组织开始在创新管理上提供国际化的标准，从而为包括企业在内的各类组织提供创新指南，如表1.3所示。

表1.3　　　　　　　　　已发布的和正在制定中的创新管理文本

标准号	名称	发布时间
ISO56000：2020	创新管理—基本原则与词汇表 （Innovation Management-Fundamentals and vocabulary）	2020 年 2 月
ISO56002：2019	创新管理—创新管理体系—指南 （Innovation management-Innovation management system-Guidance）	2019 年 7 月
ISO56003：2019	创新管理—协作创新工具与方法—指南 （Innovation management—Tools and methods for innovation partnership—Guidance）	2019 年 2 月

续表

标准号	名称	发布时间
ISO/TR56004：2019	创新管理评估—指南 （Innovation Management Assessment—Guidance）	2019 年 2 月
ISO56005：2020	创新管理—知识产权工具和方法—指南 （Innovation management—Tools and methods for intellectual property management—Guidance）	2020 年 11 月
ISO/AWI56001	创新管理—创新管理体系—要求 （Innovation management—Innovation management system— Requirements）	制定中
ISO/FDIS56006	创新管理—战略情报管理工具与方法—指南 （Innovation management—Tools and methods for strategic intelligence management—Guidance）	
ISO/AWI56007	创新管理—创意管理工具与方法—指南 （Innovation management—Tools and methods for ideamanagement— Guidance）	
ISO/AWI56008	创新管理—创新操作测量工具与方法—指南 （Innovation management—Tools and methods for innovation operation measurements—Guidance）	
ISO/DTS56010	创新管理—ISO56000 示例 （Innovation management-Illustrative examples of ISO56000）	

资料来源：根据 ISO/TC279 官方整理（https：//committee. iso. org/home/tc279）。

　　不难发现，后工业时代的创新活动在某些特征上类似于人类社会早期的发明，在采集文明时代，人们也是自由的采集自己需要的食物，并没有谁支配谁，呈现出"自治"的状态，与农业社会和工业社会的创新实践不同。近30 年互联网技术的全面普及加速扩大了信息的生产与传播，互联网技术根本性地解决了信息大范围及时传播和信息不对称问题，单一组织系统可以汇聚中下层大量一手信息，减少对中间层的依赖，甚至去掉多层中介。减少信息传递的噪音与延时，可以快速而全面地掌握大量信息，进而可以作出更为有效的判断决策，甚至可以改进组织体系规则，深入挖掘重组架构，从而大幅度地提高管理与生产效率。互联网技术，削弱瓦解了传统金字塔模式的中心化组织，进入扁平化的中心化大平台时代。淘宝网创业之初就是典型的充分利用互联网去除掉多层中介市场，彻底扁平化"生产—销售—消费"关系，建立起一个扁平化大平台的中心化组织。扁平化是去中心化的基础，有了扁平化的技术基础，才可能产生去中心化的组织模式。在农业社会随着群落规模的扩大，村中长老或族长等隐形的管理者开始出现，每个人的工作开始被支配，不再完全自主决定；到了工业社会在以官僚结构为主的企业中，有着明确的层级结构，即使是研发人员也是被上级领导规定了研发的目标和方向进而去展开创新的。在经历了创新从早期社会的去中心化特征，一直到工业社会的以企业为主的中心化趋势以后，进化出了一种以平台为支撑的更高级的去中心化形态，知识工作者的创新激情在平台上得以释放。借助平台的便利，每个人都可以将自己的创意转化为新的产品，从而让社会进入到一个大众创新的时代。企业都在或浅或深、或整体或局部地推进组织前端的赋权及后台的大数据化和集成化。平台型组织也变得越来越多，平台以连接多方供求为目标从中挖掘自己的盈利空间。从产业视角和创新视角提出定义，平台经济是以新型基础设施（云、网、端）为基础。基于互联网平台，通过资源共享实现产业跨界融合，平台经济体现着一种去中心化的思想，它与传统模式不同，是一个互动的、具有网络效应特征的双边或多边市场，平台企业的价值链是靠平台双方或者多方的直接互动交流，满足用户多样化以及个性化的需求。在互联网平台上，呈现出数字化信息的快速流动与大规模社会化协作，融合互联网经济与实体经济，平台本身成为经济与社会的新主角。在平台经济发展的早期，首先兴起的是直接面向终端消费者的电商平台，它以其减少了交易中间环节的优势打破了消费者与商家信息不对称的局面。随着互联网与产业融合程度的不断加深，平台模式的组织资源、组织能力都在不断朝前发展，由此，平台逐渐由一种商业现象转变为一种经济形态，进入平台经济时代。资源共享的范围变广、程度加深模糊了传统产业的界限，产业通过平台实现跨界融合的现象越来越多，像携程在提供网上购票服务的同时，向用户提供酒店、美食等线上订购服务；而美团外卖平台逐渐切入共享单车、出行服务、酒店旅行等领域。平台模式进一步促进了产业的跨界融合，不断推动业态创新，从而滋生出了越来越多的"巨无霸"的平台组织，实现了平台从发展早期的去中心化演化为后期赢家通吃的中心化局面；而在治理层面，由于早期的监管缺失或不足时常会给消费者福利造成损失（如大数据杀熟），后期在监管逐渐完备时治理也逐渐走向规范化，实现了在监管层面从去中心化向中心化发展的趋势，如表1.4所示。

表 1.4   不同社会形态演进及特点

社会阶段	狩猎采集	农业	工业	知识
时间	公元前 3 万年 ~ 公元前 1 万年	公元前 1 万年 ~ 18 世纪	18 ~ 20 世纪	20 世纪至今
转型期	认知革命	农业革命	工业革命	信息革命
突破性技术	狩猎采集技术	动植物驯化	化石燃料使用	信息技术
主要产业	分散生存（无产业）	农业	制造业	信息产业
知识传播方式	口头传达	书面（手写）	书面（印刷）、 电话电报	网络
新的组织形式	部落	国家	企业	平台

1.4　去中心化情境的界定与认识

对于去中心化情境的理解我们常常会将之关联于当下我们所处的环境，类似于移动互联、大数据、平台模式或者共享经济等内容，当然也是因为这些新兴技术和商业模式赋能了每一个组织和个体，让个体不再单独依附于某个组织和他人，而呈现去中心化的特点，这也是实务界和学术界比以往任何时刻都更关注去中心化情境的原因。根据人类社会的发展历程来看，去中心化几乎一直贯穿其中，那是否在中心化的大背景下就不存在去中心化情境呢？或者在去中心化大背景下是否就没有中心化现象呢？答案是显而易见的。

去中心化现象其实一直存在，即便是封建帝制的集权统治下依然以"乡绅"治理的方式对广袤的农村进行管理，乡绅一直是中国传统社会中权力机构的核心，也是基层百姓最能感受到的约束力量，它更多呈现的是"乡绅自治"，而非封建君主任务的层层分解，这种"自治"实际表现为一种去中心化。但值得注意的是，去中心化并非不要中心，而是由节点来自由选择中心、自由决定中心。简单地说，中心化的意思是中心决定节点。节点必须依赖中心，节点离开了中心就无法生存。在去中心化系统中，任何人都是一个节点，任何人也都可以成为一个中心，在认知心理学上表现为"自我中心化"。

1.4.1 认知层面的去中心化情境

1. 认知的自然去中心化本质

众所周知，无论是个体还是群体的认知活动总是发生并分布于特定的文化和历史背景中，家庭成员、生活工作中的周遭人群、可获得的技术、一切可能的人造物、周遭一切事物的外部特征以及环境等共同构成了每个个体或群体自我认知不可或缺的部分。瑞士心理学家皮亚杰（Piaget，1970）认为，活动是个体认知的源泉、也是思维发展的基础，个体认知的起点和核心是格局，人类从婴儿开始就分化成不同的格局，而社会活动是各类格局协同的结果，在协同过程中不断建立新的格局同时调整原有格局。从相对宏观的社会视野观察个体或群体的自我认知时，其往往呈现出去中心化特征。而相对于自我的个体或群体而言却是中心化的。个体在认知上的自我中心化现象恰恰形成了群体或社会的去中心化。过于以自我为中心的个体常常表现出极端化和消极化思维，因此在认知治疗中，治疗者想通过去中心化方式对其进行干预，其方式就是让个体在认知方面不以自己为中心，通过共情或理解他人实现修正自我，其最终目的是实际个体社会化，在一定程度上从社会层面让个体达到局部或完全去中心化。企业中的每一位员工犹如社会层面的每一个个体，其认知也同样被分化成不同的格局，对于企业中遇到的问题有着其自我设定和想法，其中也包括了很多千差万别的解决方案，这些方案中不乏有一些优秀方案的实施效果可能会超过企业所设定的当前方案。在未能充分认识到企业内部各个不同群体和个体在认知层面上的去中心化状态时，企业所提供的创新方案往往并非既有资源下的最佳方案，这也是很多企业在人员构成不变条件下只要改变组织机制就可以提高其竞争力的原因。科斯（Coase，1937）认为，企业是为了节约交易成本而存在，其主要手段就是用指挥和命令代替市场手段，实际是将原本去中心化的个体融入到中心化组织中。要想更大程度上激发个体的创造活力、推动企业创新，实现个体在中心化组织中回归去中心化，就极有必要从认知层面了解"去中心化情境"。

2. 基于认知本质的去中心化情境解读

赫钦斯（Hutchins，1995）认为认知的本性是分布式（Distributed）的，个体的认知是内部和外部表征的信息加工过程，这一过程带有独特的个人印记，决定了个体的价值认知和思维方式。认知由于呈现了主体和环境（包含自我和他人在内的环境）之间的互动关系，同时也深受他人认知的影响。个体认知会随着所获取信息的变化而不断发生变化，在一定时间范围内个体的认知具有相对稳定性，但长期而言并非一成不变。从个体内在来看，皮亚杰（Piaget，1990）认为个体认知的形成可划分为四个阶段，从依靠动作适应环境的感知运动阶段（2 岁前），到凭借心理符号进行思维的前运算阶段（2 ~ 7 岁），再到将表象符号转化为抽象概念的具体运算阶段（约 6 ~ 12 岁），最终走向逻辑推理的形式运算阶段（约 12 岁以后）。认知源于大脑中的知识储备，模块化理论认为知识在大脑中的分布并不均匀，大脑中高度专门化独立模块的巧妙结合是实现认知的功能基础。不同模块对应了不同属性的知识和信息内容，这些知识和信息既包括了大脑接受外部各类信息的内容，也包括了大脑对这些信息处理的结果。外部信息是个体认知得以形成的重要来源之一，新的社会形态使得企业面临全新的商业环境，互联网让信息内容变得更碎片化，互联网的急速发展让个体更依靠社交网络来获取信息，在同一社交网络中不同个体认知的差异取决于个体对信息处理方式的差异，常常与个体内在特质有关；在不同社交网络中个体认知的差异则源于信息内容和个体内在特质共同作用。

个体通过社交网络所获取的信息内容常常是以方便社群理解和接受为目标且符合社群价值认知的经过加工的内容，其中诸多观点既无事实依据，也无演绎推理，但实实在在影响并强化了社群中个体的特定认知，这种认知在信息过载①的社会中不会轻易被调整，而且会有逐渐加强的趋势。其原因在于信息过载虽然影响了决策质量，但在社交网络中传播的信息并不以有效决策为目标，快速扩散并被社交网络中的人群在情感上接受是该类信息生产的目标。正是由于这些信息与决策无关，因此其功能除了强化社交网络中每一个个体的固有认知外再无其他作用，这就强化了每一个小社群中个体认知的独立性。同样个体认知在文化上也会由于信念、价值、符号、工具等差异而形成各不相同的认知风格。个体的过往经历、所处情境、面对的规则以及自身在不同情境下扮演的角色等都会形成自己相对独立的认知，因此认知本身就可以理解为一种去中心化情境下个体最常见的状态，而对于中心化而言，

---

① 信息超载（Information Overload）强调，当信息过多时（TMI, Too Much Information）人往往会因为时间和精力有限而难以处理过多的信息，进而造成决策质量下降。详文参见：Gordon R. P. Information Overload in the Information Age: a Review of the Literature from Business Administration, Business Psychology, and Related Disciplines with a Bibliometric Approach and Framework Development [J]. Business Research, 2019, 12 (2): 479 – 522.

个体在行为上部分和全部放弃自我自然状态而融入集体的一种社会性表现。

近年来，伴随着信息通信技术的快速发展，移动互联网嵌入人们的工作生活使得社交网络成为个体获取信息的最重要渠道，更高程度的碎片化信息构成了个体认知的重要外部信息源。实务界和学术界批评了碎片化信息对个体认知产生的影响，认为碎片化信息容易让个体产生碎片化认知，不利于个体形成系统性认知。批评的理由主要表现在三方面：其一是碎片化信息传播的目标更多表现为片段信息、重视吸引信息接收者的注意力，缺乏全面性和客观性；其二是碎片化信息重视情感表达不重理性说服，亚里士多德（Aristotle，1984）早就发现理性说服（强调事实和逻辑推理）是最不能发生作用的方法；其三是社会网络为碎片化信息的快速传播提供了条件，这种信息在社群内往往表现出很强的冗余性，除了强化社群内该类人群原有认知外，别无他用。值得注意的是，社群本身和每个个体本身传播和获取信息的目的并不在于培养自己的系统认知，信息发送与接收满足的是群体的社交功能，更注重情感利益而非事实利益。事实上，即便没有通信技术的发展，碎片化现象也一直存在，并非互联网造就了碎片化，建立在个体认知基础上的社交网络才是碎片化信息得以在自我社群中传播的起点。只不过，移动互联网所呈现的信息流让信息资讯只有起点而没有终点，这就造成了具有相似观点的信息成倍增加，而具有不同观点的信息之间彼此完全割裂，强化了碎片化的结果。因此，碎片化看起来是客观存在的现象，实际是独立个体主观认知的结果。

1.4.2 技术层面的去中心化情境

从技术层面去理解去中心化似乎绕不开当前兴起的区块链技术。区块链被称为"无需信任的信任"架构。借助于区块链，人们之间的交互更具自主性，区块链技术的出现让人们看到了去中心化在技术上实现的可能。

1. 区块链技术的出现

区块链技术起源于比特币（Bitcoin），中本聪（Nakamoto）[①] 最早在其论文《比特币：一个点对点电子货币系统》中介绍了一个基于密码学原理而非信任的电子支付系统，这一系统允许交易双方直接交易而无需可信任的第三

---

① 中本聪是比特币协议的发明人，但到目前为止除了能看到其所发表的论文外，中本聪本人从未露面，也没人知道到底谁是中本聪本人。

方（直接绕开货币或其他一般等价物），只要节点集体控制的 CPU 算力大于每一个合作攻击节点群的 CPU 算力，这个系统就是安全的。区块链的出现更新了传统的记账手段，传统的记账方式包括两类：一是分散式的由用户管理的账本；二是集中式由银行等管理机构统一管理的账本。而区块链将两类账本的特性充分结合起来，逻辑上只存在一个集中的分类账，但在物理上是由不同节点各自储存的（王延川，2020）。区块链研发之初就是为了利用分布记账方式达成"全民记账"的功能，由节点自我储存信息，但值得注意的是，节点之间并非毫无关联，而是处于不断交流实时互通的状态，这种状态被称为"中本共识"。这种共识机制就是区块链的去中心化状态，即不同的节点数据保持一致。在今天，区块链早已超过了加密货币，为组织许多领域和应用的交易提供了基础设施（Catalini，2017，Friedlmaier et al.，2018），例如，金融和保险行业的支付处理与运输行业的提单跟踪等。

2. 区块链技术的去中心化特性

区块链的出现克服了人们在社会交易中的信任难题，有利于双方无须借助中介机构来实时跟踪交易情况，同时还可以避开监管问题（Casey & Vigna，2018）。正是因为区块链可以使双方交易者不再依赖第三方机构实现信任的特性使其被视为去中心化技术的伟大创新。在区块链上，交互不再依赖中心机构，而是由分布在世界各地的计算机网络在开源软件上运行，以比特币和以太坊为例，截至 2019 年 2 月，比特币网络包含 10601 个节点，据说还有大约 6 万个隐藏节点，以太坊网络包含 7591 个节点，这些节点分布在世界各地（王延川，2020）。此外，区块链还具有不可篡改性，网络中所有节点共同拥有、维护系统中的全部数据，且任意一个节点的损坏或离线对整个系统运行都不会造成影响，去中心化给整个网络带来了较大的安全性和稳定性优势。区块链无疑已经停止了数据集中的实践，它允许设备连接到一个分散的网络上，而不依赖于由单个实体控制的服务器。位于同一网络中的每台计算机都彼此对等，各个节点共同提供网络服务，不存在任何"特殊"节点（陈加友，2021）。总体来说，区块链主要有两个去中心化特征：一是区块链中的节点共同提供和分享资源，如贷款、储存空间等，不存在谁主导谁的问题；二是区块链的分布式特征，增加了整体系统的稳定性，不会因为单一节点的破坏和故障影响整个系统。

3. 基于区块链技术的去中心化自治组织

Bitshare 创始人丹尼尔首次提出了去中心化自组织公司（DAC，Decentralized Autonomous Corporation）这一概念，他将比特币比作一个公司，拥有比特币的人就是公司的股东，而挖掘比特币的矿工就是公司员工。公司用区块链技术来替代人的管理，这种技术可以通过招聘员工来完成实现公司愿景的任务，甚至能够购买计算机程序，从而独立于指定的基础设施，成为一个去中心的组织（Buterin，2014）。可见 DAC 的去中心化属性是基于区块链的技术实现的，与区块链本身的去中心特征相同，DAC 与传统企业相比也具有两个重要特性。首先，DAC 的韧性要强于传统组织，传统的集权组织一旦中央机构故障或瘫痪，极易造成组织全体的瘫痪，而在基于区块链的分布式组织里，即使若干节点出现问题，系统仍能正常运转；其次，DAC 的出现在一定程度上打破了以科层制为主要组织形式的官僚制度，增强了微观决策机制的灵活性。与传统组织自上而下的中心化结构、多层次的垂直管理和官僚主义的刚性协调机制不同，DAC 中的组织节点之间遵循的是平等、自愿、互惠的原则，从而摒弃传统组织中较为刚性的官僚制度以及与之而来的道德法律风险（陈加友，2021）。

　　直到区块链的出现，人们才真正看到了去中心化情境实现的技术可能。要想搞清楚什么是去中心化场景，首先我们应该知道什么是中心。而从整个网络层面来看，一个中心化的网络可以说是网络集中度高的网络，即围绕一个或少数几个节点发生联结的网络（Kilduff & Tsai，2003）。去中心化情境的实现通常借用系统方法[①]，一个去中心化的系统表现为由多个参与者组成且每个参与者都能自主作出决策。在社会网络的结构方面表现为：在节点层面呈现出每个节点中心性相差不多甚至是相同，而在整体网络层面呈现出较低的中心势。

1.4.3　社交网络层面的去中心化情境

　　社会是在特定环境约束下相互联系的人类生活共同体，其核心就是各类关系网络的集合，包括了个体与个体、个体与组织以及组织与组织之间的关系，这其中最常见的是人际间关系，它构成了我们熟知的社会网络。个体的思维方式和行为习惯是社会学习和自主选择的结果，因此个体嵌入于社会网络的同时依然保持了其自主性。互联网改变了人际间的互动场所和方式，线上社交网络变得日益普遍，基于兴趣爱好、机会驱动、自我展现、社团归属、

---

　　① 整个系统的观点，视多层次框架和持续的、协同的相互作用过程和循环迭代为实现分散系统的整体性和维持其发展的关键。

技术交流等各类互动平台为单个个体提供了充分选择，个体加入或访问某个互动平台既有理性自利的因素，也有感性随性的理由，单个个体在不同的社交网络中展现出的多重身份往往区别于传统制度权力下的组织单一身份。不同社交网络中个体权力的彰显常常是横向释放而非纵向影响，这种横向释放常常是个体自我主导的结果，表现出较强的去中心化特点。弗雷泽和杜塔（Fraser & Dutta，2010）将社交网络中的这种去中心化纳入到其身份—地位—权力的分析框架中，即"I（Identity）—S（Statue）—P（Power）"，其表现为身份多元化（Disaggregation）、地位民主化（Democratization）和权力分散化（Diffusion）的"3D"特点①。

1. 去中心化情境下的身份多元化

中心化情境下绝大多数个体常常依附于某个组织、某种权力或某个有影响力的个人，个体的自我身份更多表现为被动授予而非主动构建，即便个体依靠强大的个人能力而获得想要的组织身份，也是组织科层体系和组织权力结构运行的结果，中心化情境下个体力量相对弱小且常常难以控制自我身份，个体只有在既有的科层体系中不断表现才能彰显自我。而社交网络则呈现的是个体在不同社群中的横向表达，个体身份是自我建构的结果而不再由组织科层体系或某种特定的组织或社会价值观进行塑造。各类网络空间和平台为个体提供了身份自我建构的场所，这也让个体对自我身份的建构有了充分的控制权，去中心化情境下个体创造自我区别于中心化情境下的表现自我，而使得个体在不同的社交网络中呈现出多元化的身份，这也让个体有机会不再单纯依附于单个组织，而是更频繁地依赖弱连接的社会网络（Granovetter，1973）。很多社会网络甚至成为个体谋生或创业的手段，从而催生了越来越多的自由职业者。根据爱德曼智库（Edelman Intelligence）2020 年 6 月对美国自由职业者第七次年度调查的研究报告《自由职业者前瞻报告》（Freelance Forward），美国自由职业者的数量规模超过了 5900 万人，占美国劳动力的 26%，年度收入达到 1.2 万亿美元。虽然有人认为肆虐全球的新冠肺炎疫情（Covid‑19）让一部分自由职业者工作陷入停顿（28%），但又产生了一批新的自由职业者（出现 34% 的新自由职业者）。而且，与传统受限于特定组织的员工相比，自由职业者能够更好地面对新冠肺炎疫情冲击。在中国，不再满足专一职业身份的"斜杠青年"变得越来越多，这些拥

---

① Fraser M. and Dutta Soumitra. Throwing Sheep in the Boardroom：How Online Social Networking will Transform your Life，Work and World［M］. Wiley，2010.

有多重职业和多重身份的个体在经济独立的前提下更好地释放了自我天性并展现出更多元、更美好的生活姿态。

2. 去中心化情境下的地位民主化

社交网络并不依赖于科层体系而存在，在社交网络中获得地位是个体嵌入其中的主要原因。中心化情境下，个体地位的表现形式相对单一，在组织中更多表现为职位差异，人际互动常常基于组织任务展开。去中心化情境下的人际互动更自由，闲聊与游戏是这一情境下人际互动的重要方式，渴望社会资本的个体在闲聊与游戏中往往能各显身手，这一情境下个体的地位是由参与互动的每一个个体给予的。不同于中心化情境下的上级评价，去中心化情境下人人都成为个体地位高低的裁判员，这种评价表现得更民主，没有人能够垄断或控制这一评价过程。

3. 去中心化情境下的权力分散化

社交网络中的权力具有水平扩散的特点（Fraser & Dutta，2010），这与去中心化情境下个体的多元化身份和民主化地位紧密关联。传统权力表现出较强的中心化特点且带有强制性，而社交网络呈现的是去中心化情境，其权力呈现出普遍性、分散性并能得到自主贯彻。国家力量是中心化条件下权力的最好注解，但依靠国家权力来强行控制去中心化情境下的社交网络变得越发困难，其原因在于社交网络中的权力来源和贯彻方式与国家权力完全不同，其运行逻辑是底层涌现逻辑而非上层贯穿逻辑。

第 2 章

去中心化情境下企业创新实施
过程及知识表现特征

传统上，企业更在意中心化情境下自上而下地开展集成创新，互联网技术对各类主体的赋能让去中心化情境比以往任何时刻都变得更普遍，信息技术的大规模运用使知识的搜寻、聚合和转移变得更便捷，极大程度上压缩了沟通和协调成本（Liu et al.，2016）。创新所需知识的物理分散性（包括地理分散、组织分散、个体分散等）在知识型员工越发丰富的企业中变得更为常见（Dahlander & Magnusson，2005）。近年来，由于自我受教育程度的提高和赋能工具的日益增多，无论是公司用户还是个体用户都越来越善于为了他们自己的利益而进行创新，这种由用户主导实施的创新并乐于与他人免费共享创新成果的方式，逐渐超越了以企业为中心并强调创新私有保护的创新方式。这些创新方式很大程度上体现的是节点知识的反复拼凑过程（Von Hippel，2006）。野中郁次郎和竹内弘高（Nonaka & Takeuchi，1995）反复强调组织是无法创造知识的，唯有个体才能创造知识。因此，去中心化情境下组织的创新实际就是支持和激励自我管理的分散个体努力去碰撞、拼凑和创造知识。而创新的实施可以被认为是一组行动者，如用户、合作企业、其他组织和科研机构等产生、传播和使用新知识（经济上有价值）的过程。因此，理解去中心化情境下企业创新是如何实施的，以及观察知识在创新过程中的作用和表现是解释企业创新的一条重要途径。

2.1 去中心化情境下企业创新实施的过程

从历史维度看，去中心化情境一直与人类社会的行为相伴相生，早期的去中心化情境表现在自给自足的自我生存上，社会经济的发展和技术的进步使去中心化情境更多地呈现出依附平台资源的自我发展。就企业创新而言，早期去中心化情境下的创新活动强调独占资源以获取独占收益，常常通过构筑更高的门槛来阻止别人模仿，往往表现出更强的封闭性；当前，去中心化情境下企业的创新活动更关注在社会网络、交易网络和知识网络的生态中争取位置，常常表现出更强的开放性。去中心化情境下的封闭式创新活动对企业自身的要求极高，其资源的形成更多以自我培育为主，即便企业从外部获取资源，其目标也是将资源内化而非简单使用。去中心化情境下开放式创新活动更多依附在不同网络或平台上，网络和平台所提供的丰富而便捷的资源强化了企业的自主创新能力。相比跨国公司，我国企业在内部创新资源上处于明显的劣势地位，特别是在知识经济时代，知识型员工的流动性逐渐增强，知识创造、知识扩散的速度越来越快，企业封闭式创新难以实施（陈劲等，2012）。在通常情况下，早期去中心化情境下企业实施创新是以问题为导向的，同时缺少搜索工具，对于知识的获取相对闭塞，只能依赖企业本身，企业的创新活动就难以为继。一般而言，企业创新实施的过程大致可以分解为创意的产生和筛选以及创新的实施与完成两大阶段，创新实施的主体包括企业内部直接面对问题的创新者和企业外部间接面对问题的研究人员，两大主体在每一个阶段的对话和不同阶段的循环互动构成了创新实施的全部内容（Birkinshaw et al.，2008），如图2.1所示。

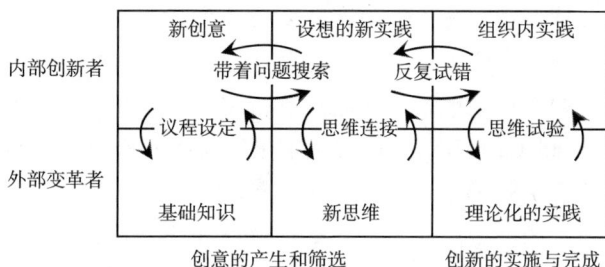

图2.1　去中心化情境下企业创新实施的过程

2.1.1　创意的产生和筛选

创新产生的基础是在面对现实问题过程中企业能够形成的各类创意[①]，

[①]　创意，指的是有创造性的想法、构思等，是基于对客观事物的理解和认知所衍生的新的抽象思维和行为潜能。一般的想法不能称之为创意，只有同时具备有用性及新颖性两个特征的想法才能称为创意，而创造力则是产生创意的能力（Zhou & George，2001）。

这些创意一是来自企业内部谋求变革的人群；二是来自企业外部的理论工作者、研发人员或相关智库。创意不仅可以引发企业通过一系列活动改变现状，也可以为组织创造新的机会。一个新颖并且有价值的想法或者技术可以帮助企业在激烈的竞争中生存、发展（Amabile et al.，1996）。在去中心化情境下，开源社区能够通过开源技术和自主合作来打破知识交流与传播的障碍，更多创意也因此被发现和应用（Von Krogh & Von Hippel，2003）。开源社区多由兴趣爱好相同但地缘空间分散的用户自愿发起，本身并不依附于某一核心企业。追求公共利益的价值主张使其形成了联合自治的去中心化状态。很多创新已不再单单依靠单个主体或特定群体、研发部门或技术部门以及核心企业或头部企业。例如，微信的产生是由腾讯公司 QQ 邮箱团队偶然开发而成，其初始产品也就是在 QQ 通信录里面加了一个 Q 信，因此早期的微信用户也就基本集中在 QQ 邮箱用户及其传播的对象，同时 QQ 邮箱团队本身身处远离深圳总部的广州，当时 2 万多人规模的腾讯有 18000 多人在深圳，而广州 QQ 邮箱团队仅有不到 200 人的规模，当然也是因为其远离深圳使得其自主性比起其他团队更强。

1. 组织内部变革者

一般而言，企业中的创意大多来自一线员工，因为他们要么是最直接接触客户的人群、要么是最直接使用特定技术的人群，他们更可能直面问题。一线员工往往会从自己的视角去观察企业方方面面可能出现的问题并提供某些问题的解决方案，企业常见的做法是设立意见箱或创意箱以收集好的创意，一些公司对优秀的创意或被采纳的创意进行奖励。1895 年，美国国家现金出纳机公司（National Cash Register）的创始人约翰·帕特森（John Patterson）设立了第一个"意见箱"项目，被采纳建议的最初提出者可以获得 1 美元奖励，以挖掘钟点工的创意。在当时，这个项目被认为具有革命意义。到 1904 年，员工共提出了 7000 多条创意，其中 1/3 被采纳。其他企业设计了更加清晰的系统以获取员工的创意，例如，美国本田公司设立了员工创意系统（Employee-driven Idea System），只要员工提出自己的创意，就可以得到获知创意执行情况的奖励，而不仅仅是金钱上的奖励。例如，3M 公司鼓励每一个人开发新产品。公司有名的"15% 规则"允许每个技术人员至多可用 15% 的时间来"干私活"，即搞个人感兴趣的工作方案，不管这些方案是否直接有利于公司。当产生一个有希望的构思时，3M 公司会组织一个由该构思的开发者以及来自生产、销售、营销和法律部门的志愿者组成的冒险队，培育产品并保护它免受公司苛刻的调查。队员始终和产品在一起直到它成功或失败，然后回到各自原先的岗位上或者继续和新产品待在一起。有些冒险队在使一个构思成功实现之前尝试了 3 次或 4 次。在执着追求新产品的过程中，3M 公司始终与其顾客保持紧密联系。在新产品开发的每一个时期，都对顾客偏好进行重新估价。市场营销人员和科技人员在开发新产品的过程中紧密合作，并且研究和开发人员也都积极地参与开发整个市场营销战略。日本本田公司的 Honda City 开发团队的大多数成员都属于第一线人员，他们被给予了按照自己的想法进行自由设计的权利，他们都可以被称为真正的汽车迷。在企业的创新活动中，基层员工大多都对知识进行选择性披露，是一种对特定创意自愿的、带有目的性且不可撤销的分享行为（Alexy，2013）。组织内和谐的气氛可以促进员工之间的知识共享，激发个人的创意，增强基层员工的创新意识。

在中心化情境下，许多基层员工的观念是"我不过是在为老板打工"，提高工资对于员工的激励效果也是短暂的，并不能从根本上提高员工的工作积极性。而去中心化是不再以某个人或某个组织为中心，强调员工的自主经营和自我管理，不需要依附于某个具体的组织，使每个人都将组织的事情当成自己的事情，从而极大地增强了员工的内在驱动力，为组织创造出更多的价值。在中心化情境下自上而下的决策形式使得企业管理者对员工的压制现象明显，自上而下的模式是将经过筛选的简单信息传递到企业高层，高层领导者利用这些信息制定计划和命令，最后通过层级体系自上而下地传达给基层员工执行。这种传统的组织模式背后隐藏的假设是只有高层管理者才有能力去创造知识。而在去中心化情境下的决策形式中，自主管理代替了层级制度和劳动分工，在很大程度上知识是由基层员工创造的，不会受到高层管理者的控制，高层管理者更多扮演着基层员工赞助者的角色，基层员工以独立行动者的姿态进行知识创造，更在意创新创意能否在部门和组织内部扩散和使用。

创意的筛选阶段是设想的新实践首次以实验的方式进行试错的阶段。在中心化情境下，任何决策都需要企业内部经过反馈和审批，最终由高层管理者作出决策。而去中心化情境下企业内部的基层员工具有更高的自主性和灵活性，可以有效整合组织资源，对于差异化的市场需求把握更准确。个体可以在不同的领域独立运作，尽管可能会失败，但是由于规模小不会为企业的整体发展带来致命的损害，所以其试错成本相对更低，可以及时调整产业发展方向。新的创意可以通过偶然事件而兴起，例如家具零售商 IKEA 由于人员短缺，让顾客自己从仓库挑选产品，这一模式随后在其他商店被迅速实施。

当然，基层员工可能难以将信息转变为有用的知识，中层管理者能将信息引导到有目的的知识创造上，中层管理者需要为基层员工提供操作条件，决定操作手段，中层管理人员在企业创新实施中扮演着关键角色，他是高层管理者富有远见的理想与基层员工面临的混乱现实之间的桥梁，将基层员工和高层管理者的隐性知识综合在一起变成可以传播和扩散的显性知识。在传统的中心化情境下，简单且经过筛选的信息传递到组织的最高层，高层领导者利用这些信息制定计划和命令，最后通过层级体系由上至下地传达下来。而在去中心化情境下高层管理者要在组织内部的特定创新议题上营造宽松氛围，提供企业应该向何处走的方向，创造愿景和梦想。高层管理者创造的是能够将看似分离的活动或业务综合为和谐整体的宏大概念（Grand Concept），从而为员工提供方向感。高层管理者更加注重平台的搭建而非对基层员工的控制。同时，高层管理者的意见建议是基层汇集比较的结果，要肩负起对基层员工的创意进行验证的责任。然而，去中心化情境下个体为自己服务不可避免地会带来自我服务偏见，使企业陷入开发性学习的陷阱。高层管理者有义务建立类似于负面清单[①]的制度机制，赋予员工自主创造的权利，增强企业内部创新活动的积极性。

2. 组织外部变革者

组织外部的变革者常常是问题的挖掘者和纯粹的思考者，这类人群常常因问题而生存。换言之，问题是孕育外部变革者的重要土壤。管理本身不是谋求没有问题，而是推动组织不断转换问题（Adizes，1997），但在面对很多复杂问题时，管理者自身以及组织内部的员工常常是解决局部问题和具体情境下特定问题的高手，但在面对系统问题或改变情境时却束手无措，专业的研究人员、智库专家、咨询顾问、理论工作者此时自然成为组织外部的变革推动者。

以创新为例，在去中心化情境下不同学者或研究人员对于创新的关注点是不同的，经济学家通常将注意力集中在创新的经济动机和经济结果，管理学家关注的是最可能导致竞争成功的创新实践过程，公共政策学者更关心创新的社会福利和创新带来的公平结果，由于价值取向或观察视角的不同，我们也不能断言何种观点更值得借鉴。在创意产生阶段，组织外部变革者的作

---

① 负面清单制度是指国务院以清单方式明确列出在中华人民共和国境内禁止和限制投资经营的行业、领域、业务等，各级政府依法采取相应管理措施的一系列制度安排。市场准入负面清单以外的行业、领域、业务等，各类市场主体皆可依法平等进入。

用是从不同的角度给企业提供理论基础，从而激励组织内部中高层管理者通过议程设定流程去采纳方案。而在创意筛选阶段组织外部变革者是对基础知识研究，提出在实践活动或其他情境中能够发挥作用的具体理念。组织外部变革者的作用是反映组织内部变革者行为的合理性程度，外部变革者会基于理论逻辑和通用规律与组织内部的变革者进行理念对接，从而确保内部变革者创新实施的稳定性。就企业创新而言，组织的外部变革者是将创新实施的相关理论贯彻到企业实践之中的发起人。外部变革者常常是实践的理想主义者，很多理论常常在企业的创新实践中难以进行精准模拟，外部变革者自己对这一点也是深信不疑的。但不可否认的是，内部变革者实施的创新行为需要根据理论加以评判，外部变革者在一定程度上承担了创新好坏的裁判角色。创新实施过程中，纯粹的内部变革者不会有太多的自相矛盾，因为缺少外部变革者的评判。外部变革者更关注创新实施的一般实际发展进程并努力促进这一发展进程，这也是外部变革者的使命。

2.1.2　创新的实施与完成

创新实施本身并非简单的线性过程，而是内外部变革者循环交互的复杂过程。创新实施的起点是内部变革者的启动与推动，就创新而言从来都是实践先于理论，不断累积试错的实践为外部变革者提供了丰富的研究素材，从而让外部变革者有机会成为创新实施的引导者。1978 年，安徽凤阳小岗村 18户农民代表联名签订了分田和包产到户的契约，由此揭开了中国农村经济体制改革的序幕。而这份"红手印包干书"后来成为中国农村改革的一份重要文件，被认为是全国第一份包干合同书。这一创新性的实践对小岗村的农民而言是极大的冒险，小岗村 18 位农民以"托孤"（如果干部坐牢，社员保证把他们的小孩养活到18 岁）的方式冒险在土地承包责任书上按下鲜红的手印是他们这些内部变革者面对问题的无奈之举，这一举动掀开了中国改革开放的序幕，这些素材被外部变革者视为研究解决农村温饱问题的重要参考，结合中国农村的特点理论工作者不断稳固和完善小岗村的做法，形成了家庭联产承包责任制并在全国推行，成为中国现阶段农村的一项基本经济制度，推动了中国广大农村地区逐步摆脱贫困落后的面貌，逐渐走上了共同富裕的道路。

去中心化情境下的企业创新，就如同小岗村的改革创新掀起了全国农村改革一样，主要是依靠企业当中的员工自主创新而带来企业的整体创新，当然这一前提是员工的创新需要现实的验证和理论工作者的不断完善与发展，才能从"小创新"发展至"大创新"。在动机产生阶段，基层员工由于贴近生产和市场需求，其创意对于企业创新发展至关重要，是企业汲取新思想、新技术的重要契机和来源。员工创新可以分为两种，一种是突破性创新，即建立在不同科学技术原理之上，能彻底改变组织实践或产品的新思想；另一种是渐进性创新，即对现有产品、技术或工作流程进行改进和完善的新想法或建议（Axtell et al.，2000）。员工创新过程指的是将这些新颖、有用的想法进行细化、倡导，并最终获得管理者认可和采纳，取得组织合法性的过程。一线管理者在筛选创意时，更关注创意本身的市场价值，以及能否利用现有技术和市场来实现创意（Day & Harrison，2007；Rietzschel et al.，2010）。员工想要实现自身的创新且推广至企业，他们会通过合理说服的方式，用数据、图表、事实和逻辑详细刻画创意对组织盈利能力、市场份额、组织形象和声誉等提高的重要作用（Dutton et al.，2001）。以经典的3M公司报事贴（Post-it）为例，发明便利贴粘贴剂的斯本塞·西尔福（Spencer Silver）博士本意是发明一个超强的粘贴剂，却未曾想并没达到超强黏合的效果。西尔福博士就把这个粘贴剂介绍给了3M另一个科学家阿特·弗莱伊（Art Fry）。弗莱伊在参加教会礼拜时，唱诗班唱歌的歌本中用纸条做的标识极易滑落使他经常翻错诗集，这让他想起了西尔福博士的粘贴剂，弗莱伊用这种粘贴剂加工出报事贴便条纸并在3M公司内部使用得到广泛好评，弗莱伊说服3M管理层向市场推广试用这一产品，试用的结果是90%的消费者在使用后都明确表达了购买欲望。今天，3M公司的报事贴品种多达600多种，而这一粘贴剂也被广泛应用到3M的其他产品上，为很多人的工作生活带来了极大方便。3M报事贴产品是在研究粘贴剂过程中的一次意外，它是粘贴剂失败后的副产品，却成就了一个以粘贴剂为桥梁的巨大产品族群，这些产品是组织内部变革者经过不断试错而逐步走向成熟和稳定的。

无论是内部变革者不断将设想的目标、方向和行动通过反复在实践中试错来达成目标，还是外部变革者将新思维融入创新实践中不断验证、推翻、再验证、再推翻直至形成相对稳健的理论化标签，都是创新者不断累积素材、获取知识并创造知识的过程，创新本身就是知识的应用、整合与创造过程。我们有必要了解去中心化情境下企业实施创新过程中知识的属性、知识活动特征以及知识创造的特点。

2.2　去中心化情境下企业创新实施的知识支撑

对于知识的理解直接决定了企业的创新理念与方式，人类对于知识的研究就如其自身的历史一样悠久，在古希腊时期，"知识是什么"就是西方哲学一直求索和追寻的核心问题。近年来，在德鲁克等学者的引领下，管理领域出现大量对知识及相关管理的探索与研究。因为知识在社会中所发挥的作用越发明显，德鲁克（Drucker，1994）认为人类开始从信息社会进入知识社会，在这个社会，知识不仅是与传统的生产要素（劳动力、资本和土地）并列的资源，更是这个时代唯一有意义的资源。而且，他还指出知识是企业最重要的资源，受过良好教育的人将会成为社会的主流，财富的累积、经济的增长、创新的实施都离不开知识的支持。

贝尔（Bell，1973）也观察到了知识社会的特点，他以工业社会为中轴，将人类文明划分为前工业社会、工业社会和后工业社会[①]。前工业社会强调劳动价值论，人类社会发展依靠劳动力，从自然界获取资源。工业社会以劳动价值论为基础，工业发展依靠设备，以资本代替劳动。后工业社会以知识价值论为基础，知识是发明和创新的来源，产生了附加价值和规模递增收益，发明了更多的可替代品节省资本。托夫勒（Toffler）和奎因（Quinn）的观点与德鲁克和贝尔的论点相互呼应，托夫勒（Toffler，1990）指出在未来社会，知识已经成为国家竞争力、企业竞争力的关键决定力量，在未来社会，知识势必会取代其他资源，成为权力的源泉和权力转移的关键所在。奎因（1992）发现当前美国的经济已经被服务业所颠覆，几乎 95% 从事制造业的工人投身服务活动。据此他强调企业应该把战略重心放在知识和服务能力，制定基于知识与服务的企业战略，同时宣称，现代化企业的生产和竞争能力更依赖于智力资本，而不是土地、厂房和工人等硬资产。他认为产品的价值不在于产品本身，而是产品背后所隐藏的基于知识的无形资产，例如个人创造力和创新。由此可见，知识对于企业的价值已不言而喻。如果说哲学家对于知识的探讨是一种抽象性思考，那管理学则更侧重于知识的实践和应用。知识社会的核心不仅在于知识是企业创新和社会发展的动力，还在于知识的

---

① 后工业社会是某些资产阶级学者划分的人类社会发展的一个历史阶段，由贝尔在发表的《后工业社会》一书中进行专门阐述，后工业社会又称知识社会，后工业社会是工业社会进一步发展的产物，从时间上大约是 20 世纪 80 年代电子信息技术广泛应用之后。

分布比以往任何时刻都更广泛，通往创新桥梁的知识不再单纯垄断在少数精英群体手中，而是越来越多地转移到受教育程度越来越高的普通大众手中，个体在创新上的自主性比以往任何时刻都要高，考察这种具有典型去中心化特点的知识内容将有助于我们更好地解释创新活动。

2.2.1 知识的内涵与分类

知识是一个不断发展的概念，不同历史时期人们对知识的理解和认识不同，初期对知识概念的研究停留在哲学界，而后蔓延到经济学和管理学领域。知识的产生就是为了满足人类的实践应用需求和追求事物完美的需要（屠兴勇，2012）。由于知识本身的复杂性和开放性，导致很难对知识下一个统一且明确的定义，正如罗素（Russell，1983）所言："知识是一个意义模糊的概念。"知识可能是世界上最具有多面性和不确定性的东西，是人类复杂性和不可预知的一部分（张新华和张飞，2013）。当前，关于知识内涵的探讨非常丰富，不同领域的学者基于自己的认知和视角对其进行界定，形成了知识的定义集合。这表明，知识已经不是一个简单的、多种元素的无序集合，而是被纳入一个动态的、与人或企业相交互的系统，只有在实践和使用中才能体现知识的价值，本书梳理了国内外不同研究领域对于知识内涵的代表性观点，以求更全面地诠释知识，如表2.1所示。

表2.1 不同学科领域对知识的理解

学科	代表学者	知识的涵义
哲学	柏拉图（Plato）	知识是经过验证的真实信念，他认为知识的最高层次是智慧。从观念论角度出发，以知识探究方法和知识本身作为考察对象，将知识分为臆测、信念、了解和纯理性四种维度
	亚里士多德（Aristotle）	知识是事物的第一原则和第一因的理解，追求知识的方法是直觉
	斯宾诺莎（Spinoza）	知识分为三个等级，即感性知识、理性知识和直觉知识，把感性知识称为意见和想象，并区分了传闻和经验的知识，认为感性知识是具有不确定性的初步知识，理性知识具有确切性，称为真知识
	贝尔（Bell）	知识是对事物或思想的一套有系统的阐述和合理的判断或经验性的结果，可以通过交流，以某种系统方式传播给他人

续表

学科	代表学者	知识的涵义
哲学	罗素（Russell）	将知识划分为基于亲自认知的事实知识和通过推理的描述知识
	马克思（Marxist）	知识的本质在于其从社会实践中来，社会实践是一切知识的基础和检验知识的标准，只有经过实践检验的才是正确可靠的知识
经济学	马歇尔（Marshall）	知识是最有效的生产手段
	熊彼特（Schumpeter）	知识是主观的，非固定的，每个经济体具有独特知识
	罗默（Romer）	知识作为一种活跃的、独立的生产要素引入新的增长模型，纳入生产过程加以分析和讨论
	舒尔茨和贝克尔（Schults & Becker）	知识表现为人力资本
	加尔布雷斯（Galbraith）	提出知识资本理论，认为知识带有资本属性
管理学	泰勒（Taylor）	科学管理将员工的经验和技能定性为客观的、科学的知识进行的一种尝试
	德鲁克（Drucker）	知识不仅是与传统的生产要素（劳动力、资本和土地）并列的资源，更是这个时代唯一有意义的资源
	达文波特（Davenport）	知识起源于智者的思想，是一种流动性的综合体，包括结构化的经验、价值以及符号化的信息等，知识既存在于文件中，也蕴含于日常的工作过程中
	野中郁次郎和竹内弘高（Nonaka & Takeuchi）	知识是一种被确认的信念，通过知识持有者和接受者的信念模式和约束模式来创造、组织和传递，在传递知识的同时也传递着一整套文化系统和相关的背景系统，提出了著名的 SECI 模型

资料来源：根据邱均平（2011）整理得来。

在企业创新过程中，野中郁次郎和竹内弘高（Nonaka & Takeuchi，1995）借用哲学意义上的知识定义更符合企业管理中的现实情况，他们对知识的界定实际沿用了柏拉图对知识的理解，即知识是经过验证的真实信念，它是一个动态的社会化过程（Mitri，2003）。在知识分类上，野中郁次郎和竹内弘高沿袭了哲学家波兰尼（Polanyi）的观点将知识做了隐性和显性划分。隐性维度基于特定语境中的经验、思维和感受，显性维度则用符号表达、编码和交流。蒂瓦纳（Tiwana，2001）将隐性与显性的知识以不同特性进行了更详细的区分，如表2.2所示。

表 2.2　　　　　　　　　　隐性知识与显性知识的对比

特点	隐性	显性
本质	直觉、想象力、创意或者技巧，无法清楚说明，相当主观	可编码呈现，可清楚说明，较客观
正式化程度	不容易文件化、记录、传递和说明	能通过编码，利用正式的文字、图表等有系统地进行传播
形成过程	由实践经验、身体力行及不断试验中学习和积累	对于信息的研读、了解、推理与分析
存储地点	人类的大脑	文件、资料库、图表和网页等地方
媒介需求	需要丰富的沟通媒介，例如面对面沟通或通过视频会议传递	可以利用电子文件传送，如 E-mail，不需要太丰富、复杂的人际互动
应用	对于突发性、新问题的预测、解决并创新	可以有效地完成结构化的工作，例如工作手册的制定

资料来源：根据 Tiwana（2001）整理得来。

除了对知识进行显性和隐性划分外，乔（Choo，1996）还讨论了另一类知识：文化知识，它是指"用于描述和解释现实的假设和信念，以及用于赋予新信息价值和意义的惯例和期望"。文化知识没有被编纂，而是通过联系一个群体的纽带和关系传播，无论个体处于中心化情境还是去中心化情境，该类知识体都是个体展开行动的底层逻辑。虽然野中郁次郎和竹内弘高没有提到文化知识，但他们区分了个体知识和集体知识。个体知识是由个体根据其信仰、态度、观点和影响其人格形成的因素而创造并存在于个体中的。集体知识是由一个群体的集体行动创造并存在于其中的，它涉及指导群体内部沟通和协调的规范，在一定程度上和文化知识类似。

2.2.2　数据、信息与知识

在知识社会，数据和信息已经渗透到人的日常生活中，按照野中郁次郎与竹内弘高对知识的理解，数据和信息只有通过个体解读才能构成知识，而差异化解读是去中心化情境下的常态。企业创新是分散知识组合后的重新再解读，数据和信息是知识得以形成的素材，外部的异质性信息形成的异质知识构成了创新基础，企业需要培育从大量的数据信息中准确识别并将其成功转化为创新所需知识的能力，为了解决此问题，我们讨论了数据、信息与知识的区别与联系，并考察了它们之间的转化过程。

1. 从数据到信息

数据是客观存在的一些离散的、相互独立的客观事实（Davenport & Prusak，1997）。数据在生活中无处不在，我们的聊天记录、网络上的图片和视频，甚至我们的身体特征都是数据。数据可以分为硬数据和软数据，其中硬数据一般指那些可以量化的内容，如组织中的员工工作时间、员工工资等，软数据则包括员工的工作态度、工作倾向等难以量化的内容。达文波特等（Davenport & Prusak，1997）认为所有的企业都需要数据，这句话放在当前这个数字化特征如此突出的社会再恰当不过。一些行业的企业生存严重依赖于数据，例如金融保险行业，保存数据是这些行业"数据文化"的核心，有效的数据管理是发展的关键，成功的跟踪交易记录是业务范畴。但需要注意的是，数据对企业的成功很重要，并不代表企业只要有充足的数据、有效的数据管理手段就能作出正确的数据决策。首先，在这个数据爆炸的时代，无法获取所有的数据，让银行去搜集世界上所有人的资产情况，即使不谈隐私问题这也不可能；其次，在数据的海洋里，如何识别满足自身需求的数据对企业来说是很困难的；最后，数据本身并没有意义，数据仅描述了基于事件的部分事实，并不能解释和分析事实背后的本质，数据并不能告诉你应该做什么（Davenport & Prusak，1997）。但这并不能否定数据本身对企业的重要性，因为数据是产生信息的原始素材。

对于数据和信息的关系，戴维斯等（Davis et al.，1985）认为信息是被接受者处理成有意义的形式的数据，与此观点类似，德鲁克（Drucker，1994）认为信息是被赋予相关性和目的性的数据，例如，一本书或者构成一份文件的文字符号并不是数据，当符号与翻译联系在一起，信息就形成了。那么，如何将数据转化成信息或者上升到信息，为特定的目的服务？达文波特提出了将数据上升为信息的五种方法：（1）关联，知识收集数据的目的；（2）分类，知识分析的单元或数据的关键成分；（3）计算，数据已经经过计量或者统计分析；（4）修正，将错误数据筛选出去；（5）压缩，数据以更为简明的形式得到归纳。对企业来说，从数据上升到信息的核心在于企业数据分析部门的认知能力，可能会受到员工或企业整体背景或能力的限制。

2. 从信息到知识

对数据和信息的差别，人们通常容易理解，但对"信息"和"知识"却经常互换使用，事实上信息与知识还是有明显区别的。贝特森（Bateson，

1979）指出信息能够为事件或对象的解读提供新的观点，这些观点让先前看不清的意义变得更明晰（数据中模糊的内容），或者揭示之前未能体现的内在关联。因此，信息是构建知识的媒介，通过添加内容或重构内容来对知识施加影响（Machlup，1983）。野中郁次郎和竹内弘高（Nonaka & Takeuchi，1995）认为与信息不同，知识与信念、承诺密切相关，是一种特定的立场、视角和意图，但信息和知识都与特定的场景有关，它们是在人类社会化过程中动态产生的，依赖于情境。在企业中，知识往往不仅存在于文件或档案库中，也根植于企业的工作、程序或惯例、规范及文化中（Machlup，1983）。科马利（Kermally，2002）强调知识存在于信息的使用中，而不是对信息的搜集，关键在于如何利用搜集到的信息，表 2.3 显示了信息与知识的一些区别。

表 2.3　　　　　　　　　　　信息与知识的区别

信息	知识
经过处理的数据	能够用于行动的信息
仅提供事实	能够帮助预测、建立临时关系或对要做的事情作出预测性判断
清晰、明确、结构化简单	混乱、模糊，部分被结构化
易于用书面方式表达	直觉的，很难交流或难以用语言描述和表达
通过数据压缩、修正、关联和计算得到	存在于联系、人际对话、经验性直觉和解决问题的能力中
缺乏所有者依存性	存在于所有者大脑中
信息系统可以很好地处理	还需要非正式渠道，如非正式的交流
理解大量数据含义的关键资源	智能决策、预测、设计、规划、诊断、分析、评估和直觉判断的关键资源
从数据演变而来：以数据库、书籍、手册和文件的形式储存	产生于个人和集体的头脑，并为之共享，随着时间的推移，从经验、成功、失败和学习中产生
被形式化、获取和显性化；容易被包装为可利用的形式	多形成在人的大脑，从经验中得来

资料来源：根据 Tiwana（2004）整理得来。

就如同信息产生于数据，知识产生于信息，从知识的本质出发，即知识是经过验证的真实信念，是一种社会化的动态过程，可见知识要比数据和信息更强调行动，达文波特（Davenport & Prusak，1997）认为比较（关于这一信息和已有信息的区别）、推论（这一信息对决策和行为的作用）、联系（这一知识与其他知识的关联）与谈话（其他人如何考虑这一信息）这四种策略有助于将信息转化为知识。由此可知，无论是个人还是企业在接收到有关的信息之后，都需要对其进行深入的感知、理解和消化，才能转化成满足自身需求的新知识，建立在复杂的学习过程中。我们在档案中发现数据、从文件中获取信息，而知识是从个人、知识群体，甚至组织的日常活动中萃取。

3. 从知识到智慧

智慧是一种能够有效整合、选择和利用知识的能力，包括关于知识的知识，知道什么知识具有相关性，以及应用什么知识（Ackoff，1989）。我们在生活中见到一些饱读诗书、满腹经纶的读书人，却不通世故，没有独自处理问题的能力，我们会说他是个"书呆子"，其实"书呆子"拥有了足够知识，但却没有智慧，缺乏将知识转化为智慧的能力。与知识相比，智慧是以直觉和深邃的判断力为先决条件的，偏向较为隐形的、直觉的。在企业管理中，智慧指的是发现并定义模糊度与复杂度较高的战略问题的隐形能力。

阿克夫（Ackoff，1989）认为从数据到智慧是一种紧密关联的层级关系（Knowledge Hierarchy），上层通常是下层经过加工、提炼和处理的结果，而且，从数据到信息，它们的价值随其隐形能力的增加而增加。从整体来看，知识的演进层次，可以双向演进。从噪音中分拣出来数据，加工为信息，提炼为知识，升华为智慧，这样一个知识管理过程；反过来，随着信息生产和传播手段的极大丰富，知识生产的过程其实也是一个不断衰退的过程，从智慧传播为知识，从知识普及为信息，从信息变为记录的数据，如图2.2 所示。

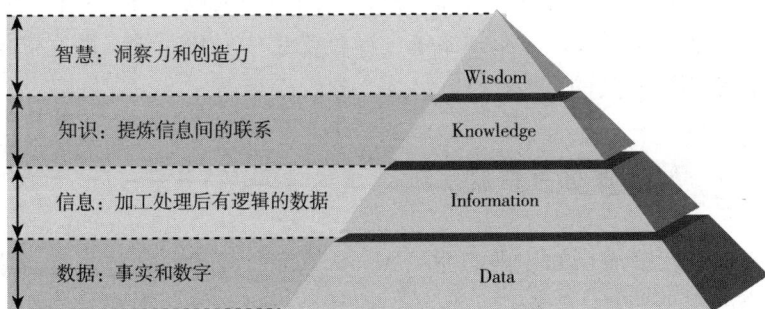

图 2.2　从数据到智慧

2.2.3　知识的去中心化特征

由于知识是分布式储存在不同个体的大脑中，因此知识本身呈现出较强的去中心化特征。从知识是经过验证的真实信念这个本源意义的角度来讲，不同背景和学识的人对社会的认识必然有所不同，也就导致彼此的知识不同，知识的存在必然是以原子化方式储存在每一个个体中。具体来说，知识的去中心化特征主要表现为：（1）知识主体的去中心化，知识根本来源是人——知识创造和应用的主体（个体或群体的方式存在），每一个主体都可能是知识生产者和供应者；（2）知识载体的去中心化，除了生产和创造知识的人，主体与知识发生联结时所借助的渠道，包括工具、技术、制度文化等也是多样化的，没有固定的传播媒介；（3）知识范围的去中心化，就空间范围而言，知识不仅存在和来源于企业内部，也与环境的输入息息相关，因为企业是一个开放的系统，外部知识构成企业知识的重要来源。就时间范围而言，过去和将来是知识存在和更新的基础，现有的知识只是时间坐标上的一个即时性的状态（王国顺和王景围，2011）。

知识的去中心化特征与知识存在的状态无关，无论是显性知识还是隐性知识，在企业中都是分布式存在的。然而，考虑到显性知识正常表达的可能性和现有技术手段及其体系对显性知识处理能力的不断增强，对知识的关注重点自然就落到了隐性知识上。隐性知识造成了企业未来知识状态的不确定性进而导致相应管理行为的不确定性。个人知识如何获得可以看作是企业知识形成的微观基础。祖卡斯（Tsoukas，1996）认为，企业是一个知识系统，并且是一个分布式系统（Distributed System），没有人事先知道知识是什么或需要是什么，企业面对固有的不确定性：它们不知道也无法知道它们需要知道什么，企业知识不仅是分布式系统，而且是去中心化系统，即它们没有类似于"控制室"一类的东西。

2.2.4　知识创造与创新

知识创造代表着新知识的产生（Argote et al.，2003），与之有着紧密相关的两个概念是学习和创新。虽然知识往往会促进行动，但只有当个人确定其意图和行动结果之间的关系时，学习才会在行动之后发生（Argyris & Schon，1997）。创新是利用新知识提供新产品或服务（Afuah，2003）。因此，我们认为知识创造是创新的先决条件。

组织知识创造的最有影响力的理论之一是由野中郁次郎和竹内弘高提出的。野中郁次郎和竹内弘高（Nonaka & Takeuchi，1995）将组织的知识创造定义为组织作为一个整体创造新知识，并将其在组织内传播、应用到产品、服务和制度中的过程。组织的功能是不断激发富有创造性的个体的潜能，为个体、团队创造知识的活动提供有关情境和条件；并将个体、团队的知识创造统领与整合在组织的目标实现与统筹之下，进行组织层面的知识创造活动，实现组织能力的发展与提升。在他们的分析中，一个组织通过其隐性和显性知识之间的转换和互动来创造新知识。理解这两种知识之间的相互关系是理解知识创造过程的关键。隐性知识和显性知识的转化是个体之间的社会过程，并不局限于单个人。知识转化以四种模式发生：社会化——从隐性知识到隐性知识，外显化——从隐性知识到显性知识，组合化——从显性知识到显性知识，内隐化——从显性知识到隐性知识，即著名的 SECI 模型。表 2.4 显示了这四种知识转换模式的主要特征。

表 2.4 知识转化的四种模式

知识转化模式	主要特征
社会化	联合活动—分享经验—花时间，生活在同一个环境中—学徒—观察、模仿，实践产品—工作场所之外的非正式会议—世界观、相互信任、纯粹的经验。它包括通过与供应商和客户的直接互动以及在组织内部走动、与竞争对手的对话、与外部专家的互动以及创造一个允许同行的工作环境来获取知识
外显化	知识是结晶的，可以通过使用隐喻、概念、假设、图表、模型或原型被他人共享。使用这些语言资源时，图像和表达之间的差异和差距有助于促进个人之间的"反思"和互动
组合化	文件、会议、电话交谈或计算机化的通信网络。通过对知识进行分类、添加、组合和分类来重新配置现有知识。扩散，系统化是关键，通过演示或会议在组织成员中收集、组合和传播知识，对组织中的知识进行编辑或加工，使其更加有用
内隐化	干中学。创造的知识在整个组织中共享。以共享心智模型或技术诀窍的形式内化为个人隐性知识的知识成为有价值的资产。活动：培训项目、模拟或实验、跨职能开发团队；寻找和分享新的价值观和思想；促进原型制作和基准制定；促进挑战精神；与整个部门共享结果

资料来源：根据 Nonaka & Takeuchi（1995）整理得来。

野中郁次郎和竹内弘高还提出了组织知识创造的 5 个促进条件——意图、自主性、波动与创造混沌、冗余和必要多样性。意图是组织达成目标的渴望，他们认为组织目标为现有知识的真实性提供了最重要的标准，这个观点可以追溯到组织行为理论（Cyert & March，1963）和意义建构理论（Weick，1955）。这些理论和其他类似概念指出了什么类型的信息和知识被认为是重要和真实的基础。自主性是指个体、团队、商业单位自愿行为的程度。自主性本身就是有风险的，因为它允许了创新中的灵活度。波动和创造混沌是更复杂和抽象的概念，它试图解释那些将危机转化为创造机遇的情况。波动是指"没有递归的有序"，而创造混沌是管理层有意识加入波动来增加组织内部的紧张，使组织员工能更好地辨识问题并解决危机局面。刻意的创造混沌激发了组织员工的反思式与双环式学习（Argyris & Schon，1997）。冗余是指组织中不同个体共享的交叉信息且没有必要复制。它是那些组织员工工作外存在的信息。通过这些信息，组织员工可以达成更好的交流，因为他们彼此有共同语言，能够互相帮助，为有相似经历遇到困难的同事解决问题。最后，是必要多样性，按照控制论的观点，组织内部的多样性必须和环境的多样性及复杂性相一致，这样可以更好地应对环境带来的挑战（Ashby，1956）。5个促进知识创造的条件实际是为去中心化情境下的知识节点提供了碰撞和融合的可能，这才能更好地推动企业创新。

2.3 去中心化情境下企业创新的知识创造过程

知识创造是企业竞争力的重要基础（Bhagat et al.，2002），是创新的重要先导（Popadiuk & Choo，2006）。成功的公司是那些不断创造新知识，在整个组织中广泛传播，并迅速将其体现在新技术和产品中的公司（Nonaka & Takeuchi，1995）。随着技术的发展和社会生产方式的转变，互联网重塑了组织结构和组织形态，企业逐渐由科层驱动转变为自我驱动、自我管理的去中心化网络，这意味着企业创新面临的情境发生了重大变化，因此有必要重新考察和思考去中心化情境下企业创新背后的知识创造过程。

2.3.1 知识创造的一般性质

1. 知识创造的核心不能脱离隐性知识

隐性知识是生成新知识的主要源泉（Nonaka & Takeuchi，1995），新知识来源于组织内外的知识交流和互动中最活跃知识主体的隐性知识。无论最初的知识资源是什么，不管它是组织内部的文件、资料等显性知识，还是嵌入在组织程序中的结构性知识，还是某项技能和工艺的特殊能力，只有参与知识创造的主体发生作用，形成知识主体特殊的隐性知识，才可能被引入到知识创造的过程中。组织知识创造的关键是激发并获取有价值的隐性知识，尤其是优质的、独特的隐性知识。少数最前沿的公司发掘出最有前景的创造知识的方法就是捕获个体的、隐性的、主观经验性的见识、洞察力和直接知识，特别是那些业绩优秀的个人的知识（Peters & Waterman，1982）。例如，贝尔实验室对知识工作者7年的研究发现，通过找出组织中最优秀的员工的工作策略，并将其与其他员工分享，可使组织的生产力成倍增长。

2. 知识创造是一个社会化过程

知识形成且存在于动态变化的知识创造过程中，知识创造过程反映了知识存在的动态特征。知识创造是一个众多知识主体不断交往和学习的、动态的社会化过程。在这一动态过程中，知识主体不仅在内容上不断构建和丰富新知识，使其在质和量上得到发展，与知识发生作用的主体范围也在不断扩大，随着越来越多的知识主体对知识的作用，人们为新知识带来更多的内涵与能量。知识在不同的主体之间流动才得以不断变化、改进，才得以在具体环境和条件下与具体的任务、情境相契合，才能够形成符合组织专门需要的新知识。

3. 知识创造的必要条件是知识流动

野中郁次郎和竹内弘高（Nonaka & Takeuchi，1995）指出，如果组织内缺乏密切互动，就不可能创造出新的且独创的知识。知识的流动是进行知识共享与交流的必要条件。知识需要与不同的、众多的主体发生作用，才能实现不同层面的知识创造。随着知识在组织内的流动，与知识发生作用的主体范围越来越大，使得知识不仅在更深层的专业领域而且在更多样化的知识领域中发挥作用，更多信息和能量被知识主体带入到组织的知识创造过程中，推动组织知识创造活动持续进行。如果没有知识流动，知识创造只能发生在有限范围内，不仅知识创造的质量与效率十分有限，也难以产生高级的、复杂的、系统的、价值高的新知识，并且原知识主体自身的局限性也会阻碍知识创造，知识惰性与组织惯性常常扼杀有生命力的新知识产生的机会，使组织的知识创造趋于退化乃至失败。

2.3.2 去中心化情境对知识创造的影响

在一个高度分工和专业化的经济体中，尽管许多企业掌握独特的知识资源，具备较强的知识创造和更新能力，但任何一个企业都难以具有为客户提供某种产品或服务所需的所有知识，企业仅依靠自身的知识资源进行知识创造可能存在着很大的局限性，企业不再单独在一个自我封闭的环境中进行知识活动，知识创造的过程更具开放性和去中心性。在去中心化情境下，企业期望搭建知识网络或知识社区将分散的知识个体聚集起来，通过集体智慧实现企业单独无法完成的知识创新活动。企业搭建知识网络的实质就是显性知识与隐性知识的相互作用与转化，在野中郁次郎和竹内弘高提出的 SECI 模型基础上，我们将重新考虑去中心化情境下企业创新的知识转化过程。

1. 社会化：由隐性知识到隐性知识

知识创造从社会化开始，社会化是通过日常社会交往中的共享经验转化新的隐性知识的过程。由于隐性知识很难形式化，并且往往是特定于时间和空间的，因此隐性知识只能通过共享的直接经验获得，例如，一起度过时间或生活在同一环境中；传统的学徒制，学徒通过实践经验学习其工艺所需的隐性知识。一个人还可以通过分享经验来达成与顾客、供应商甚至竞争对手的共情从而分享他们的隐性知识。

在企业传统的层级结构中，社会化过程更多是发生在企业内部、带有明确的目标导向。例如，20 世纪 80 年代，松下在开发自动家用面包机时遇到了一个难题，即如何让揉面过程机械化，因为做面包所需要的面都是面包师手工制作的，初始企业期望通过 X 光检测对比机器和面包师揉面的区别，但是并没有得到有价值的发现。研发部门的某个负责人为了学习揉面技巧特意带着部门里的研发人员去做面包比较出名的酒店学习，拜师学艺。他发现学会揉面技巧并不是一件简单的工作，经过长期跟从面包师学习、观察、模仿他们的动作才能真正学会揉面。因此，他通过社会化学习学会了面包师的隐性知识。

然而，在去中心化情境下，可能创新的目标导向并不明确，甚至有可能产生一个与企业预期想法完全不同的产品，去中心化情境下知识的社会化过程常常发生在彼此不熟悉的合作对象之间，因此其过程往往要复杂得多，将隐性知识最大程度显性化，并通过知识的多样化呈现来驱动不同参与主体的互动是去中心化情境下知识社会化的主要途径。例如 NEC 在研发第一台个人电脑的过程。当时来自半导体和销售部门的一个小组决定对社会大众销售日本第一套微电脑 TK - 80，但把 TK - 80 卖给广大公众从根本上背离了 NEC 响应来自日本电报电话公司（NTT）例行订单要求的历史。意外的是从高中生到专业电脑等各种"发烧友"都蜂拥到 NEC 设在东京秋叶原区的展示服务中心 BIT-INN。就是在 BIT-INN，NEC 公司通过与这些客户共享经验和持续对话，几年之后，它们开发出了最畅销的个人电脑 PC - 8000。此外，去中心化情境下社会化过程也可能在知识创造中被忽略，因为去中心化情境下更多的是个体凭借着自己的知识进行创新，与人交互偏少，隐性知识的传导也相对较少。

2. 外显化：由隐性知识到显性知识

隐性知识通过外显化过程被表达成显性知识。被外显化的隐性知识更容易被共享而成为新知识的基础，如概念、图像和书面文档，如日本人创造推广的一种新文化商品 Mook 就较为典型，它是将杂志（Magazine）和书籍（Book）的融合，成为独具特色的杂志书（Mook），其内容以图片为主，特点是情报多、理论少，更容易传播。知识转化的外显化模式通常体现在一个产品的概念创造阶段，要使一个隐藏的概念或机制从积累的隐性知识中显化出来，最常用的手段是隐喻类比，这种手段往往比归纳或演绎更有效。例如，本田思迪开发一款新车时，研发团队把汽车视为一个有机体，并探究它的终极进化形式。从本质上讲，研发人员在设问：汽车最终将会进化成什么样子？暗示了把最大化乘客空间作为汽车终极发展的方向，创造了人性最大化、机器最小化的概念，最终设计出满足顾客需求的汽车。我们在知识社会化过程中提到的做面包的例子，其中面包机和面包师就体现了隐喻类比的作用，研发人员把通过向面包师学习做面包掌握的隐性知识运用到面包机上面，让隐性知识显性化。

去中心化情境下，企业参与创新的主体越来越广泛，各主体打破了传统中心化情境下同属一个焦点企业的客观事实，导致不同节点间的"距离"逐渐增大，特别是地理距离、认知距离和知识距离（Balconi et al.，2002）。凯斯勒和卡明斯（Kiesler & Cummings，2002）研究指出合作伙伴之间的物理距离会严重阻碍有效的知识交流和合作的成功。同时，科学和技术知识往往是隐性的和不可编纂的，因此更需要本地化和地理上的接近（Balconi et al.，2002）。在知识交换场景中，合作伙伴的隐性知识交换对于去中心化情境下创新的成功至关重要。然而，随着通信技术（包括电子邮件、微信）的最新发展，地理距离对分布式网络的阻碍越来越小。这些新的发展可以为不同实体间分享知识和经验提供现成的基础设施（Finholt，2002），并促进可以增强社会网络的交流。然而，通信技术无法克服节点间地理距离的所有问题，因为它无法取代"丰富"的沟通机制，如面对面的讨论或会议以及实践实验和演示，而这些往往是合作伙伴之间交流隐性知识所必需的（Balconi et al.，2002；Dooley & Sullivan，2004）。

第二种需要减少的距离是节点之间的认知距离（Balconi et al.，2002）。组织文化直接影响其成员的"认知"视角，当多个组织合作时，个人心态之间的显著距离是常见的。从事创新的个人的认知距离可能会导致误解和分歧，因为想法和行为基于不同的隐性和编码知识储备，它们的激励和动机也不同（Hussler & Ronde，2002）。为了达到认知上的接近，首先需要认识到不同的心态，然后需要所有合作节点的重要文化运动（Friedman & Currall，2003），也就是说通过这种文化运动将节点间的隐性知识显性化，以减少认知距离导致的创新失败。

3. 组合化：由显性知识到显性知识

组合化是将各种概念系统化为知识体系的过程。知识转化的这种模式涉及将不同的显性知识主体进行组合（Nonaka & Toyama，1995）。个体通过文件、会议、电话交谈或计算机通信网络这样的媒介来交换和组合知识，然后通过组合过程进行组合、编辑或处理，形成更复杂、更系统的显性知识。学校里的正规教育和培训中进行的知识创造通常采用这种形式，MBA 教育是这类情形中的典范。

去中心化情境下，组合化模式更多体现在企业搭建的知识网络中节点知识的共享，这其中分享和传播的知识流动过程就是组合化。去中心化情境下企业创新合作的基础源于不同节点间知识和技术方面的差异，但是它强调网络内节点间的互动以及异质性知识的互换、交流与共享，节点间的知识共享是主导企业开展创新的关键。蔡（Tsai，2001）认为，组织间知识的共享与转移给组织成员带来了相互学习与合作的机会，刺激了新知识的创造，同时增强了组织的创新能力。斯宾塞（Spencer，2003）揭示了在全球企业网络中，进行知识共享的企业会获得更好的创新系统和创新绩效。然而，参与企业创新知识的默会性会使其很难被主导企业识别、传播与吸收，从而降低了成功组合的可能性（Galunic & Rodan，1998）。知识异质性将会减少网络内节点间分享共同理解、共同语言以及思维模式的机会。除此之外，由于竞争的本性所导致的机会主义使得网络成员面临非自愿知识流失、拒绝付出努力与资源以达成联盟目标、新知识的误传以及传播隐性知识面临挑战等风险，而节点异质性加剧了这种矛盾，因为高异质性带来更独特的隐性知识，从而增加协调成本（Sampson & Raudenbush，2004）。所有这些交易风险必将降低合作与知识分享，从而阻碍主导企业创新的努力（Phelps，2010）。因此，在去中心化情境下，主导企业与重要创新资源持有者（节点）之间需要借助知识组合化模式提高节点间信息分享的意愿与能力，进而加快知识创造过程，缩短创新周期。

4. 内隐化：由显性知识到隐性知识

知识转化的最后一个模式是内隐化，在整个组织中创造和共享显性知识然后通过内部化过程被个人转化为隐性知识。这个阶段可以理解为实践，在实践中，知识被应用和使用在实际情况中，并成为新惯例的基础。因此，明确的知识，如产品概念或制造程序，必须通过行动、实践和反思来实现，这样它才能真正成为自己的知识。例如，培训项目可以帮助受训者了解一个组织和他们自己。通过阅读关于他们的工作和组织的文件或手册，并反思它们，受训者可以将写在这些文件中的明确知识内化，以丰富他们的隐性知识库。显性知识也可以通过模拟或实验来体现。"干中学"的实用主义是检验、修正和体现显性知识为自身隐性知识的有效方法。例如，阅读或倾听一个成功的故事，就能使组织的某些成员感受到现实和故事的精髓，那些发生在过去的经验可能就会变成隐性的心智模式。当组织的大多数成员共享这样的心智模式时，隐性知识就变为组织文化的一部分。这种做法在日本很流行，关于企业或企业领袖的书籍和文章比比皆是，自由撰稿人或前雇员有时会应公司的要求出版它们。在今天的大型书店里，人们可以找到20多本关于丰田公司的书，所有这些都有助于为丰田公司灌输浓厚的企业文化。去中心化情境下，知识转化的内隐化模式体现在主导企业如何在创新合作过程中，将各主体掌握的异质性知识永久地留在组织内部，变为组织知识，形成组织记忆。

2.4 去中心化情境下创新的知识表现特征

去中心化情境下，实现知识创造的过程实际是知识流动与转化的过程。想要了解这种流动和转化过程的状态先要明确知识本身在去中心化情境下的具体特征。与中心化情境不同，去中心化情境下知识主体变得更多元、企业创新的知识来源也更多样、更丰富，彼此相互连接却又不相互依赖的小众专家作为知识节点越来越拥有在特定领域的话语权，这让知识节点在拥有充分自主权的同时也让其必须借助特定载体或平台才能更好地体现其价值。另外，由于知识节点间彼此连接变多但彼此依附性程度却有较大程度的下降，知识网络中知识节点数量和规模需要足够大才能支撑企业的知识创造，进而带来企业的创新。去中心化情境下创新的知识表现特征的主要呈现如下。

2.4.1 主体的多元性与多样性

知识主体是知识创造过程的执行者，他们不仅具备一定的专业知识背景与行业经验，而且拥有相关的专有知识资源和知识活动能力，包括组织中的个人、小组、团队、部门乃至整个组织、知识联盟等。他们不仅是知识创造过程中从事知识活动的行为主体，而且是不同层面上知识的载体。去中心化情境下，知识创造还涉及组织范围之外的主体，如合作伙伴、客户、供应商、竞争对手、大学、科研机构、行业协会、政府部门等，它们可能在组织开放的知识创造过程中，担当知识供给、知识传递、知识合作等角色。

知识主体在知识创造过程中从事一系列的知识活动，并在活动中相互作用、相互联系，建立了相互的知识关联。知识主体的角色并非一成不变，随着知识活动类型的转换，知识主体的角色也在不断地变换着。如在知识的内化活动中，知识主体是知识的吸收者、提供者和知识的试用者；在知识的整合中则成为知识的协调者、知识的联结者或知识的重构者；在知识的共享与交流活动中，扮演知识的孕育者、知识的构建者、知识的感知者、知识的改进者；在知识的表出活动中，则成为知识的总结者、表达者、整理者。因为组织内知识所依附主体的不同层次，存在个体知识、团队知识和组织知识，因而知识活动的主体也包括个体、团队和组织。个体知识、团队知识是组织知识的基础和源泉，而组织知识又是个体知识、团队知识的发展方向和承载环境；三者在知识创造过程中相互联系，相互影响，动态地互动与发展着，不同主体之间的知识互动、关联、合作与共享以及不同层次的知识和谐发展与相互转化成为组织持续创造新知识的重要条件。

因此，相比中心化情境下创造知识的主体主要是企业固定的研发人员并且属于企业内部，去中心化情境下企业知识的提供者更为广泛且身份千差万别。然而，尽管多元化的知识主体可以提供不同看待问题的视角，但是企业如何激励和协调节点共享知识仍是亟待解决的难题，这涉及知识流动过程中可能会产生的知识歧视、身份不认同等问题。

2.4.2 信息的冗余性

中心化的情境下，每一个节点在提供知识层面都是独立的个体，彼此连接但并不严格相互依赖，足够规模的知识节点是支撑企业进行知识创造的前提，这就使得创新过程需要必要的知识冗余。我们这里的冗余并不是信息浪费、不必要的信息等，而是指节点之间掌握着某些同质信息，这些同质信息并不完全是创新所需要的，或者说不是现在需要的。

组织为了知识整合与知识创造，就需要理解和吸收不同节点共享的知识，这其中还存在着节点之间的知识共享，由于不同节点之间存在着信息冗余，会更容易理解对方的观点（隐性知识或者暗默知识）。与西方相比，日本组织最显著的特征之一就是对冗余信息价值的认可。顶尖的日本公司已经在自己内部将冗余制度化，以便迅速开发新的产品和服务，应对快速变化的市场和技术。日本企业还开发了许多其他的组织方式来增加并保持冗余，其中包括定期和不定期的频繁会议（如本田公司的头脑风暴营），还有正式和非正式的沟通网络（如工作时间后的酒会）。这些方式促进了隐性知识和显性知识的共享。

以往在中心化情境下，由于知识的共享和流动都发生在企业内部，即便存在互相不理解的现象，也会因科层组织一定程度的强制性规避了因彼此不理解而不合作的可能，对于中心化情境下的企业更强调精益化。去中心化情境下节点之间缺少权力控制，知识信息的冗余就会因彼此不熟悉而生存，知识冗余可以促使个体"侵入"彼此的职能领域，同时以不同观点提供意见和建议。

2.4.3 内容的弱可控性

去中心化情境下，很多相关知识节点并不隶属于企业，这就导致他们会基于自身利益的考虑贡献知识，但这部分知识并一定满足企业的需求。在传统的科层控制下，企业会给研发部门或者其他参与产品研发的员工一个初步设想，让员工在这个提前设想的框架下完善。但是这种方式在去中心化情境下却失效了，因为企业无法用职位赋予他们的权威来管控节点，节点拥有充分的自主权，可以自由谈论对产品设计的看法，甚至会直接否定企业原本的初步设想，当企业反驳或者不在意这部分不接受产品初步设想的人时，这部分节点感知到自己不受重视或者丧失了参与的积极性就会在整个网络里变得沉默或者消失，也就意味着企业再也无法接收到这一群体的知识，这就是内容弱可控性的一种体现。

这种内容的弱可控性还可能来自节点本身的异质性程度，这与企业的组织结构无关，由于参与知识创造节点主体的身份复杂性和多样性，导致节点间的认知不同，这就会出现彼此自说自话的情况，企业会接收到来自节点的各类知识，但这种知识背后的内容却是企业无法控制的，企业只能选择自身需要的且已经浮现出来的知识内容。因此，去中心化情境下由于参与企业知识创造主体的多元性与多样性，就势必会带来知识内容的弱可控性。

2.4.4　载体的依附性

知识具有依附的特性，知识的依附性是指知识不能独立存在，它需要有载体，知识只有依靠各种载体才能在空间和时间上进行传递。一旦承载某种知识的所有载体都消失，那么这种知识也就会消失。斯塔巴克（Starbuck，1992）指出了五种组织中的知识载体：（1）个体成员的大脑中；（2）组织的结构和规则中；（3）组织的业务流程和实践中；（4）组织文化中；（5）工作场所的结构中。该划分方法强调组织的隐性知识，如储存在员工头脑中的知识是隐性知识，其他要素中的知识与特定的组织紧密相关，都属于嵌入组织结构中的难以流动的隐性知识。阿格特和英格拉姆（Argote & Ingram，2000）从知识嵌入的情境这一角度出发，认为知识是嵌入在三个组织基础因素中的成员、工具和任务。成员是组织的人力内容，工具是技术内容，任务反映组织的目标、意向和目的。他们认为知识及其所嵌入的载体就像一个知识库，知识的流动，既是知识本身的流动，也包括所嵌入情境的流动或匹配。而且，在三个基本情境的基础上，交叉衍生出他们的集合，形成"人—技术""人—任务""技术—任务"以及"人—技术—任务"的网络嵌入情境。因此，知识流动的渠道可以是这几类知识库的流动。

去中心化情境下，组织的任何一种知识，均依赖于某种载体才能流动，节点间的知识流动需以知识载体的流动和激活为手段。总结已有研究，我们发现组织知识主要嵌入于企业的四种基本载体之中：第一，嵌入劳动力要素中的知识，这类知识为个人所拥有，体现为个人的专业技能、经验、诀窍和灵感等。第二，嵌入工具中的知识，这类知识属于企业物化的知识，体现在企业生产的产品、机器设备、材料之中。第三，以规范的方式嵌入在某载体上的用品知识，如技术专利、书本、图纸、资料、说明书和报告中编码化的知识。第四，嵌入在组织的路径和具体实践中的隐性知识，体现为企业的规则、流程、惯例和共同行为准则。

第 3 章

去中心化情境下企业创新
实施中知识活动的困境

　　创新所需的知识创造常常依靠知识流动而实现，与中心化情境不同，去中心化情境下知识流动的顺畅程度更大程度上取决于每一个知识节点的自主决策。按照野中郁次郎和竹内弘高（Nonaka & Takeuchi，1995）的SECI（社会化、外部化、整合化和内部化）逻辑去实现有价值的知识创造显然就会遭遇更多的困境。首先需要考虑知识资源的起点问题，即谁占有知识资源以及占有过程中会遇到何种问题，其次才是考虑知识流动以及后续的知识创造问题。当开源、开放、共享成为很多企业知识管理的重要选项时，独占知识资源在去中心化情境下变得越发困难，知识资源兼具了公共品和私有品的二重属性且公共品属性的比重有逐渐加大的趋势，这也加剧了企业独占创新收益的难度，同时也让企业在知识资源的公共化选择和私有化选择上陷入两难困境，这是企业需要面对的第一个困境。独享创新收益的动机会让一部分企业对他人"搭便车"的行为保持高度警惕，试图通过建立隔离机制以在一定程度上阻止知识流动，这就让企业在去中心化情境下进行创新时不得不遭遇第二重困境，即原子化（重视隔离机制）与网络化（重视连接机制）选择困境。强调通过知识组合获益的企业更愿意通过知识共享实现知识流动和知识交换，他们有意让他人"搭便车"以更好地实现知识创造，去中心化情境下的知识创造来自数量众多的频繁的知识流动与交互，大众智慧往往会发挥越来越重要的作用，成为传统精英智慧推动知识创造的重要补充。到底是最大限度地融入大众智慧吸引更多的贡献者（必要的冗余）以推动创新，还是有针对性地寻求精英智慧（精准的匹配）以确保高效创新成为企业需要考虑的第三个困境。

3.1　去中心化情境下企业知识占有的困境与障碍

如何占有知识并确保占有价值最大化是企业创新过程中重点思考的议题。在传统情境下，知识总是以相对集中的方式由企业控制和拥有，对于创新实施中企业不具备的知识资源，则主要通过契约或合资等方式与其他节点合作来实现。传统情境由于涉及的知识节点相对较少，知识往往能在节点的合作中得到充分使用，最终知识创造结果的归属问题常常可以通过协商解决。去中心化情境下，知识呈现的形式相对分散，企业独占创新所需的所有知识内容常常会是一种负担而非优势。去中心化情境下创新过程中的每个知识节点呈现出有机的自我能动状态，节点活跃与否很大程度上取决于节点超越自我的意愿，实现创新所需知识的独占在这一情境下也变得相对困难，网络技术的发展让创新所需的知识连接比以往更容易，传统情境下独占知识并通过隔离机制来保护创新收益的方式逐渐式微，去中心化情境下企业更愿意共享知识并通过连接机制来获取创新收益。

3.1.1　知识占有的表现特征

1. 传统情境下的知识占有

传统情境下，知识主要由企业产生和拥有。想要在激烈的市场竞争中占据一席之地，就必须具备一定的创新能力，而知识资源就是企业创新能力最好的体现。在传统情境下，企业创新实施中的知识资源主要以专利、数据、商业秘密等形式独立存在于企业中。这种知识受法律保护，且能够储存于某种媒介中，外部节点想要获取该知识，面临着一定的学习障碍和法律障碍。为了保证创新收益能够独占，企业力求获取并最大限度地占有知识，同时企业也在最大限度地防止知识溢出和信息泄露。在具体的操作手法上，防止人才流失、获得专利保护和借助知识要素组合的复杂性是企业占有知识的主要方式。借助科层控制使组织的创新活动具有非人格化的特征，企业中的知识节点常常是指令接受型创新（Foss et al.，2009），这种方式淡化了个人超越自我、突破常规的主动性，个人以螺丝钉的方式在企业统一指令下贡献自己的智慧，以达成企业集成知识内容开展创新活动的目的。在相对稳定的环境下科层体系是传统情境下最符合理性原则、效率最高的组织结构。然而，去中心化情境下，科层体系的高度正规化和非人格性则有可能遏制人们（知识节点）的创造力和自由（Bogers & West, 2012）。那些力求自我突破、渴求超越自我、充分发挥主观能动性，并追求突破性创新的个体（知识节点）会因为严格的科层控制难以体现知识节点的突破性贡献，影响组织知识创造的频率，同样也让企业的创新受到消极影响。

2. 去中心化情境下的知识占有

去中心化情境下知识看似归属于不同节点，但产权界定却变得越发模糊，很多知识内容要么以公共知识的形式呈现在特定的知识平台上等待使用者去发现和挖掘，要么以私有知识的形式分散于组织内外各处。通过封闭或隔离的传统方式显然在保护自己知识不外泄的同时，也影响了企业和外部的知识交互与碰撞，不利于企业自身的知识创造。去中心化情境下，由企业集中整合的知识内容要远少于公共知识平台和隐藏在各个知识节点处的知识内容，这就使得开放共享知识成为企业谋求与外部知识连接的重要手段。值得注意的是，开放共享以激发更多的知识连接并不意味着放弃知识占有，企业需要将占有的方式和手段进行调整，建立激发节点知识互动交流的平台并形成特定的网络效应成为企业占有知识的重要方式。

另外，随着产品的复杂度不断提高，完全占有产品创新所需的知识已经不再现实。网络技术的快速进步让知识的连接变得更容易且知识连接的成本比以往任何时刻都要低。传统情境下强化企业的整合作用，并借助科层控制进行计划式创新不利于每一个知识节点积极性的发挥，企业以集体占有的形式侵袭节点知识的私人占有空间，不适合去中心化情境下每一个知识节点谋求自我突破和自我革新的特征。当然，产品复杂度的提高是知识不断连接演化的结果，当网络技术赋能给每个知识节点时知识交流互动的频率就变得更为频繁，层出不穷的知识创造和创新也正是在这种不断加快的知识互动中得以产生。产品复杂度提高也让产业链的纵深程度更高，不断细化的分工让每一个节点因专业化而凸显其价值，知识的占有呈现越来越明显的碎片化状态，但这种碎片化由于网络技术的发展而呈现出连接或网络化的碎片化状态，而非隔离状态下的碎片化。百度公司在无人驾驶汽车领域构建的 Apollo 创新生态系统，聚集了具有不同创新能力的主体，汽车生产商不具备 AI 技术，而百度对于汽车生产的具体细节的掌握程度不如专业的汽车生产商，双方在 Apollo 创新生态系统中展开合作，形成优势互补，从而实现创新。不同类型的节点具备不同类型的专业知识，这种专业化的知识往往需要和其他知识结合，才能在创新实施中发挥作用，这也意味着努力实现内外部知识连接是企业创新的重要途径。

知识经济的发展，造就了一大批以知识创造、利用和增值为主要工作的特殊群体——知识型员工[①]，这些员工拥有较高的专业知识，集自主性、多样化、个性化和创新精神于一身，也正是因为这些群体逐渐成为价值创造的主体，知识型员工已经是绝大多数企业尤其是高新技术企业的主力军。去中心化情境下节点自身借助各类平台的赋能常常具有了自我成长、自我发展和自我革新的能力，这种能力虽然是一种嫁接能力，但也让节点拥有了主动流动的能力。去中心化情境下的很多个体不再依附于单一组织或平台，这不是个体占有知识的结果而是去中心化情境下知识的可获得性增强的结果。占有或不占有知识已经不是去中心化情境下企业创新的重要选项，能否架构网络连接知识则成为了企业谋求创新的重要选项。员工不再因为依附于某个组织而获得工作安全感，拥有更多连接的员工在去中心化情境下将变得更有优势，寻求最适合自己的组织、部门或岗位来最大限度地实现自身价值已是常态，人员流动所带来的知识流动也变得越发频繁（万晨曦和郭东强，2016）。

综合以上论述，传统情境与去中心化情境下企业占有知识的特征、知识活动的状态以及发挥作用的主要机制可以作出如表 3.1 的比较。

表 3.1　　　　　　　　　传统情境和去中心化情境下的知识占有特征

情境类型	传统情境	去中心化情境
知识占有的属性特征	获取并占有知识	连接知识并使用知识
知识活动的状态	规避知识流动与分享	鼓励知识流动与交互
发挥作用的主要机制	科层体系支撑的隔离机制发挥主要作用	平台赋能支撑的连接机制发挥主要作用

知识占有在去中心化情境下的作用日渐式微，也就意味着利用传统的占有方式，通过隔离阻断知识外溢和泄露的做法已经让不少企业遭遇困境，当破坏性创新（Disruptive Innovation）开始侵入主流市场时，固守于既有知识占有方式的企业常常会陷入能力僵化和路径依赖的窠臼中难以自拔。去中

[①] "知识型员工"（Knowledge Workers）的概念最早产生于管理学家德鲁克，主要指那些利用知识或信息工作的人。其工作任务具有较强的自主性和创新性，在具体管理上往往难以用标准化的流程和具体的指标来衡量。这类员工往往更渴望宽松的环境、学习交流的机会，创新和创意是这类员工对企业最大的贡献。

心化让企业在占有知识上遭遇到更多的困境，不仅是占有本身比以前变得困难，更多的是占有可能遭致更多的失败也让企业在知识占有的道路上越发艰难。

3.1.2 去中心化情境下知识占有的障碍

知识从精英走向大众是去中心化情境最好的注解。大众拥有知识和使用知识的动机千差万别，并非所有拥有知识的个体都会将知识作为获利的筹码，动机各异的知识所有者并非都把知识占有视为开展知识交流与互动的前提。只关注影响力、自我成就而不关注获利的知识拥有者变得越来越多，他们以扩散和交流知识为兴趣，以别人"搭便车"并使用自己创造的知识而倍感荣耀，免费分享的知识内容从原本的私有属性转为公共属性。知识占有依然是去中心化情境下企业追求的目标之一，谋求创新并独占创新收益的动机符合大多数企业生存和发展逻辑。知识的私有化和公共化成为企业创新实施中的双元选择，私有知识和公共知识的边界也因此而变得模糊，因而知识私有化和公共化都会遇到意想不到的问题而影响知识创造和最终创新。

1. 知识私有化占有的障碍

去中心化情境是知识可获得性（网络技术支撑的各类知识性平台涌现）和各类节点吸收能力（个体受教育程度大幅度提高）同时变强的结果，各类知识节点的自主性和自我超越的意愿都比以往任何时刻都更为强烈。当企业强化用独占逻辑去创造知识并推动创新时，众多模仿者早已跃跃欲试，当创新产品推向市场时，一批模仿品几乎同时登陆市场，关键是模仿品的产品质量与被仿品常常难分伯仲，这令基于独占思维强化知识私有化的企业左右为难。研发创新的大力投入和相对延滞的创新收益让不少小企业常常选择等待和模仿的"搭便车"行为，这是小企业和追随企业的占优策略，经济学家纳什（Nash，1951）用"智猪博弈"模型很巧妙地解释了上述现象。另外，去中心化情境下诸多小企业对占有知识本身的欲望就相对偏低，模仿领先企业或创新企业的相关产品和服务是不少小企业的生存之道。蒂斯（Teece，1986）早就关注到很多早先的创新者难以从创新中获利的现象，研究发现互补性资产是追随者得以取胜的关键，领先企业要想从创新中获利仅依靠知识私有化的独占机制显然是不够的，市场试错和反复迭代是一个创新产品从幼稚走向成熟不可替代的过程，而试错和迭代恰恰是追随者和模仿者擅长的活动。例如大的电子设备商一旦推出新品，市场上的高仿品也会随后推向市场（甚至一些产品的性能与正品相比也并不逊色），阿迪达斯、耐克的新款鞋子也几乎会和"莆田鞋"同时面世，仿制品以极低的成本完成了拷贝。在出行服务（如滴滴打车）、即时通信（如腾讯 QQ）、团购拼单（美团）、视频网站（优酷）、搜索引擎（百度）等很多领域都能找到这些服务或商业模式的雏形，通过借鉴、模仿、学习，很多服务最终实现了对原创的赶超。用户总是偏好更低的价格和更高的质量，而随着同侪学习能力的提升，仿制品的质量甚至能够做到与原创相差无几，但是避免了初始创新所需的投入，就意味着仿制品可以以更低的价格面向市场，因此也更容易受到用户的青睐。除此之外，去中心化情境在强化每个节点自主性的同时，也让节点之间的相互依赖性变强，每个节点呈现的状态常常是多边依赖，不再是传统的单边依赖。例如，百度在无人驾驶汽车方面构建的 Apollo 创新生态系统、美的开放式创新平台①等，都聚集了具有不同创新能力的主体。

在去中心化情境下，占有知识的主体（员工或部门）有了更大的自主性，他们不再满足于接受指令，甚至有时会对传统科层体系的官样程序产生天然反感，一定程度上促进了创新。去中心化情境知识节点按照自己的行为范式开展工作，他们更愿意享受工作式生活（Work Life）而不是全身心的投入由组织设定好的与自我价值观不吻合的工作情境当中，职场中越来越多的人开始力求自己工作的生活场景化，自由职业者近年来数量日益增多是最好的证明。2020 年中国企业灵活用工比例超过了 55%，中国灵活就业人群已经超过 2 亿（该数据未扣除被动成为灵活就业的人群）。相较于组织内部集中化管理的人员，自由职业人群更能明确自己的工作目标。根据世界最大的自由职业工作社区 Upwork② 发布的《报告：2019 年自由职业者与经济》（Report：Freelancing and the Economy in 2019）显示，美国自由职业者占劳动力市场的 35% 且其中有 25% 是全职工作之外的兼职，其中技术服务是自由职业者从事的最多类型的工作。去中心化情境下具有独立性的知识占有者不再受制于自上而下的制度体系，他们在工作中更加注重自由度。纯粹用流程和制度培训出来的员工可以提高工作质量和效率，但是与此同时也压抑了人的自

---

① 美的开放式创新平台于 2015 年 9 月在中国（广东）国际"互联网 +"博览会宣布正式上线，该平台是美的集团投入 11 亿元资金与浙江大学联合开发的一个全球企业和个人开放式创新平台。美的集团提供集团资源，用户可以在该平台发布新创意，参与产品众创；发布需求与解决方案，共享技术方案；申请创业项目等。

② 公司网址 http://upwork.com。

主选择空间，自然也使得知识互动的可能性下降，单个知识节点在科层体系下所能发挥的作用会大打折扣。

去中心化情境会让知识节点的流动性增强，独占知识资源的思维在去中心化情境下不易找到市场。另外，"忠诚"于特定组织或上级不再成为束缚员工的重要标准，比如在美国职业篮球联赛（NBA），过去"忠诚"于一支球队是评价球员的重要标准，科比[1]、诺维斯基[2]就是典型的代表，而在去中心化情境下，球员为了实现自身的价值，就会主动选择离开不适合自身发展的球队，则出现了球员的频繁转会、巨星"抱团"的现象，例如杜兰特[3]加盟金州勇士队，詹姆斯[4]将天赋带到了迈阿密热火队等行为。NBA的这种转会，是球员天赋在不同球队之间的流动，而对于企业来说，知识节点的流动则意味着知识资源不再能够确定地归属于某个企业。

2. 知识公共化分享的障碍

去中心化情境强化了知识的流动性与互动性，但也能呈现知识与知识拥有者之间的紧密关联性。知识得以交互的原因在于知识拥有者能够清晰呈现自己所了解的知识内容，这在很大程度上表现出了拥有者操控知识的程度。企业期待的是每一个知识节点能够充分互动连接成网最终为创新服务，中心化情境下企业是初始的规划者和最终的协调者，而去中心化情境下企业充当的是平台的提供者，通过平台赋能每一个知识节点能够乐在其中地分享知识从而将私有知识公共化（有学者将这样的知识内容界定为俱乐部产品或准公共品）。然而，在将私有知识公共化的过程中，一部分个人或群体出于对自我地位或利益的担忧而不愿分享知识，传统的独占思维限制了其知识分享的程度。有研究表明，越是职责相近的员工，竞争带来的影响要比协作大得多，当涉及绩效考核和岗位提升，会极大地影响员工的共享意愿，更不必说涉及员工核心竞争力的隐性知识，这在一定程度上会影响到企业创新的实施。个

---

① 科比·比恩·布莱恩特（Kobe Bean Bryant），前美国职业篮球运动员。1996年NBA选秀，科比于第一轮第十三顺位被黄蜂队选中，后被交易到湖人队，整个NBA生涯都效力于湖人队。

② 德克·诺维茨基（Dirk Nowitzki），德国职业篮球运动员。1998年NBA选秀，诺维茨基在第一轮第九顺位被NBA雄鹿队选中，不久被交易至小牛队（现独行侠队）并效力至退役。

③ 凯文·杜兰特（Kevin Durant），美国职业篮球运动员，2007年NBA选秀，杜兰特在首轮第二顺位被超音速队（现雷霆队）选中，2016年，杜兰特加盟勇士队，2019年再次转会，现效力于NBA篮网队。

④ 勒布朗·詹姆斯（LeBron James），美国职业篮球运动员，詹姆斯在2003年NBA选秀中于首轮第一顺位被骑士队选中，2010年，转会至热火队，2014年，回归骑士，2018年再次转会，正式与湖人签下4年合同，现效力于NBA湖人队。

体只关注自己的利益和任务是否完成而不是相互学习，这就会导致员工之间只存在利益之争而没有相互分享提高的可能。除此之外，知识诅咒①的现象也阻碍了不同节点之间的知识共享。产品和服务变得日益复杂加之消费者诉求越来越高，这就让产品或服务中各个组件或部门的专业化分工程度日益加深，专业门槛变得更高，即使知识拥有者愿意共享，但是由于每个人的学习程度和理解能力不同，知识拥有者很难想象某类知识在未知者眼中的样子，在想要把某个知识解释给别人时，因为信息不对等很难完全解释清楚，知识共享的难度很大。同时去中心化情境还让"信息茧房"（Information Cocoons，是指由于海量信息的存在使得人们可以只关注自己感兴趣的知识内容，社群之间的沟通变得更困难）现象变得普遍，不同群体之间即便有意愿共享知识也难以达成共享的目的。在移动互联网应用日益普遍的前提下，"信息茧房"加剧了知识节点的自我强化，容易让节点陷入类似信息和知识的自我循环中（柯泽和谭诗好，2020），知识公共化的难题不在于分享者的无私与否而在于接受者的接受意愿。日益丰富的信息原本增加了信息多样包容的程度，从表现形式上开阔了人们的视野，然而"信息茧房"现象却无形中让知识呈现出更多的私有隔离状态且彼此难以相容，最终形成了对特定问题难以调和的多样化认知，使得知识陷入碎片化状态，不利于知识的最终整合利用。

3.2　去中心化情境下的知识流动及其障碍

知识的占有与私有化是企业出于自我利益保护的需要，知识的分享与公共化是企业出于机会创造和创新的需要。一味强调占有和私有化的单赢格局往往难以持久，而知识分享与公共化更易形成相对持久的多赢格局。知识得以分享是知识流动的结果，它是知识发送方与接收方共同努力的结果，去中心化情境下的知识流动表现出较强的互动性，在知识流动过程中常常互为发送方和接收方，知识流动是彼此互动碰撞的过程，其流动从来都是双向的，不是单纯的知识发送与知识反馈。从定义上看，知识流动是指特定环境下知

---

①　知识诅咒主要描述了当人对某些知识了解得越多时就越难将其传授给别人，换言之就是知识拥有者由于对自己领域的内容极为熟悉，他会主观认为这类知识的理解极为容易，因此在知识分享时往往不会从知识接受者的角度去考虑。知识诅咒同时也让知识分享者在分享过程中出现分享疲劳，或者不愿意分享他认为过于简单的知识。

识从发送方到接收方的传递过程（Szulanski，1996），它是企业创新实施过程中知识活动的关键环节。有效的知识流动能够实现不同节点知识资源的整合和共享，能够将新知识与创新实施过程中原有的知识相融合，从而创造出新的知识，提高企业的创新能力和竞争优势。知识流动不足会将企业的创新绑定在僵化和封闭的知识上，形成路径依赖，难以应对可能出现的突破性创新。当然知识流动过度也会对企业产生不利影响，短期看知识流动活跃会让企业在创新实施过程中获得更多异质性知识，能够有效提升企业的创新能力；但长期而言，过于频繁的知识流动容易让企业不仅依赖外部知识，也容易造成核心知识外泄，影响创新在市场竞争中的表现。因此，适度的知识流动对企业的创新实施非常重要。

3.2.1 不同程度的知识流动对企业创新实施的影响

野中郁次郎和竹内弘高（1995）早就发现创新只发生在知识流动之中，换言之固化的知识难以产生创新，因此促进知识流动将会对企业创新产生积极影响。传统情境下知识流动常常是指令性的，诸多合作也大多发生在特定的项目和任务之中，具有较强的针对性。去中心化情境下的知识流动则更具自主性和多样性，知识流动的动机往往也呈现出多样化的态势，甚至很多知识流动单纯出于没有任何物质动机的知识节点的表达和互动欲望。既然创新发生在知识流动过程中（Nonaka & Takeuchi，1995），是否意味着最大限度地保证知识流动就能够给企业创新带来积极影响呢？这就需要我们从理论和实务上进行细致思考。

1. 知识流动的程度

企业创新往往需要不同领域、不同学科的知识，去中心化情境下企业的知识呈现较为分散的状态，借助互补的知识内容架构知识网络是创新实施的关键。异质的知识资源在不同节点间流动促进了知识的碰撞与整合，知识创造也是在这一碰撞过程中产生的。依靠知识流动能够缓解企业创新实施中知识匮乏的问题。知识流动是相对复杂的过程，有时需要适当的知识经纪人（Knowledge Broker）才能完成转换和扩散，知识创造则是在知识流动基础上的创造性整合。值得注意的是知识流动并非简单的知识传递，尤其去中心化情境下知识流动往往目标多重、方式多样，其流动方式和内容是多个不同知识节点自主驱动的知识转移、共享、整合及学习，节点之间往往是双边或多边依赖，而非单边依赖。知识流动的方式包括知识吸收、知识发送、知识转移、知识扩散、知识共享、知识溢出等。显然，知识流动需要既能保护知识发送者的利益，又能通过知识整合促进整体创新。知识流动程度过高就意味着知识节点间彼此呈现出极高的透明度，任何一个节点呈现出较好的创新和想法都会在节点间快速扩散，这对于知识的快速获取、整合与价值创造都极为有利却又极为不利，有利的原因在于去中心化情境下的每一个知识节点能够在快速知识流动的条件下最大限度地获得知识，不利的原因是知识节点的同质化程度变得极高，知识创造的异质性特征由于快速的知识流动都转为同质化的知识创造，每一个创新内容都会因为快速的知识流动而让损失创新性。显然，缺少异质性的知识创造是难以获得超额收益的，丧失超额收益的知识创造对市场而言是毫无价值的，但这并不意味着知识节点不去开展知识创造，激烈的竞争成为每个节点开展知识创造的唯一驱动力，可惜这也是最不像驱动力的驱动力。在知识快速流动的背景下，当每一个知识节点变得同质化时，不同知识节点只是从相对低基础的竞争逐渐转为相对高基础的竞争，除了彼此共同抬高了竞争门槛和给社会整体创造了创新效率或创新价值，无益于单个知识节点的收益提升。由于快速知识流动所带来的节点同质化使得节点发展态势并不会发生本质变化，这就容易让每个知识节点都丧失创新创造的意愿，最终落入难以产生创新的循环流转之中。另外，缺乏必要的知识流动同样不利于知识创造，这是由知识多样性不足带来的。当知识流动相对匮乏时，单个知识节点获取外部知识的可能性就会下降，这会造成知识创造的资源基础匮乏，创新的活跃度和丰富度也同样会下降。因此，关注知识流动的程度对于企业创新就变得尤为必要，既不能过快也不能过慢，保持适度速度的知识流动显然更为有益。

2. 知识流动程度对企业创新实施的影响

知识流动不足会使得企业难以获得来自外部的异质性知识，不利于企业创新。去中心化情境下，知识节点间呈现出弱连接状态，节点间相对松散的关联度使每个节点在保持较大自主性的同时又有机会获取到相对新颖的知识。如果知识流动并不活跃，就意味着知识节点间的连接仅限于简单的社交连接，缺少实质性互动，这对知识的整合与创造不利。不活跃的知识流动也会让每个知识节点被封闭在相对狭窄的认知范畴内，各类知识平台的涌现以及日益丰富的网络知识资源在赋能每个知识节点的同时也让节点在知识获取和搜索上缺乏主动性，各类知识节点容易被动地陷入在海量的信息和知识内容中，不同知识节点在知识存量上同质化程度较高造成了不同知识节点间知识流动的活跃程度偏低，知识创造的可能性也会由于知识流动活跃度偏低而下降。

另外，当知识节点间存在较大的知识存量差异时也并不意味着会加深知识流动的程度，知识流动的重要前提是知识发送方和接收方之间能够有相近的认知基础，否则知识也绝不会因为存量差异而产生流动，这自然不利于知识的整合创造，对创新也是不利的。

既然知识流动的活跃度不高对知识创造不利，那么提高知识流动的频度就成为解决知识创造的重要手段。组织最重要的功能之一就是促进知识在不同部门和个人之间的流动以推动知识的整合与创新。知识的搜索与分享是知识流动的重要方式，每个知识节点如果愿意将私有知识共享为组织的公共知识以促进相互学习交流，对创新的影响通常是积极的。去中心化情境使科层权力发挥作用有限，这也使得知识节点常常毫无目标地分享，这种分享所形成的公共知识资源库还需要知识节点的主动搜索与整合才能发挥作用，在创新的效率和效果上未必能够快速形成有效创新，其原因在于缺少一个强有力的架构者（Architect）来利用和整合公共知识资源库。另外，并不是所有的知识分享最终都会形成公共知识资源库以供所有知识节点随时获取与整合，当企业能够利用的知识节点较少以至于不足以构成公共知识资源库时，即便所有的知识节点都有强烈的分享和互动意愿，也会由于各类知识节点的整体规模限制知识搜索的可能，进而影响最终的知识创造和创新。

3.2.2 去中心化情境下知识流动的障碍

去中心化情境下知识节点呈现出特殊情境下的原子化状态，节点由于借助相关平台极易获得知识或者通过社交网络的弱连接就可以取得相关知识，这直接造成很多作为知识节点的个人或企业不愿意或者无法参与到知识流动当中。知识发送方如果发送能力不足（自身将知识以特殊的编码形式传递给其他个人或群体的能力不足）和发送意愿不强（缺少分享知识的动机和意愿），发送方未能参与到知识流动中，知识创造本身就失去了源头；而接收方如果接收能力和接收意愿不足，则会使知识流动失去方向。

1. 发送方的发送能力和发送意愿不足

知识发送方的发送能力不足会形成知识流动的障碍（李胤奇和李柏洲，

2017）。在知识经济时代，流量[①]发挥着越来越大的作用，每个节点都在"刷存在感"，对知识发送者而言则是通过知识分享凸显其价值，以此来得到其他节点的关注。在这种环境下，各类知识节点如果缺乏获得流量的能力，就无法将自有的知识资源呈现在知识接收方的眼前，或者无法吸引知识接收方的注意，从而形成知识流动的障碍。

知识发送方的发送意愿不足也会形成对知识流动的障碍。首先，随着信息技术的发展，"信息茧房"现象越来越普遍，各种各样的小众群体不断涌现，这些群体之间不理解、不认同，并且缺乏必要的交流。其次，节点天然就具有囤积知识的欲望（Husted & Michailova，2002），对知识的心理所有权感知较为强烈，不愿看到其他节点以很低的成本就获得自己努力获得的知识。另外，知识囤积也有利于企业保持自身竞争优势，对抗来自外界的不确定性。对于关乎自身生存发展的关键知识，企业或知识节点如果将其发送给接收方，会使自身在创新实施过程中处于不利地位，因此对于这类知识，企业或知识节点的发送意愿较低。一些特定的知识常常是创新实施不可或缺的要素，这时企业或知识节点就会面临两难选择：一方面，企业或知识节点要想保持竞争优势就需要守住自己独有的知识，保持一定程度的封闭性，但这也限制了知识交互的各种可能，促使知识创造的可能性下降，进而对创新产生不利影响，但企业或相关知识节点难以从特定知识中获得超过市场平均水平的收益时，知识本身容易陷入使用不足的"反公地悲剧"（Tragedy of the Anti-Commons）之中；另一方面，出于知识交互和碰撞以产生新知识的目的，企业或知识节点更愿意并有能力去分享自己的独有知识，其风险是原本私有的知识资源转为公共知识而失去了借此获取超过市场平均收益的可能。

2. 接收方的接收能力和接收意愿不足

知识接收方的接收能力和意愿也是造成知识流动障碍的重要因素。去中心化情境下，"信息茧房"现象的存在让不同群体之间存在较高的异质性，无论是文化特征还是知识基础，都存在巨大的差异。这种差异容易导致知识接收方可能很难理解发送方的发送意图和发送的知识内容。去中心化情境让不同类型的知识节点都可能成为创新的主体，不同节点的价值观和行为方式

---

① 流量，在规定期间内通过一指定点的车辆或行人数量，在网络指在一定时间内打开网站地址的人气访问量，是用来描述访问一个网站的用户数量以及用户所浏览的页面数量等指标，常用的统计指标包括网站的独立用户数量（一般指 IP）、总用户数量（含重复访问者）、页面浏览数量、每个用户的页面浏览数量、用户在网站的平均停留时间等。

不尽相同。就不同类型的组织而言，研究导向的大学和科研院所往往以追求研究领域的前沿性为其优先目标，分享研究成果是展现其价值最重要的形式；市场导向的企业则倾向于用特定的隔离手段或相关隔离机制处理能够商业化的技术内容。就组织内部不同类型的知识节点来说，每个部门或岗位的知识节点都会存在部门主义或岗位主义，在知识互动交流过程中不同知识节点更愿意接受自己愿意接受的知识。如果知识发送者未能将想要分享的知识以相对友好的方式发送就会直接影响接受方的接受意愿。无论是个体还是组织作为接受方都有建立在自身知识结构基础上的特定的思维模式（Mental Models）和信念体系（Belief System），在理解外部知识内容时更愿意将自己的思维模式和信念体系作为理解外部知识的工具，以此来解读外部知识对其自身的价值和意义（Sensemaking）。按照有限理性理论，个体或组织作为接受方借助自己的思维模式或信念体系去处理外部知识时其能力是有限的，可能一些重要的信息会由于接受方的知识结构而被过滤或重构，这可能是知识创造的思想基础，也同样会造成偏见和认知惯性，而后者在现实运营中更普遍。

知识接受方感知自身存在知识缺口时会从外界搜寻知识，以发掘有效、新颖、潜在有用的知识信息。接受方的知识基础薄弱也会对其知识接受形成一定的障碍。如果接受方和发送方之间的知识距离过大，说明双方知识水平相差较远，缺乏同质知识作储备，造成知识吸收困难；如果知识距离过小又使得双方知识过于相似而缺少知识流动的动力。与此同时，不同节点不同的文化也影响各个主体的理解与沟通，继而对知识流动产生影响。除了知识基础，文化距离也会对节点之间的知识流动形成障碍（Mowery et al.，1996），文化距离越小，不同节点的思维模式越相似，知识流动中的沟通成本也越低。这种相似性文化能减少各节点的矛盾和冲突，激发转移和吸收知识的意愿，有利于知识的传递与消化吸收。文化距离较大，会造成彼此之间的不信任，造成相互沟通障碍，从而阻碍知识转移的顺利进行。知识接受方学习能力也会阻碍其接受来自外部的知识资源。知识流动的过程实质上是一个学习的过程，知识只有经过接受者的学习、理解，才能真正转化为接受者自己的知识。知识的路径依赖性决定了知识的流动必须以一定的知识基础为前提条件。知识接受方的知识储备越丰富，学习能力越强，知识流动的成本越低，知识的使用规模就越大。如果接受方的知识存量水平过低，与期望流入的知识差距过大，那么，即使其对某一新知识的期望值很大，此类知识的有效转移也可能不会发生。因此，接受方的学习能力和消化吸收能力对知识流动的层次与水平有着显著的影响。发展中国家落入"追赶陷阱"的一个重要原因就是其学习和吸收知识的能力不足，缺乏掌握一定知识的人才，劳动者的知识水平很低。在理想的状况下，知识应是最自由的生产要素，因为大部分知识具有公共物品的属性，知识的扩散并不会造成知识拥有者的贫困，反而成为创造财富的源泉。但关键的问题在于很多发展中国家没有能力吸收新知识并使之本土化。

　　知识接受方的接收意愿不足也会形成知识流动的障碍。去中心化情境中的原子化节点天然排斥外部的知识资源，这被称为"非此地发明综合征①"，即拒绝使用在外部创造的知识。一方面是出于对外部知识资源质量的不信任；另一方面，可能是源于这一种思想：创造新知识而不是重复利用其他地方发明的知识更具声望（Husted & Michailova，2002），例如苹果公司的MacOS操作系统曾经墨守自己较早提出而被界面设计界奉为经典的人机交互指南（Apple Human Interface Guidelines），其他操作系统中出现的许多创新只要违反或者超出这一规范，都不予采纳。另外，出于成本效率的考虑，节点可能不愿意付出相应的成本。知识流动还取决于接受方对知识的预期收益。知识的流动往往伴随着人、财、物的消耗，也就是说知识流动需要支付一定的代价。当知识需求主体对采用某项知识所获得的预期收益大于其在知识流动过程中所支付的学习成本时，知识需求主体才可能选择该知识，知识流动才可能发生。知识的流动成本与知识的性质、知识发送方的传递能力、知识接收方的学习能力等因素密切相关。显性知识由于可编码的特性，可借助现代信息技术使知识的发送和接收在时空上发生分离，从而提高知识流动的效率。而隐性知识往往很难编码，其流动更多的是通过面对面的人际交流来进行，受到时空的制约，知识流动的难度大。因此，显性知识比隐性知识的流动效率高，流动成本更低，使用规模更大。知识供给主体对知识的编码技能、对知识需求主体反馈信息的把握，都会对知识的流动产生重要影响。知识供给主体如何针对不同性质和内容的知识、不同的知识接受方，选择合适的知识传递方式，影响着知识流动的效率和成本。知识需求主体采用某一新知识时，必须具备一定的知识存量，也就是说必须具备吸收、应用知识的基本能力，否则采用的成本就会很高。

---

　　① 非此地发明综合征，简称NIH（Not Invented Here Syndrome）综合征，指的是社会、公司和组织中的一种文化现象，人们不愿意使用、购买或者接受某种产品、研究成果或者知识，不是出于技术或者法律等因素，而只是因为它源自其他地方。

3.3 去中心化情境下的知识创造及障碍

按照熊彼特的观点，创新的本质是建立新的生产函数，无论是新材料、新工艺（技术）、新产品、新市场还是新组织都是架构新生产函数的重要要素，其直接表现就是知识创造。去中心化情境下知识节点的自主性（Autonomus）空前提高且知识节点之间的连接相对较弱，这种弱连接是知识节点主动选择的结果。知识创造强调的是各类要素的整合，而非各自孤立的知识节点，在缺乏能够整合不同节点并形成创新的中心化力量时，节点之间的自主聚合就显得尤为重要。自主聚合的知识节点在知识创造过程中可能会遭遇何种困境和障碍？了解这些首先需要从知识创造本身出发。

3.3.1 企业创新实施中知识创造的再解读

根据野中郁次郎和竹内弘高对知识创造的理解，可以从本体论和认识论两个维度来对知识创造作出解读。从本体论的维度来看，知识创造的主体是个人而非企业，这与去中心化情境下知识节点的主体地位是相适应的；从认识论的维度来看，企业的知识创造活动分为两部分，一部分来自于客观的科学活动，另一部分则是在创新实践当中产生。

个体是知识创造的最终推动者。在传统的科层体系下，人们关注的焦点都在管理者的身上，很少有人会注意到员工的创造力，似乎这些一线劳动者所做的一切都只是服从和执行，在整个企业中扮演着"螺丝钉""工具人[①]"的角色，而管理者的所思所想在于怎样提高员工的生产效率，给他们额外的时间和空间来试验新想法和创造新知识有时被视为一种资源浪费。员工要比管理者更接近一线，在生产效率提高和消费者诉求上往往比管理者了解得更直接，传统中心化的科层体系容易抑制一线人员的创新想法和创造力，管理者在中心化情境下容易过度自信，在知识创造上对基层员工和可能的知识节点的关注度不高，造成在创新和知识创造上的开放度不高。去中心化情境下的管理者和员工在角色上发生了微妙变化，管理者是平台的供给者而员工是

---

① 工具人，网络流行语，泛指某人在不知情，或心甘情愿的情况下，对他人进行帮助，任劳任怨，随叫随到地付出，在情感、物质和经济上不求回报，一直像工具一样被对方使用或使唤，被《青年文摘》评选为"2020 十大网络热词"。

知识要素的整合者和知识创造者。企业主要负责为其提供平台和环境，然后经由组织放大个体所创造的知识，并将这些新知识固化为企业知识网络的一部分。企业逐渐呈现出开放的态度，用户也逐渐成为知识创造者和创新的重要贡献者。

知识的创造不是单纯的科学活动，它更多体现了个体与客观世界的联系（Nonaka & Takeuchi，1995）。诚然，企业的很多关键的基础性知识内容都相对纯粹（Rigorous Knowledge），但个体与外界的联系所产生的知识（Relevant Knowledge）对创新也是不可或缺的。一个人的知识不外乎直接经验和间接经验两部分。所谓的"秀才不出门，全知天下事"，也是先由实践者在实践中取得知识，经过文字和技术传达至"秀才"的手中，"秀才"才能间接地"知天下事"。实践是知识的源泉，对于任何个人来说，掌握尽可能多的直接经验，对知识的积累和发展，具有重要的意义。毛泽东曾说："你要有知识，你就得参加变革现实的实践。你要知道梨子的滋味，你就得变革梨子，亲口吃一吃。"根据马克思主义哲学唯物论的观点，实践是联系主观与客观的桥梁，是掌握直接经验的唯一手段，企业只有在生产经营活动中才能掌握这些知识。另外，实践是检验认识真理性的唯一标准，人们在实验室和研究所获得的知识能否为企业提供价值，还是要通过具体的实践活动加以证明。然而，人们原定的思想、理论、计划、方案，总是受科学技术条件或客观发展规律的限制，无须修改就能实现预期效果的情况少之又少，只有经过反复的尝试、反复的失败，才能达到主观与客观相符合，只有这种经过不断修改和调整后的知识，才算是"经过验证的真实信念"，才算是企业创造了新的知识。纯粹知识往往耗资靡费，但是更容易产生突破性的创新。而基于实践的知识往往由浅入深，是一个潜移默化的过程，在毛泽东的《实践论》① 中，将这种基于实践的认识分为感性和理性两个阶段，最开始只是看到各个事物的表面现象，比如企业的人员配置，厂房布局，各种产品的生产流程、企业的生产规章制度等，这就是事物的现象，是企业在个体头脑中产生的大体印象，在这一阶段中，人们还不能形成深刻的概念，更不能作出理性和合乎逻辑的结

---

① 《实践论》是由毛泽东于1937年7月撰写，全文论述了实践与认识的关系，指出真理的标准只能是社会的实践，实践的观点是辩证唯物论的认识论之第一和基本的观点。在实践中不断开辟认识真理的道路，达到主观和客观、理论和实践、知和行的具体的历史的统一，反对一切离开具体历史的"左"或右的错误思想。实践、认识、再实践、再认识，这种形式循环往复以至无穷，而实践和认识的每一循环的内容，都比较地进到了高一级的程度。《实践论》是毛泽东关于马克思主义认识论的代表著作，深刻地论述和丰富了马克思主义的认识论。

论。之后，在工作的过程中这些对外部事物的感觉和印象重复多次，从而在头脑中产生了认识过程的飞跃，形成了概念，这种概念不再是事物的表面现象，而是事物的本质和内在联系，经过这一阶段的飞跃，个体才能发现并把握事物之间存在的矛盾，进而对工作作出调整。

除了亲身经历，间接知识也是企业知识创造活动必不可少的资源。企业的资源和精力有限，不可能事事都要求亲身经历，甚至在企业的知识资源中，间接知识的占比要大于直接知识，而这种间接知识，其实就是其他节点的直接知识，是其他节点在实践中积累的经验，同样是"经过验证的真实信念"，只有将其与企业的实际情况结合起来，才能够与企业内部的资源融合，继而实现更高效的知识创造。

3.3.2 传统情境和去中心化情境下的知识创造

根据我们对知识创造的解读：（1）知识是由个体创造的；（2）知识创造的方式既包括亲身经历所产生的直接知识，也包括吸取他人在实践中的经验并与自身实际结合，从而因地制宜创造出的新知识。从这两个角度考虑，传统情境和去中心化情境下的知识创造呈现出不同的特征。

1. 传统情境下的计划性知识创造（Deliberated Knowledge Creation）

在传统情境下，知识创造的主体通常是管理者。在科层体系下，专业化分工明确，不同的岗位各司其职，各部门和岗位的信息汇总到高层，高层再经过筛选制定计划和命令，最后通过层级体系向下传达，凸显高层管理者作为创造知识的主体。知识创造的相关信息经历了一个自下而上，再自上而下的过程。一方面，一线员工掌握着知识创造的"一手"经验，这些经验一层一层向上传递，到达高层管理者时就变成了"二手"信息，高层管理者利用这些不太准确的信息来作出决策。另一方面，一线员工直接接触具体业务，高层管理者负责观察和系统性分析，这往往看起来全面而不深入。

2. 去中心化情境下的涌现性知识创造（Emerging Knowledge Creation）

在去中心化情境下，自主管理取代了层级体系和劳动分工，知识更多地是由员工创造而不是管理者。管理者的作用不再是命令和指示，而是员工工作的辅助者、服务者。知识是由这些员工创造的，他们更愿意自己一个人完成工作，无论是纵向的还是横向的，他们和组织的其他成员几乎没有直接对话。自主而非互动是这种管理运营的关键原则。知识是由某些个体创造的，而不是由一群彼此互动的个体组成的团队创造的。此时高层管理者的职责不再是单纯的命令和计划，而是更多地为员工发挥创造力提供必要的平台和环境。例如在 3M 公司，允许员工利用 15% 的工作时间来做自己感兴趣的事情，无所谓这些事情是否有利于公司。正是这种允许员工"不务正业"的行为，为其带来了大量的创新成果。实验室技术员德鲁如何发明了遮蔽胶带和透明胶带，销售经理博登如何发明了透明胶带用的内置刀片的胶带座，福莱如何发明了那些无处不在的黄色小贴纸簿，也就是著名的便利贴，在公司内外已经让人耳熟能详。在这种环境中，管理者很少发号施令。管理者曾担心德鲁在试验胶带时频繁的失败会损害 3M 公司在汽车行业客户中的声誉，所以责令德鲁的上司将其从胶带项目中调走，然而这种做法并没有奏效。在一家鼓励有功劳可以不服从的公司里，命令或指令的意义不大。在 3M 公司里，高层管理者的作用就像导师、教练和辅助者。这时，知识创造的方式所依据的不再是科层体系，而是对员工直接经验的信任。在去中心化情境下，企业各个环节、各个部门之间的界限变得模糊，员工呈现出不同岗位和职责相互交叉的情况。这就使得企业内部呈现出一定程度的不确定，这种不确定为知识创造提供了可能，但是也给企业的高效运转带来一定困扰。在去中心化情境下，员工拥有了更大的自由，很大程度上自行决定其所做的事情，这就使企业对员工的控制能力减弱，容易在企业内部呈现出混乱、无序的状态。

3.3.3　去中心化情境下企业知识创造的障碍

按照野中郁次郎和竹内弘高（Nonaka & Takeuchi, 1995）的研究，企业的作用是为知识创造提供场所，这个场所需要满足个人的知识创造和积累进而促进创新。知识创造的促进条件需要五个重要支撑，包括明确的创新意图、组织成员的自主行动、创造性混沌（Creative Chaos，它是指危机状态下具有反思意识的组织由环境波动带来旧秩序的周期性瓦解和新秩序的形成状态）、必要的冗余和多样性。无论是何种情境，知识创造的五大促进条件都不因情境变化而变化。值得庆幸的是去中心化情境下自主性、多样性以及混沌状态是这一情境下的主要特点，但也会因为缺乏整合性和相对集中而明确的意图使知识创造面临诸多障碍。

1. 多样性程度的选择困境

多样性是去中心化情境下的重要特点，现有的大部分研究大多推断多样性是知识创造的前因，这也使得很多组织极为重视群体的多样性程度。去中心化情境为每个知识节点的多样性提供了土壤，却也因缺乏有效整合而让知识创造陷入困境。所以野中郁次郎和竹内弘高（1995）认为必要多样性是知识创造的重要促进条件，而非简单的多样性。事实也证明，多样性并不必然产生知识创造，它同时也是混乱和无序产生的原因。按照全球创新指数，最具创造力的国家既有欧洲的瑞士，也有趋于规避稳定性的以色列，还有保守的英国，强调集体主义和等级制度的日本以及特别重视规则的新加坡，似乎都不是多样性程度高的国家，尤其像日本和新加坡，这两个多样性程度较低的国家却在创新表现上较为亮眼。戈伦（Goren）通过180多个国家和地区的对比研究发现全球文化多样性最高的国家是乍得、尼日利亚以及刚果等非洲国家，加拿大是唯一排名在前20位的发达国家，美国的多样性也只能屈居中位。由此看来，多样性并不一定是知识创造和创新的重要前置因素。过高程度的多样性使得个体之间缺乏对彼此的尊重和理解，这不仅不利于创新和知识创造，更不利于日常的正常工作协作。当然，缺乏多样性对知识创造则是毁灭性的，没有多样性也就失去了知识碰撞与创造的可能性。如何保持适度而必要的多样性就成为去中心化情境下知识创造的关键。当信息通信技术能够赋能每一个孤立的知识节点时，知识节点依靠知识平台而越发原子化，却又在连接上更依赖于提供异质信息或知识的每个个体，而表现出一定程度上较为松散的网络化状态。

2. 独占与共享的选择困境

知识创造往往发生在不同知识节点互动的过程中，独占知识创造所产生的创新结果是很多企业的第一选择。当企业趋向于关注独占创新结果时，企业行为就转为独占创新所需的知识内容，而这种一开始就考虑独占知识内容的现象会让知识使用陷入"反公地悲剧"之中，企业知识创造就难以获得丰富的知识资源。去中心化情境得以变得普遍的理由就是公共知识变得越来越容易获得，公共知识赋能到每个知识节点成为企业开展知识创造和创新的新常态。

加剧的企业间竞争和消费者对产品的多样化需求让产品变得日益复杂，单个企业不得不实施多方外包或是众包来克服自身资源和时间的限制，加之开放式创新可以更好支撑产品的多样化和复杂化，众包成为去中心化情境下不同知识节点共创价值的重要方式。另外，企业依靠独占机制仅靠内部资源进行知识创造和创新已较难适应快速技术更替和变化的市场需求，共享知识的不间断获取与碰撞日益常见。技术和产品的快速迭代缩短了产品生命周期，这也让产品需求持续时间变短，引发了投资的不确定性，企业很难在既有知识和技术基础上进行累积性学习来应对这一状态，隶属于不同知识节点的碎片化知识产权在不断的资源拼凑中变得越来越具适应性。技术革新速度加快、产品生命周期压缩、产品技术复杂性日益加深、市场需求响应时间变短都使得依赖独占机制进行知识创造变得困难。当企业选择利用共享机制促进知识创造时，又发现在特定情境下企业的先发优势却由于缺少互补性资产而难以维持（Teece，1986），后来者优势又让企业开始思考是否把一部分核心技术或模式用特定的独占机制保护起来，以保护自身的利益不被侵占。如何独占、又该如何共享成为去中心化情境下企业不得不面对的难题。

3. 精益与冗余的选择困境

必要的冗余对知识创造极具价值，知识创造面对未来，而未来是和不确定性紧密关联的，这就需要创新的实施者必须有足够的知识储备才能面对不确定的未来，这种和不确定关联的储备就是冗余的最好注解。但这并不意味着冗余就是解决知识创造的良方，在知识创造上要相对聚焦主业、不能信马由缰地进行。对企业来说，过多的冗余就是浪费，过多的精益则会让企业面对突发性事件时难以快速而准确地决策，最终影响企业创新。当企业把关注焦点转向精益，就很难进行突破性创新了，这也是企业保留冗余的重要原因。如何在精益的资源配置和冗余的资源编排上进行权衡取舍就是企业进行知识创造和实施创新需要面对的困境。

第 4 章

去中心化情境下节点知识活动的公共化与私有化的权衡困境

去中心化的出现，打破了传统情境下知识产权的独占属性，节点间广泛的知识流动与频繁的知识交互成为此情景下企业知识活动的主要特征，而这也凸显了网络经济时代的技术发展定律——梅特卡夫法则（Metcalfe's Law）。去中心化情境下知识创造主体呈现多元化、分散化的特点，创新收益也是由不同创新主体进行共同分享或是由创新平台的提供者进行最大限度的利用。伯顿等（Berthon et al.，2015）发现共享使创新中知识产权边界变得模糊，难以分割的知识产权强化了知识的公共性，易于分割的知识产权则在创新中也由于免费共享而增加了情感产权（Emotional Property）属性，去中心化情境下知识行动者（主要是用户）可能供给的微量知识（相对于整个网络）就成为一种特殊的私有品，占有极少部分产权的知识行动者对创新收益的独占欲望和创新产权的保护动机可能都不强烈，企业在获取知识共享福音的同时也面临知识私有化的困境，即企业在创新过程中要考虑是将拥有的知识对外免费共享还是独占排他的问题。知识的公共化与私有化特征如表 4.1 所示。

表 4.1　　　　　　　　知识的公共化与私有化特征比较

项目	知识的私有化	知识的公共化
核心特征	独占性、排他性	免费、共享性
主体	单一主体	多个主体
方式	强调私有，保护知识产权	知识保护和共享的权衡
表现形式	排他性知识壁垒	节点间网络化的平台资源

4.1　去中心化情境下节点知识的公共化

创新的成果通常表现为知识产权的形式（Chesbrough，2003），知识产权是法律赋予知识产权拥有者的独占收益权，这种独占思维是把企业的创新活动建立在封闭、私有的逻辑基础之上，而这显然不利于社会进步。在去中心化情境下，节点以开放共享的态度将碎片化的知识在各种形式的平台（社交平台、创新平台等）进行免费分享，从而使私有知识产权逐渐呈现公共化的趋势。

4.1.1　知识的公共品属性

1. 公共品的理解及分类

萨缪尔森（Samuelson，1954）最早明确提出公共品是"每个人对这种物品的消费都不会导致任何其他人对该物品消费的减少"的一种物品，即同时具有消费上的非排他性和非竞争性属性的产品，例如，一辆船只前进过程中在享用塔灯发出光亮的时候难以排除其他船只同时也在享用。具有有限的非竞争性或者有限的非排他性的公共品称为准公共品，其介于公共品和私有品之间，如教育、政府兴建的公园、拥挤的公路等。而同时具有竞争性和排他性的产品称为私有品，私有品又可以分为纯私有品和俱乐部产品，前者包括大多数私有品，后者是指在某一范围内由个人出资，并在此范围内所有个人都可以获得利益的产品，如消费合作社等。从产权的角度出发理解非排他性，如果一项产权是共有产权，那么就意味着是没有得到界定或者是界定给多个人的物品，人人都拥有，一人行使权力的时候会并不排斥其他人行使同样的权利，其中典型的非排他性例子就是公地悲剧。从生产成本的角度出发理解非竞争性，即使消费者的数量在增加，已经生产出来的物品的生产成本不会改变，已有消费者从中获得的效用以及受益状态都不会被影响。产品的公共化与私有化如图4.1所示。

2. 知识的公共性

知识不同于其他具有排他性和竞争性的产品，从经济学角度出发，知识是一种不会损耗并且可以重复使用、免费共享的资源。知识本身是带有公共品或准公共品特性的，知识在应用时不具有竞争性，但企业在获得知识产权

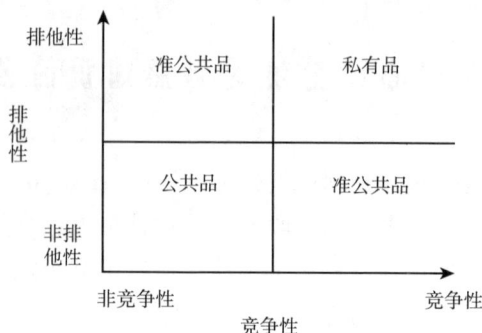

图 4.1　产品的公共化与私有化

资料来源：根据 Samuelson（1954）绘制。

时可以借助隔离机制实现知识的排他性。企业知识结构具备一定的层次性，按照知识对企业的作用可以将企业知识结构大致分为公共知识、基础知识和核心知识，其中公共知识就是所有企业都能够通过公共渠道轻易获得的知识，其主要以显性形式存在，例如政府的政策信息、公开的相关市场历史数据、公共刊物上发表的经济评论等。企业的基础知识是企业正常运行的保障，主要包括企业组织管理、企业创新文化、行业个性化的专业知识三方面，既有隐性知识也有显性知识。核心知识是一个企业区别于另一个企业的标准，也可以称为应用性知识，是形成企业核心能力的最主要部分。核心知识是企业独有的、正在或即将为企业提供竞争优势的知识。构成企业核心知识的绝大多数是隐性知识，锁定于特定企业的核心技术、特定文化、人员构成等。

　　一般人对知识的理解并不像哲学家考虑得那么深邃，柏拉图把知识定义为经过验证的真实信念，这就意味着知识必然与人捆绑在一起才能称为知识，对企业界而言这一理解就尤为必要。如果抛开柏拉图对知识的理解，唯理主义哲学对知识的理解更符合大众对知识的认知，在大众眼里人类社会的累积性智慧都属于知识内容，其载体包含了文字记录、各类书本、特定人群、音响影像等，这其中学术类、方法工具类和事实描述类著作更为突出，这类知识常常诉诸理性根源或先验自我，知识具有普遍的必然性（王维国，2003）①。知识从人类诞生之日起就出现了，对于知识的理解不能仅局限于科学知识的范畴，人类社会在用科学作为范式展开研究之前，所有的活动都是

---

① 王维国. 知识的公共性维度［M］. 北京：中国社会科学出版社，2003.

基于习俗产生的，这种习俗来自于人类的血缘共同体和地缘共同体，共同体是在人际互动过程中逐渐形成的公共目标，在不断互动中人类社会逐渐形成的相对稳固的一致性行为规范，这种行为规范是出于便利生活、解释世界以及消除自己对未知世界恐慌的工具，一切有利于共同体目标实现的行为规范都会被认为是合乎理性的规范，这种规范也更易得到传播、扩散和实现代际传承，也逐渐变成普通大众共用的知识，其公共性不言而喻。而在解决人类社会的生产生活问题过程中所形成的生产知识和自然知识逐步发展为相关技术也成为得以扩散、传播和传承的公共技术知识。人际互动中所形成的礼仪、道德以及相关伦理规则也成为公共知识的一部分，其中一部分演变为法律，同样表现出知识的公共性。知识与其他传统产品不同，不会因知识的消耗而变少，换而言之，知识符合公共品的非竞争性特性，加之很多知识并未做排他性设定，只要知识使用者有意愿就可以使用这些知识，这类知识就属于公共品的范畴。对人类的很多知识来说，它们都能够被完全地永续使用和共有分享，可以不断被保存和记忆。对知识扩散而言，其扩散的边际成本亦可以忽略不计，这在一定程度上为知识的公共性在经济性上提供了极大的便利。

4.1.2　去中心化情境下知识公共化的必然性

1. 知识公共化必然性

（1）知识分享更加普遍、公共知识日益丰富。去中心化情境下，社会分工的精细化和节点主观选择意识的增强使节点间的认知差异愈加明显，而认知差异也导致我们对现实世界的理解变得丰富和有趣。不同于传统情境中创新来自于科层的指挥与控制，去中心化情境下的知识创造或者说创新活动更多的是由这种节点间认知差异的碰撞产生的。当知识不再由少数精英群体垄断时，满足于小众市场的小众产品同样能成为可供选择的解决方案，规模经济不再是去中心化情境下企业经营的唯一最优选择，市场上自然而然地出现了很多满足小众需求和加入用户创意的"DIY"（Do it Yourself）产品和服务。例如，一个名叫"橄榄"的数字音乐播放器，它拥有着漂亮的界面设计、高级的扩音器，你可以在其中任意选择喜欢的音乐、连接其他的软件。但是这个产品并不是现有大公司创造的，而是由一家通过众筹方式融资成立的小型企业与用户共同合作开发的，是一种去中心化的民主创新方式。这使得企业可以花费更少的钱，却又能快速地开发出一款好的产品。对于这类产品而言，如果缺少可供使用的公共知识，小众市场的小众产品可能会变得缺乏经济可行性。另外，越来越多的公共化工具以知识的形式呈现给了不同类型的用户或生产者，这就使生产者使用知识的边际成本极小，从而为小众市场的形成创造了条件。

去中心化情境得以形成的重要表现是每个被赋能的知识节点更具独立性和自主性，这是因为节点可以获得的公共知识比以往更多了，且获取的渠道也变得越发多样。封闭独占显然无法在去中心化情境下找到足够大的能够立足的空间，这也是为什么近年来无论是实务界还是学术界在研究创新问题时都把关注的焦点放到了民主化创新（Democratic Innovation）、用户创新（User Innovation）、开放性创新（Open Innovation）、价值共创（Value cocreation）、创新生态（Innovation Ecosystem）等主题上，这些特殊的现象都是去中心化情境下知识活动的必然结果和方向，关于去中心化和这些新兴创新现象之间何为因何为果的讨论学术界多有争议，但毋庸置疑的是，新兴技术和媒介的产生以及大众群体受教育程度的提高共同促进了去中心化和这些新兴创新现象的发生。在知识创造和创新的现实中，去中心化和这些新兴的创新现象之间似乎是彼此相互促进的。

传统竞争理念要求企业要更大程度地以独占资源和独享剩余为目标，更注重零和博弈式竞争，知识就表现出较强的私有化倾向。去中心化情境下企业间的竞争方式更倾向于多赢格局的合作竞争，更多的知识内容被融入到公共知识平台之中，节点本身能力的增强除了知识节点本身能力提升外，更多是平台赋能个体的结果。去中心化情境更像一个充满人群的房间，房间里最有智慧的不是房间里所有人的群体智慧，而是房间本身，这里容纳了所有的人和思想，是把他们与外界相连接的"网"。在去中心化情境下，知识网络的环境最大限度地消除了信息不对称性，使人为构建的知识壁垒和信息壁垒在如今的知识网络下越来越难以为继，大部分创新者很难保护他们的创新不被直接或近似地模仿，知识的部分公共化也就成为一个必然的结果。去中心化成为企业创新中面临的一种情境，企业创新的知识贡献者分散于不同区域、时空、组织甚至部门，且大多不受企业控制（Foss et al.，2009）。多元且失去有形壁垒的知识节点成为企业创新实施的催化剂（Godart et al.，2015），去中心化情境下企业的知识活动突破了传统情境中"集体性行为"和"独占性获取"的基本假设，逐渐走向"自主行为"和"开放共享"状态。

（2）用户更愿意为提升体验贡献智慧。去中心化情境下越来越多的创新不是由在技术资源方面自给自足的单个节点产生的，而是通过各节点间的交互碰撞产生的（Howells et al.，2003）。用户在这一情境下同样也成为重要的互动主体，用户在对相关产品和服务贡献知识时，其出发点是基于自身体验提升而贡献知识的。麻省理工学院冯·希伯尔（Von Hippel）教授发现很多产品和服务实际是源自用户，越来越多的用户把自己对产品和服务的创新性想法或解决方案告知制造商或服务商，用户与企业共创产品或服务。这一方面来自用户对产品或服务要求更高，另一方面也源自用户为了提高体验在面对问题时更愿意借助自己的力量去解决，这是因为一是用户不愿意或不能够等待，二是用户需要自己对产品或方案有较强的掌控感。根据2021年《南华早报》的报道，一个30岁的网络企业家徐伟，在自己的儿子被诊断为一种致死性罕见病"缅克斯病"（Menkes disease）（一般确诊的婴儿都活不过3岁）后，他通过各种渠道了解到美国在开展一期临床试验，用代码为CUTX-10的组氨酸铜来治疗缅克斯病。这位只有高中学历的父亲没有办法得到注射液或者替代品，在实践上也不允许他有任何的等待只得靠自己想办法研制出一种类似的治疗技术，他报名参加了公共课程学习药理学，利用翻译软件研读美国科研论文，自己购买了相关的制药设备，在家里建起了一个实验室，徐伟把通过实验室制出的组氨酸铜用在了家兔和自己身上做测试，然后再给自己的儿子使用，儿子已经2岁了还是不能说话，但徐伟对治疗这个疾病越来越有信心。现在的徐伟正在研究遗传工程学，他相信通过自己努力学习遗传学知识同样会有助于儿子战胜这一疾病。很多人夸徐伟聪明，徐伟自己却觉得做到这些不是因为自己聪明，而是一个父亲被逼无奈，困而学之，竭力救治自己孩子。这种由用户主动进行的创新活动实际更容易扩散开来从而使其他人快速从中获益，因为创新者从主动创新那一刻开始就没有从创新中盈利的动机，创新者在创新过程中获得的知识更容易成为公共物品而被他人所共享。当然，这并不意味着用户所实施的创新，以及用户创新过程中的知识就不存在知识产权，而是作为创新者的用户从开始就自愿放弃了知识产权，这些知识也就自然成了公共品（Harhoff et al.，2003）。

（3）知识公共化本身成为商业模式的一部分。开源式创新（Open Source Innovation）作为一种新型的创新方式逐渐成为很多企业商业模式的一部分，开源本身就是知识公共化的具体表现。早在2014年特斯拉（Tesla）CEO埃隆·马斯克就宣布对外开放公司的所有专利并鼓励所有企业开发先进的电动汽车。特斯拉将所有的专利开放给市场，实际是以公开换取保护，值得注意的是，特斯拉并非放弃专利权，而是放弃追求侵权责任的行为。对特斯拉而言，任何善意使用特斯拉技术的人和企业都不会被发起专利侵权诉讼，而对"善意"的理解则来自于特斯拉的定义。特斯拉的专利给业界提供了丰富的研发思路，推动和加速了电动汽车领域的发展。对特斯拉而言，研发新技术的目的不在于保密、也不在于其自身利益，而在于引领电动汽车的发展，一定程度上也让市场感知到特斯拉在电动汽车领域的领导地位。知识公共化本身就是特斯拉商业模式的一部分，其意图不在于通过特定技术获利，而在于更多去定义电动汽车行业到底是什么，当其他车企使用特斯拉专利或模仿特斯拉去研发或生产电动汽车时，电动汽车行业的主导设计和技术也就逐渐形成，而特斯拉自然成为主导设计和技术的集大成者。

2. 知识公共化的影响因素

去中心化情境下，知识呈现出较强的分布性状态，很多知识甚至以碎片化的形式呈现在很多知识主体身上，极少出现少数人占有和垄断知识，知识也更多需要通过共享而非独占实现一定程度的公共化才能实现其价值，其具体影响因素表现在以下几方面：

（1）共享共赢的社会基础。知识社会形成的重要基础就是大量受过良好教育的知识提供者，信息通信技术在知识社会的普遍渗透让知识社会的交流环境一定程度上消除了很多的信息不对称，在去中心化情境下人为构建的知识壁垒在信息技术全面渗透的当下逐渐难以为继，同时也出现了信息爆炸和大量冗余的问题，知识的传播并不等同于知识的有效传播，知识的模块化与碎片化使得各创新节点在开放自由的平台上更有积极地进行交互。例如，美国麻省理工学院通过互联网向所有人免费提供 1800 门课程，任何人不需要注册、不需要付费，内容包括了课程提纲、视频、音频授课、笔记、图解等。此项"公开课程运动"的负责人玛古利斯表示，只有公开和自由地分享知识，教育才能取得最大的进步。近期由于新冠肺炎疫情在全球蔓延，耶鲁大学非常受欢迎的一门课程"幸福的科学"（The Science of Well-Being）在MOOC 平台 Coursera 上免费提供，希望人们可以从中得到一些慰藉。

（2）基于日益丰富知识领域的可替代方案变多。传统上，创新者寻求保护自己的创新时可以将这些知识作为商业机密或通过专利或版权的法律保护来实现。民众受教育水平的提高加上信息通信技术的变革使公共知识的供给量呈几何级数上升，针对特定问题解决方案的替代性知识日益丰富，这也给传统情境下利用特定知识保护自身创新收益的企业带来难题。企业创新过程中如果意识不到有很多替代知识时，就会用传统思维开展创新而忽视替代知识对既有知识的冲击。对在位企业而言，当他们无法快速搜索或识别出可替代解决方案时，或者越来越多的用户成为方案的提供者（Prosumer）时，选择让私有知识公共化就成为企业不得不选择的方案。开创中国车载导航系统的凯立德是首个成功研发出我国首个拥有知识产权导航引擎的高技术企业，凯立德的创始人张文星是武汉测绘科技大学（2000 年与武汉大学合并）的毕业生，他在测绘土地资源过程中发现车载导航软件的空白，决心利用自己的专业优势弥补这一领域的空白，凯立德绘制的导航地图被称为"地理信息系统和国家导航产品的开拓者和领航者"，截至 2013 年，凯立德导航连续 8 年占据市场份额第一的宝座，其市场占有率高达 77%。2014 年凯立德在新三板上市被业界称为"国内车联网产业第一股"。其突出的市场表现也让像小米科技等一批战略投资者汇集在凯立德周围。然而，从 2015 年开始凯立德的营收就开始下滑（比 2014 年减少将近 2000 万元），2017 年甚至出现断崖式下跌（营收只剩 5857 万元），2018 年则亏损 3837 万元。出现这一现象的原因是阿里巴巴收购高德导航后开始推行免费模式，随后的百度地图也开始采取同样的模式，面对替代性知识方案时，凯立德仍然坚持收费模式，最终导致其在车载导航领域的市场份额迅速萎缩。事实上，对高德地图和百度地图而言，提供导航服务本身只是其提供解决方案的知识基础而非收费基础，高德地图包括汽车前端服务（汽车厂家的授权费和汽车自动驾驶技术）、第三方服务（包含具体商家的本地生活服务、餐饮旅游服务的相关接口、加油服务、打车服务以及外卖等）、广告服务、自营业务（比如打车业务）。当你所拥有的知识是你获利的工具，而别人的替代性知识只是引流的工具时，知识公共化也就成为在位企业的必然选择。

另外，即使是没有任何可以替代的知识且只仅有单个节点掌握的这种极端情况下，知识的拥有者并不能够长期保持私有状态。曼斯菲尔德（Mansfield，1985）研究了 100 家美国公司发现，平均而言，开发决策的信息通常在大约 12～18 个月内就被掌握在竞争对手的手中；而新产品或新工艺的详细特征信息和操作信息大约 1 年内会被泄露出去。艾伦（Allen，1983）注意到改良的鼓风炉开发者无法使其有价值的创新处于秘密私有的状态，因为鼓风炉和钢制件的制作可能是由合约商完成，这些合约商就会知道他们的设计，并且设计本身也经常是通过咨询在各个公司跳槽的工程师中产生。

（3）政府的期待。政府期待市场公平竞争的诉求愈发强烈。知识产权法致力于通过对知识产权的保护来实现激励知识的创新、维护公平竞争的环境以及增加社会利益的目标。而滥用知识产权的行为会使得企业占据垄断市场，获取不正当利益，进而破坏正常的公平竞争秩序。公共利益最大化是知识产权保护和公平竞争共同追求的目标，产权保护年限①的设置使得知识在初始阶段能够以专利形式维护知识生产者的利益，但最终结果都是希望私有知识能够公共化，以实现社会福利的整体改进。

4.1.3　知识公共化的影响

当提及创新者"免费公开"专有知识时指的是创新者放弃了与这些知识相关的潜在知识产权，所有有需要的各节点都可以获得，也就变成了公共品。这些条件通常可以用极少的成本就可以达到。例如，创新者可以非常简单地将创新相关的信息发布在网站上而不需要宣传，那些可能对此感兴趣的人会发现这些信息。然而，显然有许多创新者超越了这种基本的、低成本的免费公开形式，他们会花费大量的金钱和时间来确保他们的创新处于良好的关注之下，这样知识的创新可以有效地、广泛地扩散。

1. 提高声誉

艾伦（Allen，1983）认为，企业或企业管理层所获得的声誉可以抵消无偿公开所导致的利润减少，如果所公开的创新在一定程度上特定于创新者所拥有的资源时，无偿公开可能对公司利润有实质性的增加效应。雷蒙德等（Raymond et al.，1999）、勒纳和泰勒尔（Lerner & Tirole，2002）详细解释了开源软件开发项目的无偿公开现象，高质量源码的无偿公开可以提高编程者在同行中的声誉。这种好处会带来其他收益，如增加编程者在工作市场上的价值。在去中心化情境下，免费共享对于企业得到的外部奖励是对声誉的积极影响，从而在竞争激烈的市场中彰显优势。

2. 促进知识扩散与创造机会

如果知识创新是付费特许或作为一项商业机密而存在，那么当焦点企业免费公开一项知识创新时，相比收费特许或保密，其直接的结果是增加了知识的扩散，即知识的主动外溢。焦点企业就可以因为数量效应从创新的扩散中获取更多的收益。另外，知识的免费公开被其他人采用会成为一个非正式的标准，会比其他形式的创新优先开发和优先商业化，如果一项被公开的创

---

① 知识产权的保护期限，根据《中华人民共和国专利法》第四十二条发明专利权的期限为20年，实用新型专利权和外观设计专利权的期限为10年，均自申请日起计算。《中华人民共和国商标法》第三十九条规定，注册商标的有效期为10年，自核准注册之日起计算。

新是以非常适合于焦点企业的专门条件而设计的，那么就可能为焦点企业带来持久的优势。

去中心化情境下，通过免费公开产品或工艺创新的相关信息，知识提供者可以让其他节点有机会了解这项知识创新，并可能会对它进行完善或者以低于知识提供者自己生产的成本提供创新的产品或工艺（Harhoff et al.，2003）。当这种经过完善的版本提供给一般市场进行销售时，初始的知识提供者（和其他用户）就可以因为使用这些完善的产品或工艺而获利，使其在推向市场之前改善得更牢固更可靠。公共品的贡献者天然地比免费享用者获益更多。例如，制造商通常会将用户自己开发的创新产品在推向市场前进行改善，使其更加牢固、可靠，同时还会提供后期的维护等服务。

由于越来越多的公共知识得以呈现，免费享受产品或服务常常成为一种常态。当360浏览器的收费服务有上亿元的收入时却选择了放弃，因为与其等着被别人革命，不如自己先起来革命。毛泽东在决定撤离延安的时候曾经说过："地在人失，人地皆失，地失人在，人地皆在。"① 这里面的"地"可以理解为收入，而"人"则是用户。企业的商业模式是要在建立在用户的基础之上的，免费正是能聚拢到用户的方式，用户价值会决定企业的价值。在2006年绝大多数用户还没有电脑安全防护的意识，而360决定做免费安全服务，与此同时，其他杀毒软件的企业的付费方式盈利颇多，但是在中国的用户群不超过500万。事实证明，4年之后，360浏览器受到了更多用户的青睐，通过免费360得到了更多的用户。2012年，360的收入就超过了10亿元。从社会意义和经济意义来说，360创造的用户价值和商业价值远远超越了以前整个产业。360的免费模式让整个杀毒产业不得不免费，带来了全面的颠覆。

3. 社会进步

里夫金（Rifkin，2014）认为，要实现价值的共同创造和分享要从利他的角度出发，而不仅是从资源封闭的角度单方创造价值，再传递价值，最终获得价值。这样会使得社会总成本很高，从而产生"熵增"，带来了极大的浪费，也就失去了企业存在的价值基础。公共知识是知识社会化的过程和结果，也是社会文明与进步的标识。去中心化情境下，知识的被动外溢提高了企业的创新水平，从而促进了社会进步。免费给所有市场都带来了更强的流动性，而更强的流动性意味着它所处的市场能够运转得更顺畅。

---

① 中共中央文献研究室. 毛泽东年谱（下卷）[M]. 北京：人民出版社、中央文献出版社，1993.

　　美国晨星公司是一家致力于为投资者提供专业的基金、股票、财经资讯分析评级等的国际基金评级权威机构，也是美国最主要的投资研究机构之一。晨星公司及其旗下所有子公司都实行了去中心化的管理方式，并且处于一个公开透明的环境下，公司每半个月会公开各个部门的详细财务报告给所有员工，大家都了解自己部门的成本和收益，只要他们拥有的知识能够帮助到其他员工更好地完成工作，他们就会不遗余力地将相关信息共享出来。只有公司的每个员工都能获得全部数据时，他们才能从全局出发衡量各项决策部署。因此在晨星，不会存在知识壁垒，你也不必怀疑得到信息的动机，因为晨星看重的是你的专业知识技能以及帮助他人的意愿，当你越能利用自己的才能帮助到同事的时候，公司的价值也会越来越大。

　　当然，非营利性的免费共享虽然打破了大众文化与专业知识的壁垒，并推动知识的增长。但是任何人无法企及的分享速度易导致"知识溢出"，内容的多样性和分散性带来信息过载，企业对于信息的接受速度和能力都有所下降。同时由于用户生产内容模式下过滤系统的缺席，内容质量参差不齐，大量不良内容、虚假信息充斥其中。知识创造的过程中充满着不确定性，而知识的公共化又会使得部分知识生产者积极性下降，驱动力不足。

4.2　去中心化情境下节点知识的私有化

　　知识产权反映了知识创造者的人格和财产利益，也是知识私有化的直接动机，而知识私有化是企业获取外部创新资源的重要保障。许多企业认为专利是表明其技术能力的重要手段（Zobel et al.，2017），并且申请专利不仅是为了防止模仿，还会有获得议价权、改善公司形象等动机（Holgersson，2017）。

4.2.1　知识的私有化属性

1. 知识的私有化

　　理解知识的私有化属性需要从知识的定义出发去把握。许多已有文献是通过知识、信息和数据的区分来解决知识的定义问题的。这一假设似乎可以这样理解：如果知识与信息、数据没有区别，那么讨论知识管理就没有新鲜感和吸引力了（Fahey & Pursak，1998）。一种普遍持有但稍有争议的观点认为：数据是没有加工的数字和事实，信息是被处理过的数据，知识是经过鉴别的信息（Dreske，1981；Machlup，1983）。由于数据、信息和知识这几个概念每一个都会随情境、有效性和可释性的变化而产生差异，因此，从数据到信息再到知识的这一层级假设在谨慎评估的情况下是站不住脚的。有效区分信息和知识的关键，并不在于假定的信息或知识的内容、结构、准确性或者效用方面，而在于知识是个人意识所拥有的信息：它是一种与事实、程序、概念、解释、想法、观察和判断有关的个性化信息（可能是新的、唯一的、有用的或者准确的，也可能不是）。一旦信息在个人脑海中进行了处理，信息就转换成为知识，而当知识以一种文本、图表、词句或者是简单符号形式被阐明和展示出来，就变成了信息。这表明，知识本身天然就是个体对知识进行自己的结构化处理的私有化的东西。

知识具有不同种类，体现不同的性质特征。就知识从低级向高级发展而言，停留在人脑中的知识具有私人的性质，可以称为"涉身性知识"，严格意义上无法走出自身、难以言表的知识尽管非常重要，但是还不能称为真正的知识，这种知识叫作感受或者经验更为准确。就人类知识的私人性和公共性而言，那些暂时停留在人脑中尚未实现物化的知识或者没有走出自身在体的知识为"私人知识"。这种知识是任何公共知识的源头，能够走出自身可以被大家共享的知识都是源于对这种私人知识的概括和总结。去中心化情境下，私人知识转化为公共知识是很有必要的。

知识产权是现代信息经济的基点，它促进了软件、生命科学、计算机产业的发展，使得我们消费的大部分产品得以普及，其对创新的积极或消极效应主要依赖于创新者能方便地获得调整和实施这些权利的许可（Gallini & Scotchmer，2002）。而事实是，在实践过程中调整和实施这些权利通常是困难的，现有的知识产权法律提供的保护也是以牺牲总体的创新发展为代价而实现个人利益的（Foray，2004）。知识的私人化是知识生产的固有特征，但是知识私有化则是知识制度化的过程。在去中心化情境下，私人知识会通过各种形式实现各种样式的公有。从社会学角度讲，社会上公有知识越多就越有利于知识社会的到来。但是从经济学角度来说，私有知识越多越能激发知识生产者的生产热情和生产能力，也就越能提高知识生产力。

2. 知识私有化的特征

在传统中心化情境下，组织边界是相对封闭的，技术创新以及实施商业化都是在企业内部进行的，知识产权的独占性、排他性成功解决了信息披露悖论①，为企业带来了收益（Arrow，1962）。知识的私有化防止技术外溢的同时保护了企业核心技术、维系了竞争优势。社会创建知识产权制度的初衷是保护和激励创新活动（Chesbrough，2003），然而企业中仅有少部分知识产权具有较高的经济价值，例如宝洁公司只有10%的专利是具有商业价值的，其他的是有潜在的预防用途或是对未来的探索。知识私有化是资本发展的过程和结果，是知识自然性质的资本扭曲和变形。作为占有制度的重要内容，知识私有化的特征之一是阶段性，知识并非在任何情境下都是私有化的，它是市场经济条件下资本存在的必然产物。知识产权是在法定期限内拥有的限制权利，但是超过期限后，知识的私有化也就不再受到法律保护；特征之二是独占性，知识拥有者阻止其他竞争者模仿或使用自己通过创新获得的技术、知识，从而独自占有其带来利益的能力，蒂斯（Teece，1986）指出，知识拥有者从技术创新中获得多少经济利益不仅取决于他是否创造核心技术知识，还在于它多大程度上独占知识以及建立或控制互补性资产的能力；特征之三在于排他性，知识为某个人所拥有并控制时，把其他竞争者排斥在获得该知识利益之外，对其他竞争者就具有排他优势。

4.2.2　知识私有化的相关影响

在去中心化情境下知识公共化是发展的必然结果，但知识私有化是内在事实。知识私有化的目的是创造价值，而非消耗价值，从价值创造的角度来看，知识产权保护只是一种手段。企业的创新活动具有信息不对称的特性，当投资者不了解某个知识时，也就无法评估价值进行投资，但当他们充分了解过后，又存在着将其直接应用到自身的项目中的风险（Anton & Yao，2002；Ueda，2004）。因此，知识私有化既有积极影响又有消极影响。

1. 知识私有化的消极影响

（1）损害社会公共利益和竞争公平。知识私有化是因为知识能够带来独占收益，这是知识社会的表现和结果，但也同时带来了知识的无限商品化和资本化，进而走向彻底的知识私有化，从而使人类社会迷失在知识的异化中。

---

① 信息披露悖论是阿罗（Arrow）于1962年提出的，例如在股权众筹市场中，监管部门一方面要求股权众筹发行人披露最基本的信息以降低发行成本，另一方面还希望能够实现预期的投资者保护之目的，这种规则标准与目的之间看似不可调和的矛盾可以称为信息披露悖论。

由于资本趋利的本性和知识增值的特征，在私有制社会中知识和资本相互勾结，知识商品化快速发展。知识商品化改变了经济运行方式和社会形态，促进了思维方式的转变和创新意识的培养，有利于更好地进行知识创造，但是知识快速与过度私有化，使得知识及其相关者处于一种异化的状态之中，并对社会产生一定的负面影响。知识的商品化使知识成为资本的工具，另外也使拥有知识的企业或个人能够利用自身优势获取更多知识，企业也通过各种专利或者专利组合来保护自己的知识不被他人侵犯或使用，最终会导致社会总体福利受到损失、阻碍技术的创新和进步。

（2）增加组织内的知识距离。在企业内部，知识的过度私有化会带来个体间的知识距离[①]，从知识转移的视角出发，知识距离的存在会影响知识转移的效率。在知识生产阶段，知识拥有者关心的是知识价值对自己职业生涯的影响，独占知识意味着自己在工作上有更多的安全性，个体追求知识、提升能力或效率的目的在于独占知识而非分享知识。当组织内部独占者越来越多时，知识就在组织内部呈现出碎片化状态，这种状态显然不利于知识的完整性和系统性，对于组织创新极其不利。

（3）降低社会福利水平。社会赋予创新者知识产权的根本原因是希望增加创新的私人投资，对知识产权保护的主要目的是为了促进公共利益，即鼓励技术创新、增加知识存量，从而提高社会福利水平。如果对知识产权保护不当将打击创新者的积极性，降低技术创新水平；而如果过度保护知识产权又可能对知识的传播造成限制，增加成本，会导致社会福利水平的损失，知识产权所有者普遍会限制他人使用他们获得法律保护的信息以增加他们的个人利益。

2. 知识私有化的积极影响

（1）促进创新。知识产权保护促进知识的积累，为企业技术创新提供了丰富的信息资源。知识产权制度明确科技成果的权属并加以保护，促进了技术交流与合作，技术创新主体可以采用有形商品进行销售的方式获取常规产品所无法比拟的高额利润。同时创新主体也可以通过无形商品（知识产权）进入市场，采取知识产权转让方式获取比有形商品高得多的投资回报率。知识产权制度使创新主体产生高额投资回报，使主体利用市场反馈信息及投资回报进行技术再创新的积极性大大提高。知识产权制度产生以利益为核心的

---

① 知识距离可以理解为组织间或者组织内部成员之间、知识提供方和知识接收方之间所积累或者拥有的知识的差异性和相似度。在组织从外部获取新知识过程中，由于不同组织的知识结构存在差异，从而形成知识距离差异性。如果知识距离加大，将会影响组织间知识获取，吸收和应用。

激励机制使创新主体形成了一个创新→高额投资回报→再创新→再高额投资回报的技术创新良性循环机制。

（2）减少知识外溢和机会主义行为。知识私有化是减少企业有价值知识外溢的重要手段，企业在发展过程中希望防止被模仿或侵犯创新成果，进而保护创新收益。私有化会让企业采用各种可能的隔离机制来保护自己的知识。以私有知识产权为核心的传统占有制度的内在逻辑是自利主义，强调单个企业如何通过对知识的独占性与排他性而获得最大利益。

4.3　去中心化情境下知识公共化与私有化的权衡

去中心化情境下知识的分散状态使得传统的知识产权私有化受到冲击，过度的私有化减少了知识外溢从而不利于社会进步，而知识的免费公开使企业声誉得到提高，但同时会降低知识创造者的积极性。因此，知识的公共化和私有化问题究竟是二者取其一还是两者并举成为了研究重点，知识的公共化与私有化并不能自动获得平衡，甚至会存在此消彼长、相互竞争的局面，因此组织要进行权衡选择，这将伴随着组织资源的配置和市场环境的动态变化。我们在理解知识内容时就需要从公共化和私有化视角重新探究知识的分类。

4.3.1　基于公共化与私有化特征的知识分类

在去中心化情境下，企业越来越倾向于实行开放创新、技术许可、外包开发等形式对产品进行创新，为更好地吸引外部贡献者，创新者通常允许他们获得涉及产品或者过程的知识，或多或少放弃了部分知识产权，放弃了法律上的排他性权利（Fischer & Henkel，2012），这是知识公共化的最直接表现，但这一表现与知识产权保护的私有化特征存在一定程度的冲突。

1. 内容的公共化与私有化

根据知识的内容大致可对知识分成三类。（1）陈述性知识，也可以称为描述性知识，是可以用语言直接描述事情本来面目的知识，包括对事实、规则、事件等信息的表达。可以细分成关于事物名称或符号的知识、简单的命题知识或事实知识、有意义的命题的组合知识，这是易于公共化的知识。

（2）程序性知识是事情发生过程的知识，是由陈述性知识通过一系列操作步骤转化过来的知识，由于其难以清楚的描述而只能间接推测其存在的知识通常是私有化的。（3）策略性知识是与解决问题相关的技巧性知识，是学习者自身的认知活动，是一种运用知识的能力，因而其对于公共化还是私有化也是需要进行权衡的。

2. 形式的公共化与私有化

知识还可以分成隐性知识和显性知识，隐性知识存在于个体的经验、认知、行动中，难以形式化、难以共享（Nonaka & Konno，1998）。野中郁次郎（Nonaka，1991）把隐性知识分为两个维度，即技能维度和认知维度。技能维度包括非正式的、难以掌握的所谓"诀窍"的技能。例如，高级工匠经过长期的实践积累了大量的习惯性的技巧，但是他们对于其背后的科学原理却很难明确表述，这种来源于亲身经历的高度个人化知识不易公共化。信仰、观点、思维模式等都属于认知维度。而显性知识是被编码化，可以通过符号或者语言等形式进行沟通的知识，相较于隐性知识而言更易公共化。

3. 效用的公共化与私有化

知识的效用有时在于理解世界，有时在于规范行为，阿谢姆（Asheim，2007）将知识分成了三类。（1）分析性知识（Analytical Knowledge）是传统的基于科学的创新模式知识，用于理解自然世界的科学知识，这要求员工接受高水平的学术和科学培训，意味着学习发生在分散的科学社区中，由此产生的知识输入和输出通常是被编码化的，即显性知识占主导地位，不受地域的限制（Martin & Moodysson，2013），是易于公共化的，例如生物技术和纳米技术；（2）综合知识（Synthetic Knowledge）是基于工程的知识（Laestadius，1998），是解决与特定应用相关的具体问题的知识，问题解决通常会涉及用户、生产者和合作者之间的互动学习，具有工具性、默契性、经验性，其更具体的实践技能使得这类隐性知识占主导地位，因而需要在公共化和私有化之间进行权衡；（3）符号知识（Symbolic Knowledge）是可以创造意义、审美价值、品牌和设计的知识（Asheim & Coenen，2005；Asheim，2007；Asheim et al.，2007），这类知识通常嵌入在它被创造的环境中（Martin & Moodysson，2011），需要对特定社会群体的文化、规范、习惯、价值观和日常实践有深入的了解，依赖于隐性知识和搜索技能，因此这类知识通常处于私有化状态。特征比较如表4.2所示。

表4.2 知识特征比较

项目	分析性知识（理解世界）	综合知识	符号知识（规范行为）
核心	基于演绎过程和正式模型的科学知识	通过归纳过程应用的与问题相关的知识	对现有惯例的重新使用或挑战的知识
获取方式	企业和研究机构之间的合作	与用户、合作者的互动学习	通过专业社区的互动学习
创新方式	创造新知识	现有知识的应用或新组合	现有知识的再创造
状态	公共化	公共化和私有化权衡	私有化

　　既有的知识分类实际就是知识私有化和公共化呈现的结果，企业需要在开放知识推进公共化以主导游戏规则和独占知识推进专利化以保护创新收益上寻求平衡。对企业而言，无论是按照内容特点所呈现出的陈述性、程序性和策略性知识，还是按照表现形式呈现的显性和隐性知识以及按照效用所谈及的分析性、符号性和综合性知识，都是企业创新过程中所需要的知识内容，企业在创新过程中也会自然而然形成这些不同类型的知识。鉴于知识本身的属性特征，一些知识就不可避免地成为公共知识，另一些知识也就自然而然归为私有知识的范畴。对具有公共化属性的知识而言，企业如果想要私有化就需要将一些私有化特性的知识内容融入其中，反之亦然。去中心化情境下的公共化范围变得更广泛，这也让知识的公共化和私有化问题变得更突出，做好知识的公共化与私有化的权衡就成为企业创新过程中需要重点考量的内容。

4.3.2　去中心化情境下知识私有化与公共化平衡困境的突破

　　去中心化情境下创新并非要完全摒弃传统的知识产权保护、知识私有逻辑。相反，在特定情境下，如涉及企业核心利益的关键创新资源，严格的知识产权保护仍是行之有效的策略形式。但是，在多数情况下，这种模式已不再是最佳的策略，企业应该更多考虑开放性、免费公共化的知识产权管理策略。同时，完全开放获取（开源）也并不是去中心化情境下企业知识产权管理的趋势或替代品。

　　相对于保不保护、保护多少，更重要的问题是企业应如何管理和应用自己的知识创造价值，实现发展目标。将知识的公共化与私有化的平衡有机融合于创新全过程，在不同阶段制定混合、权变、收放自如的策略促进企业发展目标的实现，才是去中心化情境下企业创新的核心。完全排他逻辑和免费公开逻辑是去中心化情境下企业知识治理的两个端点，二者之间多维、多元、权变的有限排他逻辑才是去中心化情境下企业知识治理的逻辑起点。可以分为以下三个阶段：首先是知识私有化阶段。知识的完全私有化强调对知识产权的完全占有和严格控制，以保护自己的发明创造不被竞争对手模仿。去中心化情境下，涉及企业核心利益的知识产权往往仍遵循知识私有化逻辑。但值得注意的是，企业自主创新应转变为开放式创新基础上的再创新，而不是完全的封闭式自主创新。因此，知识的完全私有化策略只是特定情况下的一种策略选择。其次是知识公共化阶段。在各种知识产权策略中，知识的免费公开策略是与知识私有化策略相对的另一端。免费公开获取的最佳例证来自于开源软件领域：Linux 操作系统、阿帕奇服务器和火狐网页浏览器，越来越多的软件产品通过公开标准技术与知识产权共享，有效实现了用户与标准平台的兼容互动。与直接实现财务目标不同，开源逻辑旨在借助外部杠杆（鼓励更多参与者围绕平台开展技术创新）实现更多用户锁定、构建平台标准并最终实现创新的商业化目的。最后是知识的有限排他阶段。位于中间部分的有限排他逻辑指允许他人在受到一定限制的基础上使用自己的知识产权，进行一部分的知识付费。基于有限排他逻辑构建的战略往往给企业带来可观的现金流和战略行动自由。有限排他逻辑的知识产权策略多种多样，其中许可业务是典型代表。许可业务不仅能帮助企业实现知识产权货币化的财务目标，而且能帮助企业与其他企业甚至竞争对手建立长期交叉许可，形成交叉网络的正外部效应和共同约束效应。

知识在同一个组织单元却处于不同的时间阶段可以利用间断均衡模式缓解不同知识对不同技能的需求。去中心化情境下对于企业具体采用什么样的知识策略受到企业现有创新资源的性质、企业创新目标和外部动态环境等诸多因素的共同影响。根据知识创造的过程将知识的公共私有平衡问题分成了三个阶段进行权衡。

1. 去中心化情境下节点知识获取阶段的权衡

去中心化情境下，企业进行创新的初始期主要是如何搜寻知识以及获取广泛分散在企业外部各节点间的有价值的知识。此时组织自身的能力与各节点的专业知识创造性融合显得十分重要。当创新所需的知识分散程度较高，外部技术环境不稳定时，就会形成一个有众多潜在知识来源的环境。企业往往难以控制和预测创新活动的进展和走向。此时，知识的公共化成为这一情境下的重要选择，一是让自我知识公共化以吸引更多知识融入，二是希望能够获取的知识以公共化形式呈现以利于自己对知识的获取。企业通过向外部免费公开自己的知识产权，吸引潜在创新者进入自己构建的生态系统。一方面，加入生态系统的节点企业会将开放技术作为自己产品和服务的基础，另一方面，也在不断增加原始公司的生态系统总价值。通过免费公开策略，节点企业不仅可以通过补充产品和服务，从生态系统的增长中获得核心技术和利润，还可以通过生态系统的迭代和繁殖来实现行业技术标准的制定者或领导者这一最终目标。在免费公开的策略下，放开知识产权有助于启动和维持生态系统的增长，有效抵御现有或潜在的攻击者。

当外部技术环境不确定程度较低的时候，创建平台以及推动用户参与创新使知识处于有限排他逻辑，免费与付费同时并行。外部创新知识分散程度高，意味着企业创新问题的潜在解决者数量广、范围大，虽然企业外部创新选择机会多，但同时也会明显增加搜索与筛选成本，降低决策速度。同时，外部技术环境越稳定，就越容易使更多的人不同程度地了解和掌握相关知识，创新成果商业化的可能性也越大。如何在联结和筛选效率降低与市场进入速度要求提高的双重夹击下取得创新成功，利用互联网信息技术构建开放的创新平台，是知识共享的有效途径。通过创新平台的搭建，企业可以同时快速、低成本吸引和联结到广泛的外部创新源，依靠各节点的智慧找到创新解决方案。在 Web2.0 时代，以用户为中心的创新正在以越来越强劲的势头影响着企业创新的逻辑与格局。例如，戴尔公司有一个名为"意见风暴"（Idea Storm）的网站，用来征求用户对产品的设计、营销、技术支持的意见和建议，当用户提交如何改进戴尔产品和服务的想法时，所有想法的所有权就会自动转移给了公司，而该用户也会授予公司永久的、不可撤销的免版税许可证来使用它。

2. 去中心化情境下节点知识整合再创造阶段的权衡

与传统情境一致，知识的整合与再创造仍然是去中心化情境下企业创新活动的核心内容，在这个阶段各节点企业的合作创新会更加密切与深化，知识公共化与私有化的平衡问题愈发显著，这也决定了未来创新活动能否顺利进行、企业创新价值的实现以及获利能力。由于技术的飞速进步和创新资源的不断分散，去中心化情境下大多数创新都需要互补的知识、产品和服务，以产生价值。因此，互补品越来越成为影响企业创新战略的关键因素。企业的竞争可以划分为三个阶段：企业间的竞争、产业链间的竞争、生态系统间的竞争。聚合、协作和运营成为生态系统蓬勃发展的持续动力，因此要充分发挥知识资产的互补效应（如专利池、国际标准）。去中心化情境下，知识整合与再创造阶段知识公共化还是私有化的问题的关键影响因素，是节点企业的互补资产以及网络整合能力。互补资产的本质是一系列知识与技术的集合，用复杂性衡量互补资产的性质，包含互补资产本身的知识与技术复杂程度以及互补资产在产业网络中的联结范围与交叉程度两个层次。网络的整合能力与互补资产在网络中的分布状态有关，互补性资产越是集中在少数企业手中，网络的整合能力越强；互补性资产越分散，网络的整合能力越弱。如表4.3所示。

表4.3　　　　　　　　知识整合与再创造阶段的关键影响因素

影响因素	网络整合能力低	网络整合能力高
互补资产复杂程度低	知识私有化	知识的有限公共化
互补资产复杂程度高	知识碎片化	知识的公共化

　　根据表4.3，当企业所在产业网络中的互补资产复杂程度低，意味着容易被复制或模仿；而网络整合能力弱则表明资源配置较为分散，这种情况类似于完全竞争的市场环境，企业倾向于将知识私有化来保护自己的优势互补资产，从而实现创新收益。去中心化情境下各节点企业创新活动所涉及的专利越来越密集，技术创新越来越依赖于与其他各方的合作，这时企业创新所需的互补性资产的复杂程度会越来越高，如果产业网络或企业自身的网络整合能力较弱，就意味着知识呈现碎片化的状态，对企业的创新实际是不利的。当网络整合能力较强时，知识私有化所带来的益处实际要低于公共化的益处，无论互补性资产的复杂度高低，采取知识公共化就会成为企业创新中的一个重要方向，但这并不意味着要拒绝私有化。如果企业或整个产业有较强的网络整合能力，在互补性资产复杂度较高条件下企业就会倾向于将知识公共化，从而用公共化去换取创新的行业标准、知识的主导设计和业界的领导地位（声誉优势），特斯拉公开所有专利知识的策略就是这一类型的最好体现。而当互补性资产复杂度偏低时，即便企业拥有较高的整合能力，完全公共化既有知识也可能会让企业丧失优势，此时企业最优策略是有限度地让知识公共化。

3. 去中心化情境下创新价值实现阶段的权衡

　　企业只有实现知识的商业价值才能真正体现创新，否则知识将与创新毫无关联。去中心化情境下平衡好知识的公共化与私有化并促进企业从创新中获利是企业实施知识治理的根本目标，也是去中心化情境下创新活动的最终诉求。对优势的头部企业来说，将知识最大限度地私有化以获取独占收益还是将知识最大限度地公共化以确立行业主导地位和市场声誉一直是企业的两难选择。知识的公共化的确让知识的使用方能够快速获取到所需知识，从而提升其自身创造新知识的能力，对于知识的快速整合与价值创造非常有益，开放式创新和开源创新的逻辑正是如此。但公共化带来的利益并不排除知识的私有化倾向。

去中心化情境下知识的公共化还是私有化往往由知识节点自主决定，企业科层控制的作用通常有限。独占逻辑主导下的知识私有化范式在保护收益的同时也限制了知识流动，而共赢逻辑主导下的知识公共化范式在促进知识交互碰撞的同时可能会难以获得创新的超额收益。知识公共化在传统中心化情境下发挥作用极为有限，即便是已然公共化的知识也会因地域、圈层和知识距离难以真正交互而产生更多的知识创造和创新。独占、授权与共享是企业可供选择的三种专利方案，独占是知识私有化的具体表现形式，共享则是知识公共化的具体表现，这直接对应着价值实现后的利益获取方式。知识公共化考虑的是共享利益而知识私有化考虑的是私人利益，没有独占机制的私人利益不利于去中心化情境下每个知识节点最大限度地贡献智慧的积极性，没有共享机制的公共利益对去中心化情境下的每个知识节点而言往往就失去了可供使用的平台，前者会让个体极难发挥进而造成整体知识创造的程度不足，后者会让个体难以被赋能进而使得知识创造的水平偏低。在知识节点公共化利益和私有化利益上，既需要确立为每个知识节点谋取私利的市场机制（以利己的方式利他），又需要呈现能够让每个知识节点能够自我赋能的交互（平台）机制（以利他的方式利己）。当然，到底偏向让知识公共化还是私有化抑或是让公共化和私有化保持适当平衡，这取决于企业当前的处境如何。

第 5 章

去中心化情境下知识节点活动的
原子化与网络化的权衡困境

    去中心化情境下企业更像一个平台进行运作，作为知识节点的员工不再单纯依赖上级指令开展工作，在工作内容、工作方式以及工作方法上员工也有了更多的自主权。海尔集团的"人单合一"管理模式正是去中心化情境下一种有效的管理模式，"人单合一"模式把员工和他所服务的顾客"合"成一体，员工自己根据为用户创造的价值来彰显自己的价值，海尔的每一个员工都加入某个特定的自主经营体中，每一个自主经营体都是自驱动、自创新、自运转的。从表现形式上看，作为知识节点的员工成为一个不再受制于组织的自我经营单位，呈现出较强的原子化状态；然而，员工能够表现出的原子化状态其实是组织赋能的结果，去中心化情境下各类平台大量涌现使得不同知识节点的自主创新能力得到大幅度提升，这种提升是平台中诸多知识被公共化的结果，节点在知识活动上表现出的原子化状态是以平台提供公共知识为重要前提的。值得注意的是，平台又是知识节点积极互动的结果，海尔的"人单合一"模式中作为组织经营体的节点只是在决策上表现出原子化，但在为客户服务过程和为平台提供知识智慧过程中则表现出较强的网络化状态。因此，去中心化情境下企业内部节点知识活动的原子化是一种外在的表现形式，其内在隐藏着架构平台的网络化知识节点。去中心化情境下如何权衡节点知识活动的原子化与网络化也就成为企业需要关注的重要议题。

    一般而言，原子化与网络化并非相互脱节，二者相辅相成，越来越多的第三方网络化平台为节点知识原子化提供了条件，它帮助个体或企业搭建了服务平台，使得平台上的参与方无须主动连接就可以生存和发展。当组织从中心化转向去中心化时，必然会出现节点游离于社会组织和群体之外的原子化现象。因此，如何在去中心化情境下保持节点知识活动原子化与网络化的平衡成为组织急需考虑的重要问题，表 5.1 显示了原子化与网络化在核心特征等方面的不同表现。

表 5.1　　　　　　　　　知识的原子化与网络化特征比较

项目	知识活动的原子化	知识活动的网络化
核心特征	独立性、自治性	嵌入性、共享性
主体	单一主体	多个主体
表现形式	科层制度	网络化平台共享

5.1　去中心化情境下知识节点的原子化

　　企业形成去中心化情境的标志就是员工的自主决策和自我驱动力量比传统情境更强大、更具自主性，传统情境下员工对企业的单边依赖逐渐转向了去中心化情境下企业与员工之间的双边依赖，这种双边依赖让本身作为节点的员工有了原子化的可能。信息通信技术的发展、各类新兴商业模式的兴起以及整体受教育程度的提高让作为自然人的个体拥有了更强大的能力，也让个体在组织中有了更强的自主决策权力，搭建平台赋能员工让每一个节点更具活力逐渐成为企业管理的主方向，企业从传统的科层指令式管理走向平台赋能式管理是整个社会经济技术环境发展的结果。借助不同的平台，组织成员呈现出较强的个体主义特性，个体与他人、部门和整个组织之间产生了较强的距离感是去中心化情境下的主要特点。

5.1.1　知识节点的原子化状态

1. "原子化"的现象阐释

　　想要了解原子化首先要从"原子"的概念出发去把握，原子原本是一个物理概念，它是指化学反应不可再分的基本微粒，是构成物质的最小粒子，原子在哲学意义上是具有本体论意义的概念。从化学意义上看，原子核之间的相互作用力让原子自身很稳定，原子核的密度极大、能量也极大，原子核能够克服质子之间所带正电荷的斥力从而使原子即便发生化学反应原子核也不会发生分裂。如果发生原子核裂变或聚变将会释放巨大能量。

原子化的概念源于社会学家齐美尔（Simmel，1950），它是指个体之间关系松散、冷漠的一种状态。原子化状态下每个人都可能成为一个相对独立的知识节点，更大程度上依靠自己独自作出决策，长此以往，容易加深社会内部的原子化程度。对企业而言，当信息通信技术为每一个知识节点赋能后，个体的原子化状态就变得越发明显。传统中心化情境下，员工的角色是企业内部科层分工的结果，他必然依附组织而生存，个体的价值常常淹没在组织之中，这一方面源于个体受限的能力（个体获取知识和信息的渠道往往通过等级链条），另一方面源于个体的发展受制于组织（个体的能力和价值能否得以展现取决于组织能否为个体提供机会）。社会出现原子化的原因是由于人和人之间彼此联结的载体变得无关紧要，个体可以做到不依赖别人而独立行事，个体自身的孤独状态、个体间互动的无序性以及个体可能出现的社会失范都是原子化社会容易出现的危机。社会学家更愿意将原子化视为剧烈社会变革背景下更容易出现的现象。对企业而言，每一个知识节点的过度原子化也容易让整个组织处于某种程度的秩序紊乱和规范缺失的反社会效果。

原子化实质上是个体所处的一种相对独立的状态，单个个体常常按照自己的节奏生活工作而处于某种程度上的"隔离"状态。当然人类之所以可以选择这种原子化状态，完全基于社会所能提供的公共产品足以支撑个体去追求自己想要的"独处状态"。有不少人批评这种原子化状态，把它视为人类社会生活尤其是情感生活的灾难。首先，社会发展的变迁过程（主要是技术驱动的变革）让个体原子化变得可能，也使个体更重视自我而非社会，（它有时会使个体对社会的整合或集体态势作出否定）；其次，各类传统中介在新兴技术（主要是网络技术）背景下发挥作用的传递机制将让位于更大的平台，单个个体与平台连接变得更松散但更频繁，平台上各类参与者之间的连接显得不那么重要了，此时平台直接面对的是一个个原子化的个体，常常会带来很多的不确定性，这是去中心化情境的重要外在条件；最后，个体受教育程度的提高让其拥有了强大的学习能力和吸收能力，使得单个个体拥有了可以独立生存和发展的能力。不可否认的是，逐步完善的市场机制和法律也为个体原子化提供了更多可能，个体对传统社会关系的依赖程度伴随着各类资源要素流动性加强而逐渐减弱，这也是去中心化情境得以形成的内在原因。

2. 知识节点的原子化状态和表现

从社会发展的历程看，单个个体的原子化状态古已有之，早期人类是基于特定血缘关系而联系起来，但基于血缘关系的群体中个体的数量极为有限，仅依赖血缘进行的这种基因性关联在本质上使得人类和蚂蚁、蜜蜂的区别不大，个体的这种极为有限的连接使人基本处于原子化状态。在资源极为丰富的自然世界中，基因关联如果能够解决人本身的生存问题，人类就失去了扩大群体规模的网络化（社会化）动机，人类社会也就极难发展出发达的文明。人类文明的产生是因为特定共识群体的扩大而形成的，这种共识群体是网络化的结果。人类社会在面对自然灾害、野兽侵袭、物品短缺等问题时逐渐在解决问题过程中构成了网络化的群体。换而言之，人类在生存实践中是基于功能主义而进行社会化或网络化连接的。就个体的原子化而言，早期社会是因为自然资源丰富使得原子化的个体不需要依赖他人就可以解决生存问题。信息经济和知识经济状态下人得以原子化的原因是公共产品变得比以往社会中更为丰富，不少个体可以借助丰富的公共知识资源生存和发展。值得注意的是，早期社会单个个体的原子化是仰赖丰富的自然资源（非人为因素），个体在这一状态下还不能称为知识节点。信息经济和知识经济社会条件下，受教育程度提高的单个个体成为本身拥有较高解决问题能力的知识节点，同时也是具有较强吸收能力的知识节点，丰富的公共知识平台和各类工具平台让单个个体在新的情境下实现原子化生存和发展的可能。

显然，对单个个体而言，丰富的可自由获取和使用的资源是其原子化的重要前提。在人类社会早期，丰富的自然资源为个体原子化创造了条件。在移动互联的当下，是日益丰富的公共资源和单个个体吸收能力的提高促成了其原子化，而个体本身在这一情境下也可能成为提供给公共资源的重要知识节点。作为知识节点的个体其原子化状态实际有两种可能，其一是作为完全独立的个体仰赖各类组织溢出的公共知识资源和个体较强的吸收能力，自主选择的原子化状态；其二是难以独立的个体依附在特定组织中，通过组织分工在某个岗位上不加选择地承担任务，个体与他人之间的关系不是自主选择而是组织分配的结果，本书将这一状态称为被动分配的原子化，不过这种状态往往是中心化情境下呈现出的状态，置于此处展开讨论的初衷是为了突出去中心化情境下单个个体从一般节点向知识节点的转变、从被动服从向主动创造转变、从分工分岗向协同共创转变。当然个人由于其对组织的依附性而导致的被动分配在实质上是不能称为原子化的，之所以用原子化来定义这类个体是因为在组织分配好确定的任务后，个体往往在自己的任务范畴和相关标准范围内拥有自主选择权且无须依附他人，这是一种局部范畴内的原子化。不难看出，当下各类丰富的公共知识平台和日益发达的信息通信技术让每个知识节点的原子化成为可能，单个个体因信息和知识赋能而强大，表现出较强的自组织、自适应和自进化状态。传统单个个体的被动原子化则限制了其自组织、自适应和自进化能力，单个个体囿于组织的严格分工尤其在自进化方面失去了能力，最终陷入路径依赖和自我僵化，这种原子化的结果是个体的自我隔离。单个个体在不同情境下被动分配的原子化和主动选择的原子化的具体比较如表 5.2 所示。

表 5.2　　　　　　　　　被动分配和主动选择的原子化特征对比

项目	被动分配的原子化（中心化）	主动选择的原子化（去中心化）
影响因素	顶层设计	节点自主参与度
根源	节点自身能力不足	节点自身能力突出
表现	部门定岗的科层制	网络、平台、区块链
状态	分工下的被动联结	协作下的自主合作

对企业而言，严苛的制度和流程、明确的任务边界、清晰的执行流程将会带来组织内部每个节点的被动原子化，节点此时对组织本身的依赖程度极高、自主性程度严重不足，但节点与他人的连接完全是基于企业设定的任务展开的，节点此时的原子化实际是对企业不自觉的依附性，自然在创新表现上较为一般，因为这一状态下节点还不能完全称为知识节点。与这种表现不同的是，当企业不再单纯依靠自上而下的任务分配，而是每个知识节点聚合而成的任务集合体时，节点的原子化程度将变得极为明显，此时的企业逐渐成为赋能知识节点的平台，知识节点的自主化程度和自驱动性将空前提高，海尔集团提出的"链群合约"的管理体系将员工视为企业平台上的自主创客，海尔将这种体系用水母来做类比，因为没有中枢神经的水母是靠每一个触须感知世界的，海尔链群上每个知识节点都以原子化的状态与市场接触，当知识节点的创新产生价值时会依靠增值分享机制调动其他知识节点自组织起来迎合市场变化和需求。

5.1.2　知识节点原子化的利弊

1. 原子化的积极作用

（1）知识节点的自主性变得更强。在社会生活中，单个节点拥有全部的行动自由，能够按照其计划、目的去实现自己的意图，自由的原子化节点无须受制于严格秩序的约束。原子化即自主利用节点知识完成任务，强调企业独立利用节点知识开展活动，原子化在很大程度上影响着企业的创新绩效和竞争优势。原子化并不是一种绝对的没有群体依赖的状态，原子化的个体不是完全不需要他人而是越来越需要别人的帮助。相反，个体越来越依赖社会整体和一个复杂得多的组织，却特别地不依靠社会的任何一个确定的成员。这种对某个确定成员的依赖度降低，能大大提高企业或个人节点的自主性（Simmel，2002）。

在去中心化情境下企业中的每一个原子化节点能够自主完成各项任务，在完成任务过程中形成属于自己的新知识、新经验和新技术，通过各节点的自我累积聚合成一个具有自进化的知识生态网络进而构成企业的竞争优势。当然，知识节点可能是单个个体亦可能是小团队或者在特定产业平台中的某个企业。

（2）知识节点的专业性程度更高。去中心化情境下具有原子化特点的知识节点成为独立的决策主体，实际也是企业内部市场化的一种表现。独立决策的知识节点能够通过各类平台获得知识和能力，形成自己在企业中具有一定生存能力且拥有独特竞争优势的节点。这种独特优势往往表现在特定领域的专业性上，当组织或产业内细致的分工是市场发展的结果而非组织任务安排时，知识节点通常都会表现出较强的专业性，这种专业性是建立在自主性基础上的专业性。与主动选择的原子化不同的是，被动原子化的个体在专业性表现上往往是缺少自主性的专业性，市场机制在被动原子化的节点上往往不起作用，这就造成了这类节点对企业的高度依赖，也让企业的创新更聚焦在以高层规划为核心的开发性创新活动上，这是中心化情境下常见的形式。去中心化情境下知识节点的专业性程度是市场机制形成的结果，因此，其创新或对企业的知识贡献更多出于知识节点的利益考量，强调节点利益聚合而成的企业利益而非企业利益分解之下的节点利益。

（3）企业更有可能实施突破性创新。去中心化情境下原子化的知识节点对企业的依赖程度较低，其建立在自主选择基础上的专业性更有市场开拓和颠覆的勇气，节点受企业的控制程度较小往往也给了节点较多自由探索的空间。这种探索源自知识节点本身知识存量的提高，也源自各类平台为知识节点赋能后这类节点更具开放性思维，从而让企业自身更具突破性创新的可能性。像美国西尔斯百货、柯达胶卷、玩具反斗城、通用电气很多具有标志性的企业曾经因为强大的中心化管理模式而获得竞争优势，而像谷歌、抖音、airbnb、海尔自主经营体都是因为去中心化情境下知识节点的自主探索才获得较好的成长和发展。突破性创新的特点是跳出现有的技术轨迹和组织惯性行事，突破已有轨迹或组织惯性最主要原因在于突破者不囿于现有组织的惯性或技术轨迹，对既有的标准或规范依赖度较低或者从既有标准或规范中难以获得利益，突破者通常都表现出较强的原子化而得以挑战现有在位企业。恰恰是因为不循规蹈矩、不受制于既有的规范和范式，原子化的知识节点常常会独立判断、自主决策，这一方式更容易产生突破性创新。

2. 原子化的消极作用

（1）知识节点抵御风险能力会下降。由于原子化的知识节点较少依附于特定组织，在某种程度上这些知识节点都在一定程度上成为独立面对市场的竞争主体，在保持企业活力的同时也同样让每一个知识节点面临较大的风险。当然如果企业为这些冒着风险独立决策的知识节点进行兜底，将对促进节点活力大有裨益。但对很多完全不依附任何组织或极为松散地关联某些平台的节点来说，它们将完全成为市场竞争的主体，优胜劣汰的竞争法则和众多知识节点的涌现（白热化的竞争）必然使很多知识节点遭遇出局的风险。缺乏知识加持的原子化个体将可能更危险，其原因在于原子化的个体在独立判断上能力不足而不自知。成为知识节点的原子化个体往往具备了一定的判断能力，依靠各类技术和平台为这些原子化个体赋能后表现出较强的自我生存和发展能力，常常具有自我演化的特点，如果一个企业拥有大量的具有自我演化特点的知识节点，这家企业就具备了应对不确定环境的能力，也会表现出强大的生命力。但自我演化的知识节点常常不是封闭思维而是开放思维，因为知识节点的能力提升更多借助于自己对外部知识的吸收能力，唯有如此才能提高知识节点本身的韧性，进而维持其长期生存和发展。但值得注意的是，强大的原子化个体实际对很多平台是有依附的，只不过这种依附表现得更为隐秘，呈现出了更多的原子化表象。事实上，企业发展到今天，企业当中每个知识节点几乎无一例外地都依附在某些特定的平台之上，这种依附之所以难以观测就是因为知识节点实际是多栖依附，这种多栖依附是各类平台彼此间竞争的结果。就像当今社会很多个体能够原子化生存的原因就是社会能够提供的公共产品足以支撑其原子化生存，例如根据日本2016年的统计，日本有630万劳动力人口处于不工作状态，至少6个月未出家门且不与他人互动的日本人超过了54万人，这54万人中居然高达34%的人自我封闭超过7年。一旦社会无法提供公共品时，日本社会中这些被称为"废宅"的原子化个体将再无藏身之处，最终可能会遭到极大的生存危机。去中心化情境下的知识节点恰如日本社会中被称为"废宅"的人群，在公共资源足够丰裕时节点具有极强的原子化生存能力，一旦缺少公共资源支撑时原子化的个体往往会表现出很强的脆弱性，自然这些原子化状态的知识节点在抵御外在风险的能力也会下降。

（2）原子化知识节点的自我强化倾向会让部门化视野问题突出。去中心化情境下原子化的知识节点往往更愿意按照自我观察、自我判断进行自我反应。在企业中如果知识节点是以部门整体形象出现就容易陷入部门主义视野中。企业如果不能重视组织内部的原子化知识节点，主动为这些节点提供平台支持，就极其容易导致知识节点只考虑自我利益或所在部门的利益而忽视为企业作贡献。知识节点原子化的原因除了自我能力提升和各类平台赋能外，最重要的是知识节点不能从节点间的互动中获得额外价值，不少知识节点甚至会认为互动要付出的代价要远大于互动带来的收益。有鉴于此，知识节点会陷入原子化的循环之中并形成较强的自我路径依赖，个体在努力实现自我利益时不关心或者不知道关心他人得益情况，节点一味强调所在部门的重要性和特殊性，造成企业内部的"利益部门化"。

（3）知识节点的集体协作的能力和意愿会逐渐降低。事实上，去中心化情境的形成不是管理者主动选择的结果，而是技术环境变化和知识节点自身能力提升的结果。原子化的知识节点对企业的依赖程度逐渐变低，这也会让原子化知识节点更愿意自我选择伙伴或独立面对问题，企业中知识节点间的关系不是每个节点自我选择的结果而是由组织任务或组织科层管理的需要决定的，这就使得原子化的知识节点在日常活动中的任务关系（组织赋予的）与其自我选择不相一致，诸多互动是企业强加给知识节点的互动，原子化状态下的这些知识节点往往互动合作的意愿较低，加之原子化知识节点本身过分依赖自我行事，在协作能力上也稍显不足，这就影响了企业特定任务的快速完成，影响了组织效率。

企业需要做的是将这些原子化的知识节点聚合在企业打造的平台之上而非让知识节点驻留在社会平台上，当知识节点不再依附企业时，节点本身实际就处在企业的控制之外，这不仅会影响到企业的效率，也同样难以聚合这些知识节点的智慧为企业服务。海尔的自主经营体思想很好地让每一个知识节点可以通过海尔提供的平台更好发挥每个知识节点的贡献。对海尔来说，每个知识节点都转变成一个独立的自主经营体，节点都能以创造顾客需求为目标，但节点间以相互承诺的契约关系为纽带，以共创共享价值为导向，这激发了员工的活力提高了每个知识节点主动贡献的积极性。对于海尔而言，每个知识节点不再局限在海尔内部，海尔呈现的平台是开放动态的，表现出的是企业平台化、员工创客化、用户个性化，而海尔作为平台主连接了所有原子化的知识节点，强化了知识节点服务市场的主动性。

5.2　去中心化情境下知识节点的网络化

对企业中的个体（知识节点）而言，无论社会公共资源如何丰富、也无论知识节点自我能力发展到何种程度，单个知识节点必然需要借助特定平台才能获得生存和成长的可能，这种平台可能是企业、可能是政府、也可能是其他相关组织。平台作为一种特殊的社会联结机制常常让知识节点陷入其中而不自知，经济发展工业化、社会生活城镇化、日常活动信息化、知识获取引擎化（搜索引擎）、丰裕资源公共化是当下企业和个体所处的社会环境，而工业化、城镇化、信息化、引擎化以及公共化的实质是平台化，知识节点一旦脱离平台，其能力将可能急转直下直接进入到刀耕火种的状态。事实上，看起来日益原子化的知识节点不自觉地在不同平台中交织成网络，这种网络是管理和技术所带来的社会联结机制，它让知识节点能够不自觉地形成相对稳固的共同体，它是所有知识节点自我价值、心理归属及安全感的重要源泉。因此，看似原子化的知识节点实际都不自觉地彼此通过平台交互连接，而形成了一个网络化状态。就表现形式而言，知识节点的原子化更多是从节点自身出发所观察到的状态，而知识节点的网络化则是从更宏观的平台视角所能观察到的状态。因此，企业如果无法让原子化的知识节点不自觉地沉浸在企业自身搭建的平台中，就会让知识节点陷入到各自为政的状态，对企业的整体创新和长期发展不利。

5.2.1　去中心化情境下知识节点网络化的状态与表现

1. 知识节点活动网络化的必然性

瘟疫、饥荒和战争是人类社会发展过程中的心头大患，独立的个体或某个知识节点根本无法抵抗这三个人类大敌，人类不得不发明各色图腾（用神秘主义逻辑来解释现象，并形成相关宗教和文化）和各种制度（功能主义逻辑来解决问题，并形成各类组织与体制环境），这些图腾和制度本身为人类社会面对各类问题提供了心理安慰（软性要素）和工具集合（硬性要素），这些内容实际也是赋能个体力量的重要基础，个体借助现实世界自洽的神秘逻辑和复杂问题破解的工具逻辑而形成了彼此互扶互助的互动网络。全球范围内的科学革命（包含技术革命）、宗教革命、政治革命和管理革命的不断发展，原本独立的生物性个体逐渐依附在科学工具、宗教信仰、特定政治体制和特定组织上却不自知，看起来原子化的个体实际已经嵌入在各类可能的网络中，呈现的状态实际是自我认定原子化基础上的被动网络化。

人类依靠各类公共基础设施和各种私人和社会组织进行生产生活，一旦脱离人造的各类系统、工具和平台，人类将极其脆弱，这种脆弱性产生的原因是庞大而又相互重叠的公共资源架构起了人开展各类生产生活的社会环境，一旦失去这些公共资源的底层支撑，那些误以为自我能力强大的原子化个体将不得不赤身面对这个残酷的世界。因此，就单个知识节点的底层基础而言，其必然呈现出一种网络化状态。

社会发展与整体财富增长往往源自劳动分工的日益细化与逐渐成熟的市场交易机制，经济学家亚当·斯密（Smith，1863）早就告诉我们这个浅显易懂的经济学道理。米塞斯（Von Mises，1933）则强调自由市场为不同分工方提供了一个交易平台，生活在市场经济中的每一个个体几乎都不自觉地依附这个平台而生存，去中心化情境最大的特点是公共产品和公共资源作为平台承接了所有看起来原子化的个体，实际这些个体是嵌入在平台搭建的网络之中而不自知的。

就去中心化的企业而言，具有自主性的每个知识节点必然会因企业各项任务而彼此连接，这种连接形成了企业特定的知识结构，构成了企业区别于其他竞争对手的知识特质。企业的知识结构包含了各类知识节点拥有的知识内容、知识内容之间的连接方式与任务关联的知识流转过程等情况（Tallman et al.，2004），企业内部的知识节点往往更容易借助任务不断整合与重组而相互关联，在一定程度上构成了企业内部知识网络（潘李鹏和池仁勇，2018）。知识节点连接的外在表现包括了相似知识节点的集群集合和相异知识节点的互补连接，无论企业是否设定任务，知识节点间也同样因知识内容本身而彼此关联。因此在企业的知识活动中，不同知识节点天然形成了一种动态耦合关系，知识活动也就必然是一种网络化的存在，否则对企业而言将变得毫无价值。

2. 知识节点网络化状态与表现

去中心化情境下，知识节点会不自觉地嵌入在各类不同网络中（表现为企业任务或特定社群）进行有意或无意的合作。网络化状态下的知识节点既是指单个个体亦可以指代一群人组成的小群体（包括了职能部门、工作团队甚至是供应链网络中的企业实体），知识节点的活动常常受网络状态影响。

网络化状态下的知识节点活动既然嵌入在整个网络中自然会受其制约和影响。与中心化不同，去中心化情境下的知识节点由于能力更强而更具主观能动性，当然网络中不同知识节点间的互动关系也同样会影响节点自身的活动。去中心化情境下知识节点更愿意也更能够以自我为中心开展工作，但这种自主性是以植根于特定网络而完成的，不同于中心化情境下的传统嵌入（更多强调服从于企业科层体系和任务结构），自主性较强的知识节点更多强调知识嵌入的弱社会连接（Weak Tie），知识节点的网络规模对企业的创新和成长就显得尤为重要。去中心化情境原本表现的是每个节点的自主性和原子化，但脱离开特定平台知识节点的自主性和原子化就失去了赋能的基础。因此，去中心化情境下知识节点实际体现在以知识节点为参照的网络化特征上。

多样化、民主化和分散化是去中心化情境下企业每个知识节点呈现的特征（Fraser & Dutta，2008），但要想让知识节点真正体现其自身价值，其核心在于知识节点因自身拥有特别优势而获得满足感、因自身拥有社会地位而获得安慰感、因自身拥有可控利益而获得安全感，知识节点的这种感知是无法通过原子化状态获得的，其必然在网络化状态下才能拥有上述满足感、安慰感和安全感。去中心化情境下知识节点网络化状态具体表现在以下两个方面。

（1）自我中心主义倾向的多重身份网络。去中心化情境下，知识节点更愿意以自我为中心进行身份建构，这种建构很大程度上并不依赖自己所供职的企业，因为去中心化让企业不再是员工生存和发展的唯一土壤，除了工作岗位上需要承担的职责和专业智慧之外，他们还因受教育程度提高、学习和获取知识的能力变强、自我兴趣、拥有特殊专长、自由闲暇时间变长等而加入到各类能够实现自我价值的任务和网络之中，员工在企业中的身份仅仅是诸多身份网络之一。他们会在不同的任务网络中扮演自己的角色，不少角色所创造的价值甚至超出了其所在企业的价值。零工经济也正是在这样的背景下兴起的，当然值得注意的是以打零工作为谋生手段（如美团外卖的骑手、建筑工地的多数农民工、滴滴专车的司机等，他们作为永久性临时工是社会需要关注和关爱的对象）的个体不在本书讨论之列。零工经济的核心不在"零工"而在于教育程度日益提高的人群拥有了越来越多的闲暇时间，这些时间构成了全社会庞大的认知盈余（Cognitive Surplus），一旦社会给这些认知盈余提供足够的平台和空间就会释放出无限的价值，维基百科就是认知盈余释放的产物。当然只有日益增加的闲暇时间还不够，还需要外在的工具为员工赋能才能让他们有可能自主决定应该以何种身份加入哪一个任务网络，去中心化情境下被用来解释和指导员工行为的理论从计划行为理论（TPB，Theory of Planned Behavior）即个体的行为并非出于处于外在控制之下，转向自我决定理论（SDT，Self-determination Theory）即个体在充分认识自我需要和环境基础上对自己行动作出自由选择（Ajzen，1991；Deci & Ryan，2012），这种自我决定所带来的多重身份标识能够给员工获得满足感。

（2）知识节点拥有社群化的倾向。虽然去中心化情境最大的特点是知识节点间从传统情境下的强连接转为弱连接，甚至呈现出原子化的状态，但在线社交网络、各类线上社区让知识节点嵌入在网络中而不自知。事实上，知识节点之所以能够被赋能并非因为自我技能提高，而是因为各类平台变得越来越普遍，当知识节点拥有较强的搜索能力和吸收能力时，公共平台提供的公共知识和资源就足以赋能每个知识节点。虽然作为知识节点的单个个体在去中心化情境下决定做什么、怎么做、何时做等问题上越来越独立自主，但作为社会人的个体从会加入某个社群并在社群中获得安慰感和安全感。员工的社群化特点并非是去中心化情境下特有的现象，在传统中心化情境下的非正式组织本质上就是员工社群化的表现。去中心化情境产生的催化剂是互联网技术，而知识节点社群化倾向确是人类社会文化的本质，原子化状态的知识节点是技术层面的理解，但从文化层面看知识节点却是倾向于社群化聚集的。技术层面的去中心化完全遵循笛卡尔主义的理性逻辑，这一逻辑改变了人际信息互动的方式，也变革了传统商业模式。但文化层面的去中心化情境则表现在知识节点更愿意"人过留名"、更希望自己原本为社群或社会贡献的"客观知识"贴上私人标签，以彰显其在独特社群网络中的存在性。值得注意的是，已经自我感觉处在原子化状态的每个知识节点并非完全孤立，而是深度嵌入在各类网络（平台）之中而不自知，原子化的个体本质上是泛网络化的，唯一不同的是原子化状态下的知识节点误以为自己可以独立作出决策，却忘记了这些决策是建立在越来越多的公共资源和平台基础上。如果公共资源和平台一旦釜底抽薪，这些原子化的知识节点实际的独立生存能力是非常堪忧的。因此，企业中的每个知识节点需要警惕的是，在日益网络化的今天节点间的彼此依存性表面上是降低了，实际上是依靠弱连接的网络化互联而存在。

5.2.2　知识节点网络化的影响

当然，网络化的知识节点可以按其主观能动性程度分为主动网络化和被动网络化。主动网络化是因知识节点对知识及资源的诉求直接寻找合适的合作伙伴，而形成的网络化状态。当出现知识缺口时，节点倾向于主动寻找能够弥补知识缺口的任何渠道，最容易获得的往往是各类平台的公共知识，对企业创新而言能够从平台上获取的公共知识可能解决不了企业创新所需的知识缺口，因此寻求合作伙伴以形成知识网络就成为知识节点的重要选择。公共知识的难以排他属性和非竞争性使得其能够开发利用的价值极其有限，知识节点就更愿意从有业务往来或过往合作的节点中搜寻，在搜寻和选定确定的知识节点时，节点间面对创新或解决方案的知识网络也就形成了。而被动网络化是指第三方已经搭建了专门的网络活动平台，作为知识节点的参与方彼此间无论是否有过合作都可以借助特定的互助平台或社交论坛实现知识的取长补短。传统中心化情境下，专业人员和业余人员（爱好者）区别较大，早期社会业余爱好常常是富人专属，因为普通员工无暇顾及自己的爱好，而专业人员常常依赖行业协会或政府的职业管理机构所认定的从业资格来维护自己的专业权力，以确保专业人员的利益（因为除医生律师以外，很多专业资格证书完全没有存在的必要性）。一定程度上而言，很多专业人员无需面对业余人员的竞争（因为业余人员闲暇时间不够）且能够得到政府或准政府机构的护佑，往往在创新的积极性上表现较差。当很多行业突破专业资格证书的限制而自由雇用较高教育程度的员工就突破了政府的资格限制，而越来越多的业余爱好者拥有了更多的闲暇时间使得他们有机会投入大量时间和精力面对自己偏好的任务。网络化的特征是水平协调、开放共享，不同于中心化情境下封闭、纵向的信息传递方式。企业中知识节点的网络化状态带来了很多变化和影响。

1. 自发性集体协作变得越来越普遍

员工本身就是社会性的人，是像企业这种科层组织让员工变成了负责具体岗位的人。企业本身是为效率和收益而存在的，企业的社会功能是市场交换的结果而不是企业本身创立的理由，这一现象是亚当·斯密"看不见的手"（市场机制）在发挥作用。而企业作为一个集合体在遵循市场机制进行活动时，企业内部的每一个员工则是组织分工的产物，自发集体协作在组织内部发挥作用极为有限，员工此时并非社会人而更多表现为中心化情境下的工具人。去中心化情境使得权力重新回归到拥有社会性的员工身上，员工嵌入在不同的社交网络中形成了不同的集合体，这些由不同知识节点形成的集合体拥有较强的分享能力、合作能力和采取集体写作的能力，这些能力都突破了自己所在企业要求员工完成工作职责和任务所需的能力。因为新型通信工具和社交软件的普及，自发性群体也更容易聚合，而知识节点也更容易作出贡献。员工本身就有社会性属性，但在企业中其在集体协作上的能力和欲望往往会被中心化的结构和制度所压制，压制员工的社会性或社交天分不是企业追求的目标，它是企业不得已而为之的结果。作为社会性的员工尤其是受教育程度越来越高的员工（表现出知识节点特性）价值多元、偏好多样、彼此间自主合作性很难形成，企业唯有通过最简单的中心化方式削减员工的自主性才能实现员工间的任务性合作。去中心化情境下，阻碍员工自发集体协作的障碍被打破了，自发群体共同解决问题的意愿和可能性变得更强了。当然，我们不能说去中心化情境就取代了传统的中心化情境，我们只能说在当前技术背景下出现了与中心化情境相提并论的解决方案，旧有的中心化情境依然会发挥其作用，但是他们对员工的绝对管控地位正在下降，员工通过自发性协作寻求解决方案进行创新已经崛起为一股重要的力量。

2. 传统权力发挥作用的程度在下降

企业中的传统权力在去中心化情境下发挥作用的程度正在下降。对很多人而言，追求权力是他们开展各类活动的重要驱动力，权力本身呈现为一个人对他人的影响力。传统的中心化情境下，权力是分等级和层次的，企业中层级越高的管理者权力越大，管理者和员工之间存在着严重的权力不对等。但在去中心化情境下，管理者和员工之间的权力差距变得越来越小，作为知识节点的员工在很多方面越来越有话语权。"公正公平"假说在去中心化情境下变得可能，企业中管理者的权威地位在去中心化情境下逐渐崩塌，对员工而言权力不再单独存在于企业中，日益网络化的知识节点让权力逐渐向边缘发展，企业管理者的说教式或命令式管理越来越难有影响力。另外，企业中领导者的负面品质和消极行为在去中心化情境下会被不断放大，社交媒体的广泛应用使得领导者常常在员工面前总是无所遁形，如果说中心化情境下"普通群众的眼睛是雪亮的"让人存疑，那么去中心化情境下这一说法和论调就逐渐变得极为可信。大量的研究证实，企业领导者更喜欢展现和宣扬自己的正面品质和正当行为，但员工会逐渐发现跟随这些领导者的品质和行为似乎很难对自己有价值，员工的价值常常呈现在自己的社会网络之中，依靠社会网络员工的权力开始兴起。有人通过调研发现，很多企业领导者的简历中的具体事迹有超过40%是夸大其词的，去中心化情境会让更多的员工了解到这其中的虚假呈现而逐渐让领导者的说教变得不可信，传统权力崩塌也就变得不可避免。另外，受教育程度的提高和闲暇时间的延长让嵌入在不同网络中的员工依赖自己的爱好、热情而获得对他人的影响力，这种影响力本身就是权力，而员工要想做成一件事这种权力是不可或缺的。作为知识节点的员工拥有了越来越多的可掌控资源（包括自己了解的信息资源、从公共平台获取的资源、自己社会网络中拥有的资源以及自身的智力资源），这些资源能够为员工获取权力提供重要的支撑，也在一定程度上侵蚀了企业中的正式权力。最后，知识节点的网络化状态增加了员工的外部机会和用脚投票的可能，增加了员工与企业和管理者谈判的筹码，这也让传统权力发挥的作用变得越来越有限，当知识节点及其所形成的网络在组织中变得稀缺时，知识节点逐渐成为网络状的微权力行为体，员工和管理者的关系就开始由服从关系走向合作关系，传统权力的衰退自然在所难免。

5.3 去中心化情境下知识节点原子化与网络化的平衡

值得注意的是，知识节点的原子化和网络化状态犹如一枚硬币的两面，似乎共同存在于企业之中。知识节点的原子化状态本身就是去中心化的体现，它不再依附于特定组织而更强调各节点的自主性；知识节点的网络化状态是源于公共产品的丰富性而非其他，其嵌入于网络之中是长期潜移默化影响的结果而非节点自主选择的结果。知识节点看起来因提高了自主性而表现出原子化的状态，实际上知识节点得以自主性的原因是网络资源的可获得性变强了。因此，就去中心化情境下的知识节点而言，需要考虑嵌入在网络中以保证行动的合法性，同样需要考虑原子化状态下的独立性以保证多样性和创新性，对企业而言要想保证持续的知识创造和创新就需要平衡好知识节点的网络化与原子化状态。

就去中心化本身而言，知识节点本身就是自主而分散的，节点间彼此就是一种弱关系（Granovetter，1985）。知识节点如果失去特定的平台支撑和平台赋能，在去中心化情境下独自发挥作用的余地极为有限。节点只有借助平台支持，才有可能表现出较强的自主性和积极性。因此，去中心化情境下知识节点即便呈现出原子化状态也不是完全孤立的状态，它是一种主动原子化而被动网络化的状态，主动原子化是作为知识节点的员工不愿与他人建立关联而保持独立的一种状态，其只对工作和岗位任务负责，员工实际是依附于特定平台才能做到主动原子化的，这种平台实际就是网络化的产物。不过需要注意的是，作为知识节点需要在原子化和网络化寻求到恰当的平衡，从而让知识节点能够在保持自己独立性的同时还能做到知识交互与碰撞，更好地实现知识创造和企业创新。当然对于知识节点的状态而言并不存在绝对的原子化和绝对的网络化，原子化和网络化好似一个光谱的两个极端（如图5.1所示），而企业或企业中每个知识节点所处的状态恰好就是这两个极端中间的各种可能的位置。无论是知识节点的网络化还是原子化，都有其积极的一面，也不可避免会出现他们各自消极的一面，扬长避短进行权衡取舍是知识节点网络化和原子化平衡的基本准则。保持知识节点的原子化实际就是保证了企业拥有的更广泛程度上的多样性和多元化，这是创新不可或缺的。

节点原子化程度

节点网络化程度

图5.1　知识节点的原子化与网络化状态

由于各类平台彼此间的激烈竞争，各类节点获得公共知识的可能性变得越来越高，知识节点拥有了更多选择的可能才使得节点的去中心化程度变得更高。但不可否认的是，知识节点在不同平台获取知识时必须遵循不同平台的规则才能有效获取，知识节点的去中心化实际是不同平台多重嵌入的结果，本质上是更大程度的网络化。知识节点的原子化或网络化既是一种状态，也是一个过程。当知识节点起初嵌入某个平台或组织时它更愿意解决的是自我行为和身份的合法性问题，其内心倾向于得到平台或组织的认同，知识节点往往不停地在"我是谁"和"这就是我们"之间反复来回，直至可以相对清晰地把握自我定位和其在不同平台上的定位。原子化的知识节点更在意以自我为中心进行主张，但这需要建立在知识节点具有充分自主性的基础之上，如果节点能力是由各类平台（企业、社区、各类工具包等）赋予的，就容易出现知识节点的"虚假原子化"状态，这种虚假原子化在各类平台竞争极为激烈时表现得更为突出，知识节点在这一情境下容易出现对自我能力的误判，错将平台赋能视为节点的自我能力容易导致知识节点自身的决策偏误。就被赋能的知识节点而言，需要充分考虑好自身在不同平台的嵌入程度以及不同平台对于知识节点的可替代程度。如果一个被赋能的知识节点过度嵌入在某个平台而不自知，错将平台能力视为节点自身能力，其采取的决策和行为如果偏移平台规则或者侵蚀平台利益时就会遭致平台对节点的惩罚，因此节点如果嵌入在特定平台之中就需要做好强化自我独特性（原子化）和迎合平台规范的合法性（网络化）之间的平衡。当然，如果某个知识节点深度嵌入在特定平台时，也就不属于本书所要讨论的去中心化情境了。之所以去中心化情境下，知识节点会遭遇网络化和原子化选择的困境，就是因为知识节点对自身嵌入于不同平台的状况、平台间的可替代性以及平台持久赋能水平处于相对模糊的状态。去中心化情境实际是知识节点在平台化社会所享受的一项市场福利，这种福利是公共资源丰富化的体现，尤其是知识资源通过新兴信息通信技术（ICT，Information and Communications Technology）的广泛渗透和应用使得知识的获取速度极快、获取成本接近于零。另外，对知识的提供者而言，知识生产与提供的边际成本也日益下降，知识复制的成本已接近于零，在 ICT 的助推下越来越多的平台借助提供知识强化了平台的网络效应，平台价值更多在网络效应中得以体现，这种网络效应既是知识节点原子化自主参与的结果也是其网络化的重要体现。

第 6 章

去中心化情境下节点知识活动的冗余化与精益化的权衡困境

　　传统情境下，追求效率并消除不必要冗余是绝大多数组织追求的目标[①]，创建一个精益组织并借之实现组织目标似乎已成共识（Sharfman et al. ，1988；Davis & Stout，1992；Marlin & Geiger，2015）。在 20 世纪 80 年代，由于资源匮乏，消除冗余成为当时组织提升效率的主要手段（Streeter，1992）。然而这种观点受到部分学者的质疑，他们发现组织内部的冗余益处良多。例如，塞尔特和马奇（Cyert & March，1963）将冗余视为一种资源，是能够提供一种应对威胁的堡垒。职能化分工的组织是由不同的部门化小群体构成的，这些部门化群体的目标既有重叠也有冲突，冗余资源在某种程度上能够缓解组织目标冲突，避免组织分裂。布儒瓦和辛格（Bourgeois & Singh，1983）的研究也支持了这样的观点，他们指出冗余资源能够防止恶性的组织冲突。冗余资源还使组织能够对外界各种因素以及产品市场的变换作出调整（Levinthal & March，1981）。此外，冗余还是组织创新和变革的催化剂（Nohria & Gulati，1996，1997；李晓翔和霍国庆，2015；陈静等，2021），表 6.1 列示了冗余与精益在组织四个主要功能领域的不同表现。由此可见，冗余与精益的选择与权衡是组织不得不面对的现实问题。

---

　　① 冗余被普遍采用的定义是 20 世纪 80 年代布儒瓦（Bourgeois，1981）提出的，他将冗余定义为一种实际或潜在资源的缓冲，使组织能够成功地适应变革的内部压力或政策变化的外部压力，以及启动与外部环境相关的战略变化。

表 6.1　　　　　　　　　　冗余与精益在组织四个主要功能领域的表现

组织功能	冗余	精益
沟通	更多更快的信息	更精准、更有效、更具控制力的信息
执行	系统可靠性、快速响应性	更直接、更匹配
决策	规划较多、替代方案丰富、跨界性更多	更低成本、注重最优化思维、决策一致性高
资源获取	更多获取源、对环境敏感度弱、知识宽度要求高	资源获取源相对稳定、更注重计划与设计

资料来源：根据 Wang et al.（2016）改制。

去中心化情境下，组织边界越来越模糊，企业的创新活动逐渐由科层驱动转变为自我驱动。创新已经变为由不同节点（个人、企业及科研机构等）交互协作的过程（钱锡红，2010；鲁若愚等，2021）。参与企业创新网络的节点数量不断增加，去中心化的节点对企业之间的依附关系越来越弱，企业无法控制节点的资源、知识以及行为，就难免导致节点间存在冗余问题，具体可能表现在知识冗余、资源冗余、人员冗余等多个方面，而由于知识本身的分布式特性，再加上去中心化情境的特点导致知识冗余问题更突出，知识冗余是企业创新网络中异质知识处理和整合的最大障碍，更是影响创新节点知识创新的关键因素（施宏伟和李路丹，2016），清晰地理解知识冗余有助于去中心化情境下企业的创新。在企业现实运作中，多个知识节点可能同时承担一项任务，但这个任务已经完成或者多个节点正在交错或同步实施，由于缺少一个固定的中心枢纽来统筹规划，就会产生大量节点的重复性工作，降低了企业创新效率，这时企业就会借助精益思想解决问题。中心化的情境下由于知识共享和流动处于整体统一部署的大背景下，节点间的沟通和共享带有一定程度的计划性。但去中心化情境下，节点间的状态相对松散且碎片化，往往难有交流机会，知识冗余则能够推动不同知识节点"侵入"彼此的职能领域，同时以不同视角提供观点，知识冗余能够促进层级结构与非层级结构的彼此交互（Nonaka & Takeuchi，1995）。因此，在去中心化情境下，企业中节点知识活动的冗余化与精益化的权衡与选择问题就显得更为突出了。

6.1　去中心化情境下节点知识活动的冗余化

去中心化情境下，知识个体呈现出自我管理的松散状态，每一个知识节点都在向企业的创新网络贡献力量（Yoo et al.，2012），但自我管理的独立个体由于缺少权威控制就必然会呈现出节点知识活动的冗余化。那么，节点知识活动的冗余到底是必要的存在还是一种无谓的浪费呢？

6.1.1 节点知识活动冗余化的必然性

1. 节点知识活动冗余化的普遍事实

伴随着技术发展和产品生命周期的压缩，全球激烈的竞争已经改变了当今大多数公司的竞争环境，企业的游戏规则已经逐渐改变，组织拥有的知识以及运用它们的方式必须不断变化，才能产生持续的竞争优势（Fiol，2001）。面临客户需求多变与市场竞争加剧的双重压力，企业越发依赖知识的积累以提升自身竞争力，知识成为获取长期竞争优势的最核心资源。因此，企业在实施创新活动前需要有效解决知识资源供给。一般情况下，企业的正式制度会对各种非常规活动的资源供给有着相对严格的限制，但创新由于其不确定性必然要耗损大量资源，企业的各项经营、投资活动也都需要资源支撑，因此冗余资源的占有及获取就显得十分必要（Cheng & Kesner，1997）。赛尔特和马奇（Cyert & March，1963）指出，冗余资源的重要作用就在于它可以支持企业试验一些创新产品以及新的战略，这在强调最优资源配置的精益环境中是很难实现的。因此，企业也会通过正式或者非正式计划尽可能多地获取相关资源以支撑创新等企业经营活动，也就导致组织内部必然存在不同程度的冗余资源，知识冗余也就由此出现（方润生，2004）。去中心化情境下，企业的创新活动逐渐由科层驱动转变为自我驱动，参与企业创新的节点数量不断增加，每一个知识节点都在向企业的创新网络贡献力量（Yoo et al.，2012），但自我管理的独立个体由于缺少权威控制就必然会呈现出节点知识活动的冗余化。因此，知识冗余可以说是去中心化情境下企业创新活动中的普遍存在，不断加强知识冗余的认识，有利于企业充分利用冗余资源以建立独特的竞争优势。

2. 节点知识活动冗余化的价值

经济全球化背景下越来越多的企业开始实施国际化战略，这就要求企业借助足够的知识来应对一系列可能的风险，必要的知识冗余成为应对这些风险的重要资源。企业运行过程中所需的不同知识要素及要素间的动态组合必然会产生未被充分利用的知识（Penrose，1959），这是各类知识要素在科层控制（网络）的空隙中所形成的结构洞，为企业创新提供了广阔的空间。知识冗余一般可以从宽度和深度两个维度进行分类。知识冗余的宽度主要是指知识在结构上的冗余程度，企业的知识冗余度越宽说明其所涉及的知识类型和范围越广，此时企业更易与现有资源相结合，从交易成本与创新收益角度看，知识冗余越宽（尽管企业保有和储存这些冗余知识需要付出一定成本），越有利于获取创新所需知识。去中心化情境下企业进行创新时，如果其知识冗余较宽就可以在一定程度上降低外部知识搜索的成本。知识冗余的深度主要是指知识在某一专业化水平上的冗余程度。对拥有深度知识的员工而言，较为浅层的部分知识就可以顺利完成工作。而员工本身拥有但没有在工作中发挥出来的这部分知识就体现了知识冗余的深度。通常，员工的专业化水平超越工作要求越多，知识冗余的深度就越大。而员工总体的知识冗余水平就代表了整个组织的知识冗余深度。知识冗余的深度是动态的，并且强调知识在专业水平上的冗余。尽管去中心化情境下的创新需要多样化和异质性的知识，但要想提高创新效率和成功的概率，就要求组织具备某些方面较强的专业化水平，适度的知识冗余深度有利于组织对外部知识的吸收整合。

6.1.2 节点知识活动冗余化的积极作用

1. 有助于企业适应环境变化

去中心化情境下，节点知识冗余可以帮助组织适应内部压力、根据外部压力进行策略上的变革以及根据外部环境进行战略调整。例如，当金融危机等外部因素冲击导致企业所处环境变化时，企业可以通过吸收和消耗组织冗余减少资源供求缺口，进而保护自身内核免受或者少受环境变化的影响。此外，节点知识冗余还提升了企业的创新能力，野中郁次郎研究发现适当的重叠和冗余不仅给了企业缓冲机会，而且带来了知识的深度碰撞，激发知识行动者新的可能性，这种可能性是企业创新的重要来源。

2. 为组织变革提供资源

当企业的冗余资源有限的时候，企业管理者往往不会轻易从事高风险的技术创新活动和新产品的开发，他们更倾向于采取强化内部管理、降低生产成本等方法来提高企业绩效，而不会采取战略行动来改善绩效（Greenley & Oktemgil，1998）。当企业冗余资源较多的时候，企业管理者会放松对资源的严格控制，对风险的承受能力也会变强，企业将更有机会和能力来进行创新活动。冗余资源的重要作用在于它支持组织成员通过使用冗余来开展创新项目的试验，而这在资源约束的环境中是十分难得的。冗余资源为组织的创新和变化提供了资源，从而提高了企业适应环境变化的能力，改善了企业的长期绩效（Carter，1971）。在去中心化情境下，冗余资源较多的企业会比冗余资源少的企业拥有更多的战略选择，有充分的能力开发利用环境提供的机会（Bromiley，1991）。

3. 促进企业创新

知识冗余促进了风险项目的开发，有时这些项目可以给企业带来意想不到的收益（Nelson & Winter，1982）。知识基础观认为企业是知识的聚合体，其存在的终极目的就是知识的创造、传播与应用。企业只有在知识不断创造、传播与应用的螺旋式上升过程中才可能长期生存。而效率只不过是该螺旋式上升过程中产生的副产品。在知识日渐成为最核心生产要素的情形下，知识中心论具有合理性与必要性。知识中心论关注的是如何增强企业知识管理活动的能力，从而提升企业长期生存能力。在知识中心论视角下，知识冗余的存在就具有合理性。组织冗余的存在一定程度上可以促使企业知识的积累与创新，从而有利于企业的长期生存。当然，知识中心论也不否认组织冗余对组织效率的负面影响。不过该理论认为，组织冗余在一定区间内增长所带来的知识创新与知识积累收益要大于组织效率下降带来的短期影响，从而促进企业的长期生存。

6.1.3 节点知识活动冗余化的消极作用

1. 降低企业效率

传统情境下，基于交易费用的企业理论和基于资源的企业理论学派的观点是以效率为中心，他们从组织内部权力斗争的角度认识组织冗余，对冗余一般都持负面观点，把冗余等同于浪费、低效、无能和懒惰，并明确指出，企业存在的意义就是要将组成企业的各项资源有机整合并有效利用，从而获得最大产出。组织冗余的存在意味着：流程不再清晰，责任不再明确，各岗位输入、输出都处在不确定的状态，严重时甚至会导致功能重复，人浮于事，最终将体现为效率低下，竞争能力下降（Sharfman et al.，1988；Davis & Stout，1992；Marlin & Geiger，2015）。因而尽管彻底清除组织冗余不切实际，支持该理论的学者们还是不遗余力地主张并践行削减组织冗余。例如，尽可能精简组织机构，大规模裁员，重新界定流程，强化工作制度等。在去中心化情境下，管理者（企业）与员工（不同知识节点）之间的联结打破了传统情境下命令与服从的隶属关系，更多地呈现出一种基于利益的合作共享状态，企业没有权力也不可能实现对整个关系网络中的资源进行统筹规划，这就导致不同节点以自我为中心开展经济活动，缺少了固定枢纽的协调控制就必然会影响主导企业的运营效率。具体到知识冗余而言，去中心化情境下，企业增加了获取不同知识来源的途径，这种知识流动渠道汇集了各种技能和经验，这其中难免会存在大量重复和重叠的冗余信息，虽然这些信息的存在增加了企业产生创意的可能性，但也势必极大地考验了企业的信息处理能力。

2. 降低企业环境敏感性

当企业的组织非沉淀冗余资源充足的时候，管理者的注意力并不在研发新产品等提升内部能力的创新活动，而是转向并购、多元化等扩张行为（Mishina et al.，2004），战略学家认为大量的冗余资源会让企业满足于现状，使其应对市场突发状况的能力下降，降低了对于环境变化的敏感性（Cheng & Kesner，1997），进而影响企业创新的选择。只有冗余资源不充足的时候，企业才会产生一定的危机感，能够更加充分有效地利用冗余资源增强企业的竞争优势。

3. 降低知识传播有效性

去中心化情境下，知识冗余是创新网络异质知识流强度提升的障碍之一，也是阻碍创新节点知识创新的关键因素，知识冗余可能会影响知识传播效率，提升了创新节点的知识搜寻成本，降低异质知识流强度，进而影响创新节点知识增量的产生。

6.2 去中心化情境下节点知识活动的精益化

去中心化情境下，节点知识活动的冗余是必然结果。尽管冗余能够提升企业适应环境的能力，为组织变革提供资源与促进企业创新等诸多好处，但冗余也给主导创新的企业带来资源浪费和协调成本的增加，企业为了避免这种由于缺少中心枢纽导致节点知识活动冗余化的消极面，就会寻求精益思想来解决冗余问题。精益思想的本质是"消除浪费"（Muda），即消除任何不增加价值的东西（Smart et al.，2003）。

6.2.1 节点知识活动精益化是组织追求的结果

1. 借助精益引导个体的知识活动

去中心化情境下企业边界变得模糊，最显著的变化是"顾客"或者"用户"成为创新网络的重要参与主体之一,大量的用户共同组成一个集群,超越企业、高校、科研院所贡献出更多、更广泛的知识(Yoo et al, 2012),与其他节点不同,用户与企业没有建立稳定的合作关系,没有严格的契约约束,用户所具有的知识内容与其知识流动的方向和方式是企业无法掌握的,这就导致企业在进行产品开发时很难去合理调配和吸收来自用户的知识。对企业而言,产品研发过程中未能掌握知识配置或者说资源配置的权力是难以想象的,这不仅会降低研发效率,甚至会带来创新产品的归属权问题,企业期望借助精益思想来建立竞争优势,通过物质激励与精神激励引导用户按照企业的行为逻辑参与到创新网络中。可以说,节点知识活动的精益化是企业想要主导节点知识活动的一种现实追求。

2. 通过精益降低试错成本

对于企业来说,最浪费资源的方式就是制造一个无人愿意购买(不具备合法性)的产品。精益能够确定产品中迫使客户购买产品的最小功能集,然后将产品开发过程的重点放在创建该功能集上。这就产生了精益创业的一个关键概念,即最小可行产品(MVP,Minimal Viable Product)的概念,这与伯格曼和西格尔(Burgelman & Siegel, 2007)提出的"最小赢家游戏"的理念高度相关。MVP的根源可以追溯到敏捷软件(Agile Software)开发,在敏捷软件开发中,复杂代码的创建已逐渐从瀑布式开发模型中转移出来(Boehm, 1988)。在瀑布式开发模型中,设置产品需求规范并冻结,然后开始软件编码。一旦代码符合规范,流程将测试软件的质量和客户验收,然后才考虑在下一个开发周期对代码进行修订。瀑布模型中有一个隐藏的假设:客户知道客户想要什么(因此规范),我们只需要为客户开发它。还要注意的是,在代码开发过程中没有学习,唯一的反馈在每个周期结束时出现。

近年来,这种瀑布模型已经被敏捷开发模型所取代。在敏捷模型中,开发一个初始规范,并在"Sprint"中编写代码以满足规范(通常在1~2周的周期内),然后立即与用户和客户共享以获得反馈。此反馈用于细化初始规范,然后进行另一个Sprint。这创建了一个迭代的反馈循环,允许开发人员更快地了解用户和客户真正想要从软件中得到什么。当客户看到实际代码的结果时,他们通常会作出令人惊讶的反应,或者认识到新的需求,抑或重新定义早期的需求。可以看出,当客户事先不完全清楚他们对复杂软件的需求时,敏捷方法将比瀑布式方法更快地收敛到客户愿意接受的产品上。敏捷方法使用更少的资源,比早期的瀑布式方法更快地收敛到可接受的解决方案。

因此，精益思想能够以更高的质量、更低的价格和更短的响应时间为客户提供准确的产品或服务。

6.2.2 节点知识活动精益化的积极作用

1. 提高企业效率

精益思想以提高效率为中心目标，丰田生产方式就是精益思想的缩影。精益思维的本质是"消除浪费"。一个完全精益的供应链需要通过供应商到客户的价值流提供大量的商品、服务和技术，作为一个集成的过程。这将以最少的浪费实现，因为价值的增加速度快于成本的消耗速度。在这种精益原则下运营的客户和供应商必须认识到，他们是相互依存的，他们的命运交织在一起。由于精益管理强调全员参与，即精益管理的实施与推进需要企业所有人员参与并积极进行改善，所谓全员参与就是企业的各个层级、各个职能部门的人员都能参与到精益改善中，有了全员参与就有了精益的生命力。因此，形成以人为本的理念，最大限度地调动各个层级、各个职能部门人员的积极性与智慧，是构建企业精益管理推进体系的核心，也是企业成功推进精益管理的核心动力源。兰德（Lander，2007）指出丰田公司最宝贵的资源是全体员工参与精益推进。去中心化情境下，由于参与企业创新网络节点数量的增加和企业科层管理体制的失效，引导企业如何协调节点间的知识活动成为一个巨大难题，如果企业能够将精益思想应用于这种新情境，合理引导节点的知识活动，实现知识资源的配置，就能在增加企业创新知识来源的同时保持企业效率。

2. 提高决策速度

去中心化情境下由于参与企业创新活动的节点数量庞大，难免会导致提出创意、筛选创意直至实施创新的人具有不同的经验和知识，达成一致意见就变得尤为困难。在精益化管理思想中，决策通常由一个人或受过专门训练的一小群计划人员和管理人员作出。由于涉及的个体人数较少，用于获取知识、整合多种想法和意见并达成一致意见所花费的时间和资源会极度减少。由于那些做决定的人通常有相似的知识，较为相同的思维模式，使得冲突的可能性降低，在决策中也更为一致。

3. 提高信息控制能力

在企业的信息或知识流动中，知识冗余化经常被有意地设计到组织中。这是因为冗余的知识流动渠道可以帮助企业确保沟通不被阻塞，知识可以通过组织到达预期的接收者。在许多组织中，冗余以非正式沟通系统的形式补充"官方"沟通系统。这种非正式的系统有时被称为"小道消息"，通常不符合组织的等级结构。因此，它通常比正式系统更具包容性。此外，它不仅是简单地传递信息，还包括解释信息。去中心化情境下庞大的信息流和知识流可能给企业带来"信息超载"的问题，需要企业花费大量的精力来从中甄别和筛选符合企业需求的信息，这就可能导致因为信息处理工作的问题而影响到信息或者知识的时效性。有关信息超载的研究表明，2/3管理者会因信息超载而使得工作满意感下降，1/3 的管理者会因此引发健康问题，还有43%的管理者会因过量信息导致决策错误或延误，44%的管理者认为信息处理的成本已经超过了能给他们带来的价值。反过来，如果采用精益化的信息流动渠道，就有可能帮助企业及时准确地获取信息和知识。由于去中心化情境下企业所接受的知识流入比传统情境下更为庞大，渠道也更为广泛，因此如何保证信息或知识精准就需要精益化思想来实现。

6.2.3 节点知识活动精益化的消极作用

1. 可能会抑制企业创新

精益理念的目标是通过消除所有浪费（Hopp & Spearman，2008），以高效的方式设计和制造高质量、低成本的产品。而创新鼓励对新想法进行冒险和试错，并允许足够的自由来促进组织内所有个体的创造力。正如阿马比尔（Amabile，1988）所指出的，在为最大限度地实现业务需求（如协调、生产力和控制）而建立的工作环境中，创造力往往会被无意粉碎。许多精益管理实践正是强化了这样一种机制，即以牺牲组织创造力为代价提高生产率和控制成本。当精益理念被应用为组织思考和管理的唯一方式时，尤其如此。我们以一个具体企业为例，某企业最近刚刚适应了精益思想管理贯穿其整个组织系统，从新产品设计到制造业和客户管理。公司高管强调，在整个生产过程中保持高水平的效率和质量，同时清除任何不会为最终产品增加价值的闲置资源。为防止任何形式的非增值活动，已为产品研发部门制定了一套标准化规则。然而，这却在设计部门的一群知识工作者或者说创新工作者中造成了混乱。根据经验，他们知道自身的一些想法将带来突破式创新，创造新市场，并为公司带来巨大的经济效益，但许多其他想法可能会在一些试错后死亡。为了测试和实现新想法，需要大量资源，包括人员、时间和资本投入。

如果精益意味着取消任何不会为当前客户增加价值的活动,那么所有产生想法的活动就有可能被阻止,甚至那些不会为当前客户增加价值但可能为未来市场创造价值的想法也会被扼杀在萌芽之中。

2. 降低企业可靠性

在一个理想的经营环境里,一切都是可预测和确定的,企业在面对各种问题时都做足了准备,员工将完美地履行自己的工作,服务将无懈可击,资金将稳定可靠,沟通将准确清晰。然而,现实世界是个不确定的环境,它是组织生活中的一部分,精益思想要求企业消除闲置的知识和资源,就可能降低企业面对不确定的反应能力。

3. 减少异质性知识流入

在知识获取方面,知识活动冗余化是指知识流入企业的不同交换的数量。去中心化情境下,企业构建创新网络的关键目标之一就是扩充获取不同知识来源的途径,这种知识流动渠道汇集了各种技能和经验,具有创造潜力(Grant & Baden-Fuller, 2004)。创造潜力源于这样一个假设,即企业内部的知识、价值和行为比企业之间更同质,因此跨群体连接的企业有更多的思维方式,这给了他们创造新组合的更多选择(Burt, 2004)。而企业一旦对节点知识活动实施精益管理,就会从单个或有限数量的途径(仅符合自己需求)获取知识,通过单一交换关系的知识流动一旦发生扰乱,企业就会陷入信息孤岛的麻烦。

6.3 去中心化情境下节点知识活动冗余化与精益化的权衡

创新不是效率的产物而是机会的产物(Wang et al., 2014),通过科层控制的精益化资源配置难以产生优秀的创新,但可能在成本和效率上产生积极影响。当行业技术范式发生变化、原有市场偏好发生逆转时,这种建立在科层控制和精确资源配置基础上的创新往往会陷入能力僵化中难以转型(Leonard & Barton, 1992)。而冗余则为组织的创新和变革提供了资源,从而提高了企业适应环境变化的能力(Carter, 1971;Cyert & March, 1963;Mohr, 1969)。由于冗余与精益二者之间的矛盾,企业常常需要在两种行为之间进行选择。精益有利于降低企业管理成本,提高组织效率,但潜在的风险会影响组织适应环境的能力。冗余是企业经营发展中不可避免的问题,它有助于企业抵御环境不确定性所带来的冲击。去中心化情境下，企业需要平衡两种模式，不能过于偏重某一类，否则会让企业走向低效率或高脆弱性两个极端，不利于企业持续竞争力的培育。

6.3.1　节点知识活动冗余化与精益化的关系

冗余与精益之间的选择问题一直是管理实践中需要思考的重点，两者之间是"非此即彼"还是"兼而有之"是目前为止存在的两种主要观点，我们在这两种观点的基础上来把握节点知识活动冗余化与精益化的关系。

1. 作为连续变量两端的冗余化与精益化

第一种观点将冗余化与精益化作为一个连续变量的两端，认为需要通过间断均衡来实现两者的共存（Gupta et al.，2006）。以马奇（March，1991）为代表的学者认为，由于冗余化与精益化之间本质上的区别，两者之间是不相容的，企业需要在两者之间进行权衡（Burgelman，2002；Vermeulen & Barkema，2001）。这主要体现在以下三方面：第一，资源分配约束（Resource-Allocation Constraints），由于组织资源的有限性和稀缺性，往往会出现冗余与精益之间的资源争夺和竞争，当提升一方资源时另一方可能面临资源稀缺，因此对一种模式的侧重会带来另一种模式的减弱。第二，组织惯性（Organizational Inertia），由于组织惯性的存在，组织行为具有自我加强（Self-Reinforcing）的倾向。一种组织行为实施会围绕这种行为形成特有的管理理念、行为流程以及组织结构等，从而形成一个具有锁定效应的闭合系统，与此系统相冲突的行为难以得到支持（March，1991）。这样组织往往难以改变现有行为范式，也难以根据外部环境变化来改变现状（March，1991；Lewin et al.，1999；Sorensen & Stuart，2000）。第三，所需的心智模式（Mindset）和组织结构（Organziation Structure）。一般来讲，冗余化意味着组织具有更大的灵活性，需要更多的开放而宽泛的思考，变革性和风险承担性更强；而精益则意味着组织具有很好的稳定性，需要更多集中而具体的承诺，组织往往保守内向、规则明确，生产效率高，具有更强的风险规避性。因此，同时进行冗余与精益就变得很困难。基于以上三点，马奇认为冗余与精益是连续变量的两端，存在着此消彼长的对立关系，企业不可能同时追求冗余与精益，而必须在两者之间做一个战略选择。这种观点得到了部分学者的支持（Benner & Tushman，2003；Uotila et al.，2009）。同时，根据古普塔等（Gupta et al.，2006）的研究，作为一个连续变量的两端，冗余与精益之间是相互排斥的，两者之间的相对程度与企业创新绩效呈现倒"U"形关系。图6.1反映了冗余与精益是连续变量的两端。

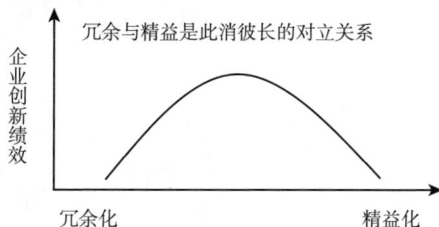

图6.1 冗余化与精益化作为连续变量的两端

资料来源：根据 Gupta et al.（2006）绘制。

2. 作为独立正交变量的冗余化与精益化

与"连续变量两端"的一元观点不同，第二种观点认为冗余化与精益化是不同的、可以分离的两个正交变量，企业可以同时追求高水平的冗余化与精益化。这部分人对冗余化与精益化之间的对立观点提出了质疑，指出两者并非绝对排斥和不可协调的。夏皮罗和瓦里安（Shapiro & Varian，1998）指出尽管具有稀缺性，但并不是所有组织资源都是有限的，如信息和知识资源就可以无成本复制，是无限的。另外，组织不仅能够使用自己现有的资源，还可以通过建立战略联盟借助环境中的资源，获取互补性资产（Powell et al.，1996）。古普塔等（Gupta et al.，2006）还指出，思想意识和组织流程同样可能不受到限制。从系统层面来看，当不同领域相互交叉且松散耦合时，冗余化与精益化往往是正交关系。通过组织单元的分离可以同时实现冗余化与精益化。例如，在高新技术企业，可以在研究与开发部门进行高程度的冗余化，同时也可以在制造、销售和服务等领域进行高程度的精益化（Beckman，2006；Jansen et al.，2006；Lavie & Rosenkopf，2006）。因此，当具有合适的转化流程或管理者认为有转化的必要时，冗余化与精益化之间可以相互转换，此时战略管理控制决定着两者之间的权衡（Gilson et al.，2005）。图6.2表示在这种观点下，冗余化与精益化之间正交关系及其交互对企业创新绩效的正向影响作用。

任何一种知识活动的行为方式都是有利有弊的。一方面，长期精益化容易使组织陷入熟悉陷阱、成熟陷阱和相似性陷阱，导致组织学习目标和行为被锁定在历史经验范畴，知识路径过于单一并长期依赖于先前的成功经验，使组织忽视备选机会和方法，拒绝尝试新的事物。进而使组织陷入能力陷阱，产生核心刚性。因此，单纯追求精益化使组织很难应对快速变化的环境和激

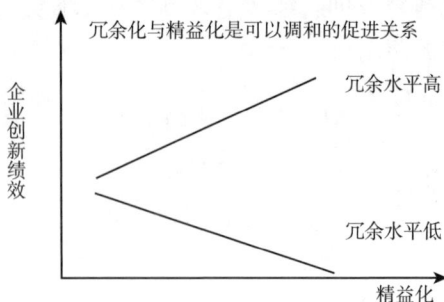

图 6.2　冗余化与精益化作为独立的正交变量

资料来源：根据 Gupta et al.（2006）绘制。

烈的市场竞争，组织需要通过冗余寻求新方法、新知识（Levinthal & March，1993）。另一方面，由于冗余需要对资源进行规划和统筹，伴随着较高的成本和效率低下问题（March，1991）。因此，过度冗余往往会使组织陷入失败陷阱，即一种不断试验、变革和创新状态（Levinthal & March，1993）。因此，维持冗余化与精益化的适当平衡是系统生存和发展的基本要素。企业需要通过一定的组织设计寻求冗余化与精益化之间的相对平衡，而不是进行冗余化与精益化两种模式的选择。通过交替方式形成间断均衡（Punctuated Equilibrium）可以实现两者的平衡（Vermeulen & Barkema，2001）。

6.3.2　节点知识活动冗余化与精益化的可能权衡措施

在各种组织文献中反复出现的一个主题是，在动态环境中，成功的组织在管理今天的业务需求方面是双元的，同时也有足够的适应性，以适应环境的变化，使他们能够持续生存发展（Duncan，1976；Tushman & O'Reilly，1996）。组织双元性背后的简单思想是，在任务环境中，对组织的需求在某种程度上总是处于冲突中（例如我们所呈现的知识活动冗余化与精益化），所以总是需要作出权衡。尽管这些权衡永远无法完全消除，但最成功的组织在很大程度上调和了它们，从而增强了它们的长期竞争力。根据冗余化与精益化的理论发展和企业的现实形势，我们从层级、时间和空间的角度来对企业如何实现节点知识活动的冗余化与精益化权衡提出建议，如表 6.2 所示。

表 6.2 节点知识活动冗余化与精益化可能的权衡方式

平衡措施	主要特征	文献来源
层级分离	高层、中层、基层在冗余化与精益化上表现不同	McNamara & Baden Fuller, 1999
空间分离	根据部分或者任务单元分工不同决定哪些单元冗余，哪些单元精益，如研发单元应该冗余化，成本或者核算中心应该精益化	Benner & Tushman, 2003 Simsek et al., 2009
时间分离	在不同的时间段分别进行冗余化与精益化	Lavie et al., 2010

1. 层级分离

去中心化情境下，企业可以通过任务分工不同来分解节点知识活动间的冗余化与精益化冲突，在传统情境下这种任务分工可能是由于层级结构决定的。就创新而言，传统情境下企业创新是否实施以及如何实施的任务往往是由高层管理者决定。这些任务包括决定是否启动、继续或停止特定创新项目，如何在它们之间分配资源，以及如何组织负责创新项目的跨部门团队。因此，这些决定对创新的结果产生了至关重要的影响。在采取行动之前，需要进行详尽的分析。为了成功实施创新，高管必须尽可能搜索信息、知识和资源。因此，高管团队需要适当的冗余化来支撑决策，以应对创新的不确定性和环境的动荡。虽然企业在依赖自上而下机制的程度上有所不同，但创新过程的组织方式通常使高层管理团队能够决定较低级别管理团队或者员工的可行/允许活动的一般范围，然后负责执行高层管理团队关于持续创新过程的决策（Talke et al.，2011；Schubert & Tavassoli，2020）。在实践中，高层管理团队对是否进行创新作出了战略性和关键性的决策，而中基层则将这些高层管理团队的高阶决策视为自己的决策。一旦高层管理团队决定进行创新，具体创新项目的实际实施就开始了。在这一运营层面上，中基层发挥着主导作用，包括建立必要的流程、选择特定的创新项目、决定继续哪些项目以及管理负责特定创新项目团队。除了找到某个问题的解决方案外，成功的创新还包括将解决方案推向市场。因此，中基层会作出与产品设计、营销和销售相关的决策，这就需要中基层员工具有明确的分工、各司其职，以减少协调成本。这时，中基层员工在知识和行为等表现上就会呈现精益状态。去中心化情境下，由于节点间可能的关系不仅局限于企业科层体系之间，发起创新或者提起创意的人必然要具备足够的知识冗余，而将创新商品化的实施者则是以提高研发效率和降低研发成本为基础的精益思想。例如，在欧洲私有化的公用

127

事业中，这种高层次的冗余化状态与中级层次的精益化状态表现得非常明显。最高管理层通常雇用外部顾问，以履行其职责，向多部门公司传授行业监管机构制定的新竞争规则。中层基层员工几乎没有机会学习，因为他们必须遵守新规则，而不是创造新规则（McNamara & Baden Fuller，1999）。布莱恩·皮特曼爵士（SirBrian Pitman）领导下的劳埃德/多伦多证交所（Lloyds/TSB）时期也类似于这种状态。他的行业远见使劳埃德从英国最小的清算银行成长为英国最成功、最盈利的金融机构。他的影响力如此强大，以至于劳埃德的经理们倾向于根据他们认为皮特曼可能会怎么想来作出决定，而不是依靠自己的判断（Graham，1996）。

2. 空间分离

去中心化情境下，企业可以通过创造双元结构来分解节点知识活动间的冗余化与精益化冲突，这种双元结构更多的是表现在不同的业务部门。具体而言，传统情境下具有双元结构的企业一般具有这样的组织结构：冗余化表现突出的子单元和精益化表现突出的子单元在组织设计上或组织形式上是相互独立的，同时在每一个子单元中组织能力、系统、激励机制、流程和文化等也是不同的（Benner & Tushman，2003；Simsek et al.，2009）。通过组织结构的分离设计来避免探索和应用之间的直接冲突，实现两者的共存（Adler et al.，1999；Sheremata，2000）。例如，规模大而集中、流程紧凑、文化相对保守的机械组织结构有利于工作效率的提高，从而适用于精益化管理；规模小而分散，具有相对松散的流程和自由文化的有机组织结构有利于突破和创新，从而符合冗余化管理需要。因此，根据业务单元的有机性或者机械性设计不同的组织行为，要尽可能地将冗余化和精益化相互隔离起来，互不干扰，从而实现两者的共同开展。在实际企业中，一个组织中生产单元进行精益化管理，研发单元主要进行冗余化管理（Kaplan & Henderson，2005）。两个独立的子单元由共同的战略意图、全局性的价值观念及一定组织机制整合联系起来。

3. 时间分离

去中心化情境下，企业可以根据自己的生命周期来分解节点知识活动间的冗余与精益的冲突，这种生命周期更多的是表现在不同的发展阶段要选择不同的冗余与精益思想。例如，初创期的企业由于缺乏特定的资源、有限的客户基础、抵御风险能力较差，他们更容易失败。因此，初创期的企业倾向于保持冗余来提升组织韧性，尽可能地提高企业的生存能力。同时，处于初创期的企业，整个战略重心依旧保持在寻找客户、搜寻资源等方面，对企业内是否存在闲置型资源不会过多关注。反过来，成立时间较长的组织会在跟上技术进步方面遇到困难，因为它们变得依赖已建立的常规和技能，形成了惯性压力（Hannan & Freeman，1984）。老化的组织受制于强大的惯性压力，依赖于他们现有的知识和经验，以一致和负责任的方式应对环境挑战，因此他们倾向于从事精益化生产来继续挖掘原有产品残留下来的剩余价值。此外，成熟的组织在利用积累的经验和与供应商及客户建立联系时变得更加高效（Penrose，1959）。利益相关者可能会青睐那些表现出理性行动、问责制和高效率的组织，鼓励进一步承诺现有惯例、结构和能力。这些压力加强了企业提高生产效率而降低资源冗余成本的趋势。例如，索伦森和斯图尔特（Sorensen & Stuart，2000）在他们对半导体和生物技术公司的研究中发现，成熟的组织更积极地去进行精益生产。

6.3.3 不同边界条件下节点知识活动冗余化与精益化的选择与平衡

1. 企业规模

去中心化情境下，不同企业规模的知识冗余所发挥的作用是不一样的（Love & Nohria，2005），大企业的组织结构更加规范，战略规划以及规章制度更加正式，在产品创新和过程创新两方面都很关注。其创新研发中心通常会有专业的管理人员负责知识资源的配置和管理，因而没有必要额外负担成本来维持冗余的知识资源。而小企业的组织架构通常不够正式，相对大企业而言缺乏一定的知识积累，工艺和专利都是直接购买，所以小企业通常只关注自身的产品创新。由于其创新研发能力的限制，也没有专人只负责研发，维持适当的知识冗余有利于企业抵御研发失败的风险问题，根据资源稀缺理论，资源较少的小企业也会更加有效率地利用已有知识冗余，从而提高企业的创新绩效。

2. 社会资本

社会资本最早出现在社区研究中，是嵌入在个人或者社会所拥有的关系网络中，可以通过其获得的实际资源和潜在资源（Nahapiet & Ghoshal，1998）。去中心化情境下，实现知识的共享、创造和扩散都离不开社会网络（蒋天颖和程聪，2010），各节点企业建立合作关系的基本目的就是获取知识，而知识流动会为企业带来创新资源。但是，社会资本也可能为企业带来知识的过度冗余，这使得企业不仅需要花费大量的成本维持，还会阻碍企业获取新的知识。当然，一个企业的创新活动离不开运用冗余的知识进行研发尝试。在社会网络中，知识冗余的出现是各节点间共享相同的网络位置、相同类型的知识的结果，可以理解为各节点间知识基础的重叠现象（Rindfleisch & Moorman，2001）。

社会资本具有不同属性，从社会资本的结构维度和关系维度两方面对知识冗余和精益进行权衡十分有必要。社会资本的结构维度是指整个网络的结构及稳定性，节点企业与众多企业维持着紧密的强网络关系时，虽然会产生闲置的知识资源造成知识冗余，但是维持这些知识资源要负担很大的成本，造成资源浪费，并且过度依赖已有的强网络关系时，可能会导致结构维度的功能失调，尤其是在面对不确定的外部环境时，缺少在新竞争环境中的知识资源不利于创新的产生。节点企业若是以松散耦合的形态处在网络中（即与其他企业不存在强联系）时受到的约束会更少，从而节约了成本。如此看来，在社会网络中，企业以结构分散的状态与非冗余节点确立并保持弱联系是一个更好选择，企业可以接触到更多样化的知识，此时冗余知识会更有利于创新。社会资本的关系维度是指个体情感之间的联系强度、频率、种类，以及各节点如何通过人际关系获取知识、保证企业网络的质量。联系程度强的网络中的各节点通常创造了相似的价值观、相似的知识，进而形成了良好的信任，社会网络会存在一定的冗余，企业也会更快速地获得新知识资源，有利于各节点企业进行合作创新。虽然维持强联系需要经常与其他节点进行沟通和协调，消耗很多成本，但企业身处不断变化的外部环境中，社会网络能帮助企业拥有在竞争中必要的知识资源和能力。因而，节点间的强联系有利于知识的冗余。

3. 知识获取能力

组织的战略决策、市场把握、生产控制、产品创新等各领域都需要获取新知识，而这些知识的获取有赖于充足的知识。组织知识获取成效如何取决于两方面，分别为知识获取意愿与知识获取能力。其中知识获取意愿取决于组织知识管理政策与文化氛围，而知识获取能力则取决于组织知识冗余度。组织收集并承载的知识量越大，从中获取新知识的可能性越高。因而，冗余度越高，组织知识获取能力越强。而从效率中心论来看，完成组织任务收集一定知识是必需的，但是一定要适度。因为吸纳、处理知识是需要花费成本的。随着冗余度的提高，更多知识对决策收益带来的增量将无法弥补收集、处理这些额外知识所必须花费的成本。因而，从短期效益而言，冗余度是应当消除的。随着知识冗余度的增大，组织短期产出会因为知识的充分性而有所提高，与此同时，收集、处理过量知识使得运作成本急剧上升。冗余资源的边际收益无法弥补其边际成本。因而在 IS^1 处时（如图 6.3 所示），达到短期收支平衡，而这是企业短期生存的基本前提。在此点上，由 IS^1 决定的知识获取能力达到临界最高点，从知识中心论视角下，最佳知识冗余度为 IS^1（张长征和李怀祖，2008）。

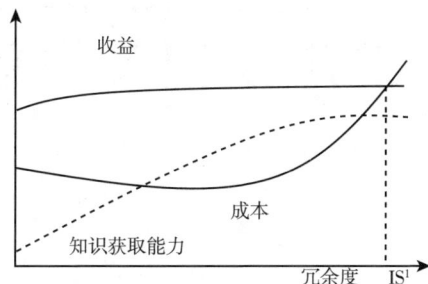

图 6.3　知识获取能力与冗余的关系

资料来源：根据张长征和李怀祖（2008）整理得来。

去中心化情境下，节点企业的管理者不应该只关注已经拥有的有价值的知识资源，还应该重视对于知识资源的调配能力，在冗余和精益间权衡好知识资源，对知识进行有效利用（Sirmon & Hitt，2009）。基于资源基础理论和动态能力理论，西蒙等（Sirmon et al.，2011）提出了资源编排理论，该理论强调对资源进行协调和组合的竞争优势，并通过将资源重新配置出的竞争优势转化为创新产出，企业竞争优势的来源除了在于自身拥有的知识资源的异质性，更依赖于企业对于自身资源的利用，即科学的资源编排能够充分发挥资源的价值，强调企业最大化利用已有知识。资源编排在一定程度上决定了企业创新活动所依赖的知识资源的支持程度。若节点企业的资源编排较强，那么其对于冗余知识的利用效率会高，能够发现现有知识的价值所在。相反，资源编排较弱的企业对于冗余的利用效率会较差，不足以为企业的创新活动提供知识。企业应该结合自身创新活动的实际发展情况，对节点知识进行有效管理，构建适合的知识冗余化与精益化组合，从而促进企业创新。

第 7 章

去中心化情境下企业创新的
知识产权相关问题

　　去中心化情境下，知识节点在私有化与公共化、原子化与网络化以及精益化与冗余化间进行权衡选择时，都可以借助组织双元性（Organizational Ambidexterity）的思维范式思考问题、借助最优区分（Optimal Distinctiveness）理论进行决策，对企业创新而言从来不存在非此即彼的选择，私有化、原子化以及精益化是所有企业在创新活动中追求的终极目标。当企业可以通过知识资源达到私有化、原子化和精益化的状态时，其绝对垄断地位也就形成了。遗憾的是，在剔除政府行政垄断的特定产业和资源后，很难在市场中观察到一骑绝尘的独家垄断企业。企业一般通过创新追求自己独占收益的权力过程中，其竞争对手可能会通过公共化、网络化和冗余化的方式侵蚀在位企业创新的独占优势，迫使在位企业不得不放弃私有化、原子化和精益化的诉求。当互联网作为一种信息技术手段逐渐渗透到企业经营和消费者行为中时，企业价值创造活动开始从纵向价值链条模式逐渐发展成为横向平台共创模式。平台共创模式打破了企业原有的计划式科层管控（纵向价值链条）的中心化状态，使得创新逐渐呈现出非计划性去中心化的涌现模式。去中心化情境下，双边市场（Two-sided market）或多边市场成为企业需要面对的市场情境，其所带来的网络效应（包括跨边效应和同边效应）使得所有参与方都可能为焦点企业提供创新中的关键资源。双边或多边市场的情境也让特定参与群体有机会免费享有特定资源或获得相关产品，这种免费模式甚至成为企业一种特定的商业模式而被纳入到所谓的"互联网思维"之中。事实上，这种"一方收费、另一方或多方免费""多方收费、一方免费""近期收费、远期免费""远期收费、近期免费""特定群体收费、通用群体免费""直接客户免费、间接客户收费"等表现形式的商业模式就直接建立在"知识免费 + 知识付费"混合体中，与此直接关联的就是企业的知识产权不再以独占特性来占有价值，去中心化情境下更多表现出的是知识产权的开放性和共享性，而非封闭性与独占性。蒂斯（Teece，1986）认为企业需要借助独占性、主导设计或互补性资产来获得创新收益。独占性是蒂斯（1986）创新获利理论（PFI，Profit From Innovation）的核心，它是中心化情境的核心，也是互补性资产和主导设计最终的指向。知识企业更需要与独占性相适应的互补性资产和主导设计，否则收益是难以独占的。去中心化情境下知识产权的独占获益模式不再是唯一或全部，企业需要借助开放与共享来影响其他参与者追随主导设计，以及自身在创新过程中不断获取相应的各类互补能力也就成为诸多企业选择的方式，开放、共享甚至不申请知识产权而直接提供知识内容与服务成为企业获得互补能力并引导其他企业追随主导设计的重要手段。因此，把握知识产权从中心化情境向去中心化情境的演变过程，清晰认识去中心化情境下知识产权的相关议题，将能够更好地帮助企业从创新中获利。

7.1 知识产权设计的初衷与知识产权发展的现实

知识产权最早的表现形式就是专利，文艺复兴时期的意大利威尼斯在 1474 年出版全球第一部专利法时明确指出保护专利权利人的 10 年垄断权，其侵权惩罚措施是赔偿百枚金币并销毁仿造设施。知识产权从设计之初就是既激励创新主体积极开展创新活动（维持独占权利）又期望社会能够因创新而受益（超过专利保护期的专利成为公共品后会推动全社会效率提升）。随着社会的不断发展，知识产权呈现出了一些新的特点，如碎片化、模块化、数字化，这些新特征为企业知识产权的管理带来了新的挑战和机遇。

7.1.1 知识产权的源起与特征

1. 知识产权的源起

随着国家越来越强调知识经济的重要性，"知识产权"一词已经融入我们的日常生活。知识产权也称知识所属权，是指"权利人对其智力劳动所创作的成果和经营活动中的标记、信誉所依法享有的专有权利"，一般只在有限时间内有效。各种智力创造比如发明、外观设计、文学和艺术作品，以及在商业中使用的标志、名称、图像，都可被认为是某个人或组织所拥有的知识产权。各国往往根据智力创造物的不同而为之建立对应的权利体系。例如，针对发明创造的物品，建立了专利权利体系；针对商品的标志，建立了商标权利体系。知识产权是关于人类在社会实践中创造的智力劳动成果的专有权利。随着科技的发展，为了更好保护产权人的利益，知识产权制度应运而生并不断完善，其表现形式主要集中在专利上。中国西周时期就开始出现"专利"一词，从字面意义就可看出其本身就是一种"独占资源、谋取利益"的手段，只是西周时期的这种词汇与创新并不关联，这与欧美各国刚开始出现的"专利"一词是相似的，其核心逻辑就是统治者赋予特定受益人独享特定资源并获利的权力。专利开始变成一种制度萌芽于中世纪的欧洲，伴随着商品经济的发展，一些商人和工匠因为拥有特定技术而拥有垄断权力，自此，专利制度开始和创新相关联。1474 年威尼斯共和国颁布《威尼斯专利法》、1623 年英国制定《垄断法规》都是专利制度化的充分体现，其核心都是专注保护创新的技术。有趣的是，专利制度发展至今都需要遵循一个基本原则就是"用公开换取保护"。在专利制度出现前或者在不申请专利的情境下，能够获取经济收益的技术通常都以技术诀窍、商业机密的形式存在，缺少法律意义上的保护。专利权人愿意将自己投入较大的技术成就向社会公开的理由就是得到法律的公开保护承诺，当然技术本身需要满足被保护的条件才可能成为专利进而受到制度保护。不过值得注意的是，法律对专利的保护是为了激励创新者更好地实施创新，因此专利制度的直接目的是在确定期限内对创新者的创新实施保护，知识产权相关制度的最终目标是推动社会进步，因此这一制度本身就自然会将公共利益一并纳入，纳入的直接形式就是专利期限，换而言之，知识产权相关制度对创新者的保护是在确定时间范围内的保护，过了保护期之后创新者的专利能够被社会大众无偿使用，这就为社会整体发展提供了坚实的公共知识基础。

2. 知识产权的特征

作为享受国家法律保护的一种财产权，知识产权具有以下基本特征：

第一，保护内容的无形性特征：知识产权的保护内容通常是无形的，虽然知识产权的智力成果必须借助物质载体才能体现其价值，但知识产权的法律保护只侧重智力成果本身而不是它们的物质载体。

第二，权利所有人的垄断性特征：这是知识产权最重要的法律特征，法律对所有人的这种独占权利有严格的保护程序和保护措施，任何侵犯所有人权利的行为均构成侵权，但同时也规定了国家可以因某些公共利益、国家安全等原因对专利实施强制许可。

第三，保护时间的有限性特征：法律对知识产权的保护有一定的时间限制，如果超出这个时间段，知识产权的所有权人将不再对其智力成果享有独占权，智力成果将会对公众和社会免费开放，任何个人和单位对智力成果的使用不再受法律限制。知识产权的设立是国家在维护权利所有人正当的财产权的同时，维护商业活动的正常运行，促进科学技术创新与进步，推动经济社会的快速发展的政策工具，例如对发明专利、版权的保护期限一般都比较长，对实用新型、外观设计权利的保护时间相对较短。同时，对同一种类的知识产权，不同国家或地区的保护期限也不同，例如对发明专利的保护期限日本为公开之后15年，美国、中国等则为申请日之后20年，实用新型专利中国规定保护期限为10年，外观设计专利权利中国台湾地区则为12年（见表7.1）。国家对一般商标权利的申请有可以延续的原则，对一些历史比较久远的知名品牌的商标，其受保护的期限可能就会比较长，例如美国的可口可乐商标，中国的同仁堂、王致和等，随着经营的时间延长，范围的拓展，其受保护的期限也会继续延续。

表7.1　　　　　　　　　典型国家/地区知识产权保护期限

国家/地区	知识产权类型		年限
日本	专利	发明型专利	15
美国、中国			20
中国		实用新型专利	10
中国台湾	外观设计专利		12
中国	商标		10
中国	著作权		50

资料来源：根据相关公开资料整理。

7.1.2　知识产权保护机制的影响及套利者可能的恶意诉讼

保护与激励创新是社会创建知识产权制度的初衷。受知识产权保护的智力成果需要满足新颖、有用、可用、受法律保护等条件，知识产权是一种创新激励，它保护创新成果，使创新产出免于被模仿，使得创新者能够获得暂时性的垄断利润。知识产权是权利人对其发明创造的一种占有权，这是与其他的民事权利共有的属性。知识、设计、想法、代码、图像等"知识"产品的总量相当有限（主要是针对研发），它们在垄断条件下的贸易是由专利、商标/品牌和版权机制构成和保护的。这些机制的核心功能是促进这些非物质产品转变为市场上的稀缺商品。这样，知识产权的所有者就可以在法律面前拥有某种垄断权，从而享受法律带来的利润。市场潜力良好但保护不力的产品很可能被竞争者模仿，因为竞争者在没有相关的研发投资的情况下，可能以较低的价格供给类似的产品，窃取市场份额，并损害发明者的利润（Teece，1986）。知识产权保护机制对创新而言既可能是推动者，也可能成为阻碍者（Alexy et al.，2009），法律确认的知识产权可以一定程度上推动组织与他人保持沟通合作而避免被侵权，也同样会因为拥有知识产权而担心与合作伙伴或其他人交流而出现知识泄露。另外，在知识产权形成之前，企业会尽量避免与外部主体进行任何互动，因为这样会使尚未受到法律保护的知识面临风险（Alexy et al.，2009）。此外，知识产权管理体制可能导致冗长和昂贵的谈判（Barchi & Greco，2018），甚至阻止合作伙伴使用彼此的知识和技术，阻碍合作伙伴之间信任的建立，排斥潜在的合作伙伴（Alexy et al.，2009）。同样，蒙蒂罗等（Monteiro et al.，2017）提出，知识交换可能与保密不相容，这可能会破坏相互信任和互惠。

知识产权保护的初衷是鼓励创新、促进社会技术进步，但近年来不少企业以专利诉讼进行套利对既有的知识产权保护制度产生了较为消极的影响。近年来专利主张实体①（PAEs，Patent Assertions Entities）主导的专利侵权诉讼的不断增加，一定程度地遏制了科技创新和市场竞争。PAEs 萌芽于 19 世纪中期的美国，至 21 世纪，其商业模式趋于成熟且发展迅猛，随着其主导的专利侵权诉讼不断增加，PAEs 对科技创新与市场竞争的负面影响迅速引发社会各界的广泛关注。美国议会研究机构于 2013 年 4 月发布的《"专利流氓"讨论报告》表明，"2011 年 PAEs 活动中被告或者被许可人支付赔偿或许可费高达 290 亿美元，比 2005 年增长 4 倍"；美国总统行政办公室 2013 年调查报告指出，由 PAEs 发起的侵权诉讼占比从 29% 升至 62%，是过去两年的三倍，并认为此类诉讼可能会对创新和经济发展产生消极影响。美国总统经济顾问委员会于 2016 年 3 月发布的最新报告指出，由专利经营主体主导的侵权案件由 2009 年的低于 30% 上升到 2014 年的超过 60%，其中，PAEs 所提起的案件占比 89%。为应对 PAEs 产生的负面影响，《盾牌法案》《减少专利滥用法

---

① 专利主张实体，是专利经营实体（NPE，Non-practice Entities）的一类。专利经营实体是指通过独立研发、专利获取等方式拥有大量专利但不从事生产销售的实体，包括具有研发能力的各类高校和科研机构。作为其中一类，专利主张实体专指从第三方获取专利后向被控侵权人主张权利以获取利益的实体。一般认为此类运营实体即"专利流氓"（Patent Trolls）。

案》《专利诉讼完整性法案》等提案先后被提交。然而由于 PAEs 概念模糊、界限不清以及商业模式不明晰，仍难以对症下药。不同于诉讼型 PAEs 在美国的迅猛发展，中国诉讼型 PAEs 目前的活跃度不高，但从专利发展状况和法律环境来看，诉讼型 PAEs 在中国还有发展壮大的空间。从专利发展状况来看，我国专利申请量与有效专利拥有量已具规模，然而有相当一部分价值小、利用率低且多处于闲置、休眠状态的专利为 PAEs 低价获取专利提供可乘之机。从法律环境上来看，一方面，中国面临举证义务的不均衡、禁令所带来的损失、诉讼成本高昂这些现实困境；另一方面，证据交换制度成熟、专利侵权赔偿额升高，故而诉讼型 PAEs 的活跃度很可能提高。

7.1.3　知识产权的发展历史

欧洲是世界知识产权保护的发源地。远在中世纪时期，欧洲皇室贵族曾经以赏赐的形式，对某些个人成果赐予其独占权。从 14 世纪开始，随着文艺复兴、宗教改革、资产阶级革命的兴起，从意识形态到社会经济开始发生前所未有的变革。新技术、新发明不断出现，资本家、商号、公司组织为增强竞争力，越来越认识到从国家法律层面寻求保护的重要性。随着这种需求的不断增加，现代意义上的知识产权保护制度开始出现。其发展历程大体可分为如下阶段：

1. 萌芽时期

13、14 世纪，仍处于封建社会的欧洲，社会已经出现商标的萌芽，欧洲的一些工匠、印刷商等在自己的制品和书籍上标上标记，方便区分优质与劣质商品，增强自己的竞争优势。15 世纪末，活字印刷术传到欧洲，对版权保护的呼声随之出现，在当时商业发达的威尼斯共和国就曾授予印刷商冯·施贝叶在出版方面的独占权，这是最早的西方统治者颁发的出版方面的专有权制度。在此之后，罗马、法国、英国等国也曾为出版商颁布过类似的禁止随便翻印书籍的命令。1556 年，英国女王玛丽一世颁布了《星法院法》（Star Chamber Act），批准成立"出版商公司"，并曾对《星法院法》作出过四次修改。虽然这些特权是由国家授予、用来保护商人利益的权力，但并不是现代意义上的知识产权保护。它并不是私权，没有形成民事权利，只是统治阶级授予的特权。它的最终目的是通过授权控制新思想的传播、维护阶级统治，同时增加税收。

2. 产生发展期

在 1623 年至 19 世纪末这一欧洲自由资本主义时期，随着资本的不断积累，生产力的发展以及资产阶级统治的确立，文艺复兴、资产阶级革命对人的思想的解放，民主、自由意识的兴起以及资本主义经济发展的需要，欧洲各国知识产权法普遍兴起。现代意义上的知识产权法诞生的标志是 1623 年英国颁布的《垄断法》，这是第一部专利法，对专利保护的对象、主体、权限以及权力适应的范围均作出了规定。继英国之后，法国、荷兰、德国等国家先后颁布了本国的专利法，从此专利制度在世界范围内开始出现。在专利制度得到迅速发展的 18 世纪末、19 世纪初，版权保护制度也得到了一定的发展。1710 年，英国颁布了《保护已印刷成册的图书法》，因当时在位的是安娜女王，因此该法又被称为《安娜女王法》，这是世界上第一部成文的版权法。该法规定了保护的主体是"作者"，规定了保护期限，标志着现代意义上的著作权的建立。该法的颁布激发了个人创作的意识，促进了知识的传播和创造，对社会发展和人类进步产生了巨大的推动。受英国影响，法国也颁布了《表演权法》和《作者权法》，德国在 1837 年也颁布了自己的《著作权法》。商标保护制度在法律层面也得到了确认，1803 年法国通过了《关于工厂、制造厂和作坊的法律》，1809 年的《备案商标保护法令》是最早的商标成文法，后来法国的全面注册商标保护制度得以立法确认，英国和德国的注册商标法案是在 19 世纪颁布的。这一时期欧洲各国的知识产权保护的法律如雨后春笋般纷纷颁布，先进的技术和管理方法不断地在生产中得到应用，大量的文学、艺术、舞蹈、戏剧等被创造出来，大量的企业家、艺术家也纷纷涌现，科学、技术、文化得到了前所未有的发展。自由、民主，开拓创新也被称为这个时代的主流思想。但此时知识产权的确认和保护只适应本国法，保护的效力也只限于本国国内。随着经济社会的发展对此提出了新的要求。

3. 一体化时期

从 19 世纪末到 20 世纪 70 年代，西方经济发展开始进入垄断资本主义时期，第二次工业革命带来了社会的巨大变革，国与国之间、地区之间的贸易往来不断增加，世界市场逐渐形成和发展起来，知识产权保护的地域性与技术产品国际化的要求之间矛盾凸显。这一时期各国纷纷寻求知识产权保护的联合，以适应经济社会的发展。1883 年，在法国政府推动下，欧洲 11 个国家在巴黎签订《保护工业产权巴黎公约》（简称《巴黎公约》），形成"巴黎联盟"。《巴黎公约》的保护范围包含专利、实用新型、工业品外观设计、商标、反不正当竞争等。加入该公约的国家之间互相享有国民待遇原则和优先权原则。1886 年 9 月，英、法等 10 国在瑞士首都伯尔尼签订《保护文学和艺术作品伯尔尼公约》（简称《伯尔尼公约》），在著作权保护方面结成"伯尔尼联盟"。《伯尔尼公约》主要有三大原则：国民待遇原则、自动保护原则、版权保护原则，使版权的保护更符合世界发展要求。1891 年 4 月，在马德里签订《商标国际注册马德里协定》，是用于规范国际商标申请、注册的国际公约。1893 年，"巴黎联盟"和"伯尔尼联盟"两者合并形成"保护知识产权联合国际局"，是世界知识产权组织的前身。1952 年，《世界版权公约》在瑞士日内瓦签订，并由联合国教科文组织管理。1961 年，由联合国国际劳工组织、教科文组织等共同发起，在罗马签订《保护表演者、录音制品制作者和广播组织的国际公约》（简称《罗马公约》）。《罗马公约》是用于保护表演者表演、广播组织广播等邻接权的国际条约。还有《保护植物新品种国际公约》也缔结于 1961 年，并随着社会的发展做过多次修订。这些国际条约的不断签订和修改，是为适应全球社会经济发展作出的反应，它们推动着电力、交通、通信等方面技术的不断发展和创新，有轨电车、电报、电话、电灯、飞机等新发明的出现不断丰富着人类的生活。各国经济之间联系越来越密切，文化、艺术等精神思想也冲出一国的范围，在地区之间甚至全球间得以传播和发扬，增加了国与国之间、地区与地区之间的相互交流和信任。

4. 一体化趋势加强时期

从 20 世纪 70 年代至今，全球经历了第三次工业革命，在原子能、电子计算机技术、生物遗传工程、宇宙航天技术等领域取得了突破性发展，电子计算机的研制成功以及在生产生活中的广泛应用，标志着人类步入了知识经济时代。生产力极大提高，大批新型产业出现，科技的快速发展使人类的生产、生活、思维方式等逐步迈入了现代化。社会经济发展的同时也产生了前所未有的竞争和挑战，国家和地区之间的贸易摩擦越来越多，世界经济的发展出现了新问题，与贸易有关的知识产权保护也面临着越来越多的新问题和新挑战。从 20 世纪 70 年代开始，欧洲各国纷纷出台新的知识产权保护条约，也认识到单打独斗已经不适应经济全球化发展要求，新的知识产权保护国际公约和组织顺势出现。1967 年欧洲为加强经济政治的联合，正式成立欧共体。1976 年 7 月巴黎联盟和伯尔尼联盟的 51 个成员在斯德哥尔摩会议将两个联盟合并，签订《建立世界知识产权组织公约》，并成立政府间国际组织——世界知识产权组织，英文简称 WIPO。1986 年欧共体签署《单一欧洲法案》，为实现商品、资本、劳务、人员自由流动的统一市场建立了决策机制。为建立新的政治联盟和经济与货币联盟，欧洲共同体 12 个国家于 1991

年在首脑会议上签署了《欧洲联盟条约》，其中《欧洲经济与货币联盟条约》是对《罗马条约》的修订。后来又陆续签订《阿姆斯特丹条约》《尼斯条约》《里斯本条约》。欧洲在经济政治间的一体化进程不断加快。

7.1.4　知识产权的变化趋势

伴随民众受教育程度的提高，人类社会进入知识经济时代，知识节点的自主性比以往任何时刻都高得多。知识产权受特殊群体和个人垄断的格局逐渐被打破，越来越多的小组织和个人开始有能力利用知识获取收益并积极投身知识产权申请的队伍中，展现了一幅百花齐放的去中心化情境。大数据、云计算以及人工智能的广泛渗透让知识产权呈现出很多新的特征。

1. 知识产权日益碎片化

由于知识创造、实施和创新的过程主要是累积性和组合性的，而且往往涉及多个相互作用的贡献者的多重贡献，因此，与新知识有关的知识产权通常分散在不同的知识产权持有者之间。在去中心化情境下，这种状态会更加明显，即知识产权呈现碎片化状态。传统情境下创新更多地存在于企业专门的研发部门，对知识产权的保护也是为了获取独占收益，当越来越多的小组织和个人开始关注知识产权时，很多行业的专利和专利持有人数量都得以迅速增长，造成知识产权格局的日益碎片化，也就是说，在一款产品背后往往由多个参与者拥有相关的知识产权。除此之外，企业间竞争的加剧、消费者对于产品的多样化需求、产品生命周期的缩短以及新产品开发需要整合来自不同领域的不同技术等原因，使得企业不得不利用外包或众包来克服自身资源的限制，节约时间等成本。肖岚和高长春（2010）等指出，众包是知识产权碎片化发展的极端，多方参与者依赖各自碎片化的知识产权共同合作创造价值成为去中心化情境下企业知识产权发展的趋势。在过去几十年中，以并购和资产剥离形式进行的公司交易数量有所增加，尤其是跨境交易。此外，新产品和创新越来越多地基于多种技术，知识产权也分布在不同的知识产权所有者之间。创新型公司越来越多地使用各种形式的开放式创新，分布在多个资源持有者之间的资源被组合和集成，技术联盟和研发伙伴关系变得越来越普遍和重要。这导致不同技术领域、业务领域和资源持有者（公司）之间的相互依赖性不断增加。但这也会带来一些问题，例如企业可能会无意之中用到一些已经被个人或其他组织注册过的专利而造成侵权，甚至可能会引来被恶意敲竹杠的风险；过度的知识产权碎片化可能导致产品或技术无法整合，进而导致知识产权的转化和利用不足，降低企业创新的积极性。不过，碎片化的状态并非只会带来不好的结果，在去中心化情境下，如果每一方能够高效地各取所需，也能使碎片化的知识整合成完整的产品，进而发挥价值。

目前，中国高度重视引导中小企业走"专精特新"发展道路。中央财经委员会第五次会议强调要发挥企业家精神和工匠精神，培育一批"专精特新"中小企业。2020 年 7 月，十七部门印发《关于健全支持中小企业发展制度的若干意见》，明确完善支持中小企业"专精特新"发展机制。专精特新企业有利于形成新的经济增长点、弥补产业链关键环节短板、增强产业链创新实力。专精特新的宗旨就是让每个小企业有自己的独特性，让这些企业走自己的道路，突破自身发展难题，呈现创新"多点开花"的繁盛格局，而不是取得成绩后被大企业收购，更不能让这些"专精特新"企业被纳入到大企业收购的整体战略下，丧失自主性。

2. 知识产权日益模块化

随着知识产权碎片化成为普遍现象，模块化被用来解决知识产权碎片化的相关问题。知识产权碎片化主要体现在，用来完成解决方案或产品所需的知识产权不再集中在单个权利人或少数几个权利人手中，而是归属于不同的权利人，知识泄露和不同权利人的高效整合就成为碎片化知识产权状态需要解决的问题。如果企业可以通过对碎片化知识产权进行模块化管理将能够提高企业的获利能力。同时，碎片化的知识产权通过模块化的方式也能得到很好的保护。去中心化情境下，产品和技术的复杂程度增加、开发成本不断上升、产品生命周期不断缩短，企业间不得不通过不同形式的合作来进行创新（Chestbrough，2003）。但这一过程中企业可能会由于分享了本该保护的知识，造成知识外泄，给企业带来损失；或者企业对知识产权进行过度严格的保护而达不到合作共赢的目的。模块化可以将知识进行封装管理，将企业核心知识封装起来进行严格保护，其他部分知识置于模块外进行公开共享，为企业创新提供便利条件。而且，模块间具有相互独立的特征，使得单个模块的改变不会影响其他模块，从而增加了企业创新的灵活性，更能有效地面对快速变化的环境（Dittrich & Duyster，2007）。除此之外，模块间具有标准的界面接口，这降低了企业在创新中的协调成本，也加快了企业创新的速度（Piran et al.，2016）。

3. 知识产权日益数字化

随着人工智能、大数据、云计算、区块链、物联网、5G 等技术发展，互联网正在进入一个全新阶段，即数字科技时代。互联网上半场是信息技术（IT）时代，下半场则是数字技术（DT）时代。数字经济与知识产权保护有着不可分割的紧密联系。数字经济的本质是创新，核心是融合，其以数字化的知识和信息为关键生产要素，以数字技术创新为核心驱动力，以现代信息网络为重要载体。而知识产权旨在激励创新，促进运用，助力以创新为驱动力的产业高质量发展。二者的关系主要表现在三方面：首先，数字经济创新成果离不开知识产权制度的保护，数字经济对知识产权保护的观念和规则产生了影响，它也为知识产权保护带来了便利。其次，在知识产权保护领域，IT技术是一把双刃剑，通过IT技术能够更好打假，但互联网的发展也使得网上侵权、造假成本大大降低。最后，数字技术为知识产权保护带来了新的机遇，知识产权的内涵和外延发生了诸多变化。知识产权的底层实际是数据，数据精华凝结成的结构化信息就是知识。数字时代知识产权保护的问题归根到底是确权问题，是通过确权来确保权益人利益的问题。数字化使得知识产权以自动化、函数化、同步化的智能合约创造了一种全程留痕、可以追溯、公开透明的产权界定机制，它以分布式记账技术和数字加密技术使得产权流转过程在P2P分布式价值网络中实现充足的流动性和零成本的信任。同时，商品封装和商品担保，可以尽可能地降低交易风险，使得交易成本大幅减少，甚至为零。投票机制和自动裁决机制让去中心化情境下的产权纠纷变成了一个自治系统内的表决行为。

数字经济同样让知识产权保护面临诸多挑战。首先，知识产权保护应营造公平竞争的市场环境，避免出现去中心化情境下一些平台企业"赢家通吃"的垄断格局，使得去中心化情境虚幻为包裹着去中心化外衣的新型中心化。其次，数字经济让知识产权保护的新客体不断出现，数字经济的创新成果需要转化为各种形式的知识产权，例如基因工程、计算机软件、商业方法等领域往往会产生更多专利，而人工智能生成物、大数据、UGC短视频、直播、虚拟歌手等新兴业态则与著作权紧密关联。最后，数字经济让知识产权保护从有形市场拓展到了无形市场，例如，常见的提交专利申请的产业，除传统的机械工程领域、化学和医药等领域外，更多的知识产权专利主要集中在信息通信技术和生物技术领域，另外很多著作权保护和运营的重心也以强化传播代替阻止复制成为知识变现的主要环节。

网络版权产业已经快速成长为推动整个版权产业振兴的最重要的一部分，并且在全球网络版权产业格局占据了相当比重。这也带来了一些问题，主要表现为：（1）作品间极具相似性。Web2.0以来，普通网络用户成为互联网上内容发布的主体，一些网络用户对原创作品进行剪辑或微改后再次发布到网络，通过博得大量的点击率获取收益。（2）兴起的短视频是否能够构成著作权法意义上的作品。YouTube、快手、抖音等短视频受到了快生活节奏的社会大众的青睐，短视频市场的迅速发展与知识产权法之前在该领域的立法空白导致相关司法纠纷层出不穷。（3）知识产权的无形特征以及数字化形态本身在网络载体上传播的便利性导致在侵权认定、取证、涉案知识产权的价值评估都变得更加困难。例如，网络的便捷性使得网络用户可以对发布内容进行随意删除和更改，这就增加了维权方取证的难度，取证方无法准确得到侵权方非法使用自己作品获取的传播量及相关收益信息，为仲裁方制定合理判决方案增加了难度。此外，还出现了"版权流氓"行为，作品所有者维权的基本形式是，代理人根据约定的诉讼风险以及盈利比例等情况与权利人签订代理合同，之后再通过集中诉讼来取得实际经济收益。但有些代理人利用当前各种法律规范和职业伦理不配套的漏洞投机获利，例如视觉中国公司把公共领域的作品据为己有，并以"权利人"身份进行诉讼，引得共青团中央的批评。

7.2　去中心化情境对传统知识产权的影响

　　一直以来，组织都将创新置于内部并通过知识产权来保护自己的独占收益，这种基于"私人投资"的"集成模式（Integrated Model）"曾是组织运作的主流。从 20 世纪 80 年代开始，开源软件和众包现象的发生使得用户创新日益成为创新的重要源泉（Von Hipper，1978），这也使得创新日益去中心化（Hyysalo & Usenyuk，2015）。企业创新的关键在于分散各处的知识与创新的共享和应用（陈劲，2012），组织可以从合作伙伴、客户和相关技术或创新社群中获得其想要的信息，依赖所获取的信息企业得以实现自身的价值创造。由于去中心化情境下知识的分布式特性，知识合作脱离了传统的联盟或交易（Bogers & West，2012），因此有必要关注去中心化情境对传统知识产权的影响。

7.2.1　传统情境下知识产权的特点

　　独占性和排他性是传统知识产权保护的主要特征。在传统创新情境下，企业面临信息披露悖论（Arrow，1962），即信息的买方往往会在没有支付的情况下就获得了信息。信息披露悖论导致了市场失灵，打击了创新的积极性，进而影响整个社会的经济发展。因此企业会实行相对严格的封闭式创新，通过严格的知识产权保护来提高知识占有程度。通过封闭式的占有行为，企业就更可能基于知识存量铸造坚固的"马其诺防线①"来抵御外部竞争，维持企业的市场地位与竞争优势。不过严格的知识产权保护在避免知识泄露的同时由于缺少交叉许可，可能会导致整个行业的发展变缓。在知识产权问题上，知识的生产者和创造者不能过于谨慎，去中心化情境下实施创新的企业目标应为让知识产权价值最大化，而不是最大限度的保护知识产权（Shapiro et al.，1999）。企业在获得知识产权的基础上谋求与其相关的互补性资产，企业占有创新收益的可能性才会增加（Teece，1986）。然而，知识产权的独占倾向也给行业发展带来了影响，例如，海勒等（Heller et al.，1998）发现，在生物医学领域由于专利的不断增加，许多专利所有者严格限制其他人对某一专利的使用，使得很多资源未得到充分利用，最终让知识产权陷入到"反公地悲剧"（Anti-commons Tragedy）。当一些公司想要通过整合不同专利所有者手中的专利开发新产品或新技术时，可能需要付出昂贵的交易成本，才能使这些专利为自己服务，在生物医学领域中知识产权的严格保护大大降低了新产品或新技术的开发频率以及使之商业化的积极性。当然，这一问题不仅出现在生物医学领域，技术较为复杂的其他行业也同样如此（Kingston，2001）。

传统情境下拥有知识产权的公司认为使用知识产权的最佳方式是隔离竞争，由此形成的市场力量为企业争取到了定价权进而增加其利润。因此，公司往往会采用单一的"防御性"策略进行知识产权管理。对于传统知识产权管理，已有法律为侵犯知识产权的行为提供了制裁依据，执法部门的程序也相对成熟。但去中心化情境下的创新主体选择主动公开和分享自己的知识产权，为其他企业"搭便车"创造了便利，这也增加了执法部门界定创新者和模仿者的难度，给执法部门带来了挑战。当知识产权主体众多时，除了考虑知识产权的归属问题，更要考虑主体间的利益分配和均衡问题。此外，主体的多样性容易让碎片化的知识产权在权利归属上变得模糊，尤其是在知识产权的公共性和私有性上变得模糊不清，这对知识产权执法提出了更高的要求。

---

① 马其诺防线（Maginot Line）是法国在第一次世界大战后，为防德军入侵而在其东北边境地区构筑的筑垒配系。马其诺防线从 1928 年开始建造，1940 年才基本建成，造价 50 亿法郎。但德军仅用 6 周就将其攻破。

知识产权法的制定与实施需要清晰的标准为支撑，这样才能实现对资源、权利义务进行权威的界定和分配。但正如上文所述，由于参与主体在最终成果中的贡献难以评估，所以很难对知识产权的归属问题进行清晰、公平的界定。

去中心化情境下，传统的排他性知识产权保护模式在逻辑决策与现实行动中受多种因素困扰。现有的知识产权保护研究多建构在法律、技术、制度和流程控制之上，对去中心化的创新环境下知识产权开放式保护研究仍有不足。传统知识产权保护模式多构建在排他性、垄断性和非合作性逻辑上，需要更多关注合作经济下知识产权的开放性保护研究。传统知识产权保护模式着眼于企业垄断租金的获取，去中心化情境下需要把焦点放在合作创利、结构性获利以及价值协同创造上，需要将免费经济、分享经济、协同化生产置入知识产权的相关议题中。

7.2.2 去中心化情境下知识产权的新特点

1. 从整体性向碎片化转变

传统情境下知识产权主要以独占性和排他性为特点，呈现出企业对知识产权拥有的完整性。对知识产权的完全占有和严格保护是鼓励创新、帮助企业赢得创新租金和保持竞争优势的主要路径。去中心化情境下，多方参与的多主体交互学习代替了封闭式内部研发成为企业创新活动的主要形式，创新利益的获取更多依赖于知识的分享而非知识的蓄积，更多依赖于伙伴之间的合作互惠关系而非严格的所有权（王雎，2010）。越来越多的小组织和个人成为知识产权的拥有者，使得知识产权布局日益碎片化，企业不得不借助开放式创新来整合各类知识产权，技术联盟和研发伙伴关系变得越来越重要，这也导致不同技术领域、业务范围和知识产权持有者间的相互依赖性更强。

2. 从自我积累向互助共赢转变

传统情境下企业更多借助知识产权的排他性来铸造坚固的进入壁垒，排除竞争对手、隔离外部竞争与风险、维护企业的经营安全与竞争优势，进行知识产权的自我积累。去中心化情境更强调组织间合作的重要性。对组织间关系与资源的重视，推动了企业知识产权管理从传统的自我积累向合作机制演变。知识产权不再是用来排除潜在模仿者的专门工具，而是变为促进创新参与者之间协调与互动的关键手段（Holgersson & Granstrand，2017）。如何利用自己的知识产权能力吸引、整合更多的创新资源，提高创新成果产出是去中心化情境下企业创新战略的重点所在。

3. 从严格保护向适度开放转变

传统情境下，企业重在通过严格保护知识产权以取得收益。然而，在去中心化情境下的创新主体不是单一组织或知识节点，而是不同的知识贡献者交互的结果。这些知识贡献者具有多元化、分散化的特征，创新的收益通常是由他们共享，或是由创新平台的提供者进行最大限度的利用。这样可能带来的结果是企业的创新成果难以在知识产权上进行分割，即知识产权的归属问题难以界定，如果实行严格的知识产权保护制度，将会使得相关企业因过度强调自我贡献而不愿意共享知识，造成组织间知识共享和共创受阻。去中心化情境下知识产权管理的核心命题之一就是如何选择一个兼顾知识生产与知识利用的保护强度。对于去中心化情境下的知识产权而言，企业必须在产权保护与开放间寻求平衡，才能做到既保护核心内容又促进合作。

传统情境下的知识产权与去中心化情境下的知识产权对比如表 7.2 所示。

表 7.2　　　传统情境下的知识产权与去中心化情境下的知识产权对比

项目	传统情境下的知识产权	去中心化情境下的知识产权
特点	独占性、排他性	互补性、共享性、碎片化
收益方式	企业倾向于自我知识累积，独享创新收益	企业倾向于通过共享获取创新收益
保护方式	强化隔离机制	在隔离与共享间寻求平衡
企业策略	单一防御型策略	多种策略的组合

7.3　去中心化情境下的知识产权议题

7.3.1　去中心化情境下引发的知识产权相关问题

一直以来，传统中心化情境下组织都将创新置于内部并通过知识产权来保护自己的独占收益。但随着开源软件和众包现象的发生，用户创新日益成为创新的重要源泉（Von Hipper，1978），产生这一现象的原因在于创新工具日益小型化、便利化和普及化（Liu et al.，2016）。创新工具的可获得性增强也使创新日益去中心化（Hyysalo et al.，2015）。由于去中心化情境下知识的分布式特性，导致了知识产权呈现碎片化状态进而引发了一些相关问题，具体体现在以下几方面：

1. 知识产权在保护与开放中面临平衡难题

去中心化情境下的创新主体不再是单一组织，而是分散于各处的各类知识贡献者。这些知识贡献者具有多元化、分散化的特征，创新收益通常是由他们共享，或是被创新平台的提供者所利用产生知识产权的归属难题。去中心化情境下知识活动的主导模式是不同知识贡献者间的知识共享和交流，这也意味着知识产权的碎片化与创新成果的多样化。参与主体的多样性和网络平台的开放性使得碎片化的知识经过交流与共享后演变成具有市场价值的知识内容。建立在传统中心化情境下知识产权独占特性基础上的商业模式可能会变得不再适用，企业在知识产权的开放与保护中面临平衡难题。去中心化情境下，知识在不同主体间流动频繁，其风险是知识产权本该独占的收益可能会被不确定受众侵犯，使参与主体私有收益受损。

去中心化情境下知识产权的独占机制面临一些困境，例如知识产权和创新收益难以由单一公司独立享有，如果实行严格的保护制度，将会使各类产权人不愿共享而造成共创困境，带来保护近视症，企业最终会禁锢于已有的所有权中而忽视进一步的知识创造和外部资源整合。然而，缺少有效的产权制度又难以规避机会主义行为，影响合作创新的效果。独占机制的困境可以说是去中心化情境下制约企业创新中知识产权问题的关键困境之一，也被学者们称为"占有制度悖论"。

知识产权与创新密切相关，企业创新的成果常以知识产权的形式表现出来。知识产权管理本身是通过赋予企业独占收益权进而达到保护企业创新的目的，但是这种独占性也会对创新产生一定的抑制作用。开放不会招致搭便车、无意泄露和恶意窃取等损害创新的行为，应加强知识产权保护以降低开放带来的负外部效应。在现实企业经营实践中，一方面企业在开放的道路上越走越远，另一方面企业对知识产权与创新成果保护的重视程度越来越高，这让企业一直处在开放与保护的两难抉择中。

知识产权保护制度的可能"保护创新"亦可能"伤害创新"。这种情况下将导致两个直接问题：一是知识产权保护将阻碍技术溢出，不利于企业在学习模仿基础上的创新，这将直接降低社会收益。二是创新过程中会增加技术投入的价格，企业的创新成本也随之提高，例如企业需要交纳的技术使用费、许可证费等。这两个问题在依赖技术溢出的企业中表现得更为明显。格拉斯和萨吉（Glass & Saggi，1998）认为加强知识产权保护制度将抑制南方国家（发展中国家）的模仿行为，恶化南方国家的贸易条件，这不仅会抑制南方国家的技术进步，还将导致全球创新速度放缓。金等（Kim et al.，

2000）发现产权保护制度对发达国家技术创新存在显著的正相关关系，而对发展中国家技术创新的影响则是不显著的。另外，不少研究发现，知识产权保护对发展中国家技术创新的影响存在非线性或者倒"U"型的关系。由此看来，知识产权保护制度一旦过于严厉可能会抑制企业的创新活动，特别是在依赖技术溢出的经济体中会表现得更加突出。一旦知识产权得不到保护，那么企业投入的研发资源越多，竞争对手通过学习获得的技术更新机会越多，对企业自身利益的损害也越大，企业的创新投入很有可能变成培养竞争对手的温床。不可否认，中国宏观经济持续 40 年高速增长的重要推动力是企业间的技术溢出。中国存在大量的中小制造企业，由于规模、资金等的限制，这些企业很难开展独立的研发活动，只有通过向行业中的龙头企业实施技术模仿、知识学习等方式来优化自身的产品结构。一旦知识产权保护制度过于严厉，就会直接增加这些企业的生产成本和创新成本最终影响创新积极性。

2. 知识产权边界弱化，抑制累积性创新

外部知识资源是企业创新得以成功实施的关键，因为大多数创新知识源自借鉴而非自我创造，当创新去中心化后借鉴变得更容易了，很多建立在强有力知识产权壁垒之上的企业会遭遇越来越多的知识免费的情况。传统的集成式创新对于知识产权的保护极其严格，一旦创新成功，创新者将有机会独享创新收益，这也是很多企业倾向于强化自我知识累积的原因。快速变化的技术和社会环境使知识的数量和质量都呈几何级数增长，知识产权日益呈现碎片化且使得企业的自我知识累积变成一件相对困难的工作。由于知识载体的不同和知识产权的作用，企业创新所需的知识并不由企业控制，而是分散于不同的人群或组织中。

在去中心化情境下，企业创新的模式是累积性创新，而知识产权碎片化和企业自我知识积累的困难会进一步抑制企业的累积性创新，主要体现在基因技术、农业技术、生物科技和其他复杂技术领域。格拉斯（Galasso，2015）的研究表明，随着专利数量增加，分散的专利权将提高技术交易成本，研发活动将受到限制，上述问题在复杂技术领域更为严重。尼尔和施克曼（Noel & Schankerman，2013）也发现，随着知识分散程度提升，企业研发支出和专利申请行为有所减少，从而对技术创新产生抑制作用。由此可见，知识产权的分散导致企业研发活动受到阻碍，使企业面临更高的外部交易成本，加大了被侵权的风险。为避免专利诉讼和被"敲竹杠"，专利使用者无论是选择支付高额的产权费用还是放弃对互补技术的使用，均不利于企业累积性创新。

3. 导致"反公地悲剧"

"反公地悲剧"是用来说明公共物品被闲置而造成的资源浪费。海勒（Heller，1998）认为，若知识产权过度碎片化，过多所有者对同一资源拥有排他权，则无人可有效运用此资源，当创新产品需要与多个专利持有人协商时就会使得交易成本增加，引发"反公地悲剧"（Tragedy of the Anti-commons)[①]。在去中心化情境下，知识产权的碎片化以及越来越多的免费知识共享为越来越多的人提供了模仿创新的捷径。除此之外，去中心化还导致知识产权核心权利被过多、过细地分割给众多专利权人，每位核心权利人都有权阻止他人使用该稀缺资源，导致资源利用率不足，最终陷入"反公地悲剧"。

7.3.2 去中心化情境下相关知识产权问题的对策

1. 知识产权保护强度的选择

去中心化情境下知识产权管理的核心命题之一就是合理的知识产权保护强度。依据科斯定理，当知识被赋予明晰的产权时，有助于其市场化交易、跨组织转移和有效利用。因此，较强的知识产权专属制度对于降低成本和提升利用率是有益的，但面对去中心化情境下知识产权的碎片化状态，各方所有者必须合作才能实现新产品或新技术的整合。这种合作通常是一种基于信任而非正式契约关系，并具有自利和利他并存的特征。在这样的背景下，参与者必须降低知识转移壁垒，促进知识溢出以便激励其他创新参与者保持知识创造的能力与活力，共同创造并共同拥有知识。去中心化情境下知识生产通常不是一个交易过程，而是一种合作共创的过程，企业应当弱化知识产权专属制度，促进知识资源的自由流动。正如开源软件成功开发的案例一样，通过开放源码吸引众多的创新参与者，从而取得低成本、高效率以及更好效果的创新方案。但同时，如果企业过度开放或者不适当开放知识产权，就可能会造成本不该共享的核心内容外泄，导致企业利益受损。此外，产权的碎

---

① 1998年，美国黑勒教授（Michael A. Heller）在《The Tragedy of Anti-commons》一文中提出"反公地悲剧"理论模型。尽管哈丁教授的"公地悲剧"说明了人们过度利用（Overuse）公共资源的恶果，但他却忽视了资源未被充分利用（Underuse）的可能性。在公地内，存在着很多权利所有者。为了达到某种目的，每个当事人都有权阻止其他人使用该资源或相互设置使用障碍，而没有人拥有有效的使用权，导致资源的闲置和使用不足，造成浪费，于是就发生了"反公地悲剧"。

片化导致产权范围相互重叠，这些细碎、重叠的产权在无形之中形成了稠密的产权网络，那些想要实现产品商业化的开发者必须穿越"大片丛林"，获得多个专利权人的许可。上述分散的产权将激发专利的"敲竹杠"行为，带来高昂的专利诉讼费用，最终阻碍产品商业化发展。因此，对于去中心化情境下的知识产权，企业必须在产权的保护与开放之间寻求平衡，才能做到既保护核心内容又促进合作。

2. 知识产权战略的整合

去中心化情境下知识产权可能是内生的，也可能是外生的，知识同样也可以跨越组织边界被其他组织获取和利用。内生与外生之间、内部应用与外部许可之间通常是互补的而非完全替代的，两者之间亦具有相互依赖性和协同增效的效果。例如，一些成功的创新案例表明，企业可以通过获取知识产权来识别自有知识产权应用的额外机会，反之亦然。因此，企业有必要制定并实施一种整合性知识产权战略，从整体上考虑知识产权的生成和应用问题，平衡好内部生成与外部获取、内部应用与外向许可之间的关系，优化知识产权资源配置，并从中获益。

整合型策略主要表现在：（1）它是"防御性"战略，旨在避免知识溢出和建立竞争壁垒；（2）它是"协作性"战略，旨在与其他组织合作并进入新市场；（3）它是"即兴"策略，是公司在没有明确目的的情况下保护自己的知识产权。"防御性"知识产权战略，能够使企业有意识地利用其知识产权管理而避免知识溢出，防止竞争对手生产和商业化其专利。即使它与外部组织合作以填充其知识和技术时，也能保持对其知识产权的完全所有和控制，建立进入壁垒（Heger & Zaby，2018）。企业的"协作型"战略通过管理知识产权来推进商业模式变革，并允许竞争对手使用自己的技术而获利（Chesbrough，2003）。事实上，合作公司会有意选择分享的信息，以及是否保留对这些信息的法律控制权（Brunswicker & Chesbrough，2018）。当然，企业可以根据自己的实际情况对以上三种策略加以组合使用，也可以根据自己的实际情况制定新的战略。

3. 区块链技术的渗透与应用

区块链作为一项新型应用技术，在实践中逐渐被各行各业重视和应用。在各类新技术中，区块链技术具有去中心化、不可篡改性、时序性、匿名性、开放性等特点，成为版权保护领域的重点关注对象。企业可以在知识产权的以下几方面利用区块链技术：（1）知识产权注册。知识产权包括：著作权、专利权、商标专用权、发现权、发明权和其他科技成果权。著作权的权利主体可以在完成著作后，通过区块链给作品加盖时间戳。由于区块链的开放性，全体使用者都可以比较容易地查找作品的最初创作者，从而确认其权利。（2）知识产权授权。在过去，很难将某一知识产权分开授权，著作权分为"保留所有权利"和"不保留任何权利"两种情况，区块链技术的应用可以分开授权，记录某种权利的授权状况，通过合约的方式对其加以保证。（3）保密协议和权限控制。保密协议的签订需要公司各个部门进行协调，交换文件、签订，产生巨大的成本，应用区块链技术可以很快找到没有签订合约的个体，大大提高工作效率。对于某些可能涉及商业秘密、开放权限制在个人的资料，利用区块链技术可以很容易追踪出访问过资料的人员信息，也可以在全网范围内甄别出资料是否有被复制。这些都在相当程度上保证了企业对于资料的使用控制。（4）知识产权的引用和追溯。知识产权交易进行追溯，可以帮助确认知识产权在当前以及历史的归属和变更，为遭遇产权转让和归属纠纷时提供有力的证据。

第 8 章

知识驱动的创新生态系统

去中心化情境下知识节点都需要将自己融入到某个特定的资源集合上才能真正实现有价值的创新，这种融入是不同知识互动整合的需要。不同知识节点间相互影响并形成相对稳定的动态平衡，这种动态平衡实际构成了以知识集合为基础（Knowledge Base）的创新生态系统。创新活动日益复杂，知识节点间的互动呈现出较大的不确定性，很多领先企业借助已搭建的创新生态系统促进了不同知识节点间的交互，产生了诸多颇具影响的创新成果，展示了强大的生命力。创新生态系统是去中心化情境下企业创新的重要选择，认识其内涵与本质是构建创新生态系统的前提。

8.1　创新生态系统与知识活动

8.1.1　去中心化情境与知识驱动的创新生态系统

1. 创新生态系统的内涵

学者们借鉴自然生态研究创新系统，将创新生态系统视为一种协同机制，从而提供面向客户的解决方案（Adner，2010）。吴金希（2014）指出创新生态系统是指多个创新主体间基于某些技术、人才、规则、文化、运作模式等共同创新要素而形成的相互依赖、共生共赢、动态互动的组织体系。李万等（2014）将创新生态系统视为各种创新群落之间以及与创新环境间通过物质流、能量流、信息流的联结传导所形成的共生竞合、动态演化的开放复杂系统。阿德纳（Adner，2017）认为创新生态系统更像一种多边合作伙伴保持互动的一致性结构。雅各比德斯等（Jacobides et al.，2018）关注生态成员间的互补特征，认为创新生态系统由一系列具有不同程度的多边互补成员构成。在运作过程中，创新生态系统是在强调共同的价值观或价值主张的理念上，通过开放、动态交互、共生和共同演化等方式促使主体不断进行创新活动。创新生态系统通过共同的价值主张不断吸纳新成员加入，使成员可以从生态优势中获利，推动生态系统的高阶演化，从而保持系统活力。

值得注意的是，用户已逐渐成为创新生态系统中的重要参与者。创新生态系统中，外部节点变得更加重要。冯·希佩尔（Von Hippel，2006）观察到在开源软件的创新中，参与者并没有遵从集体行动的逻辑，而是遵循知识生成的逻辑来开展创新，具体包括了开源社区、众创等形式，呈现出较强的自我驱动的去中心化特征。能否有效形成创新能力取决于开源社区或众创空间的范围，例如，Java 动态网页技术通过许可形式允许在不同开源软件中使用，以实现不同开源软件之间的共同协作、嵌入和扩展。这一模式的前身是用户创新，很多用户在创新的过程中并不追求直接的经济回报，其不断开发创新，并无偿公开创新成果。同时，在开源软件的创新中，开发者无偿公开高质量的源代码可以提高编程者在同行中的声誉。无偿公开创新成果还会带来其他收益，如通过快速扩散创新成果，该创新用户就可能因为数量效应从创新的扩散中获取更多的收益。目前已经形成了 Apache[①]、MySQL[②] 和 SourceForge[③] 等典型开源社区，Facebook、Google、阿里巴巴、微软、小米等知名企业都大量应用了开源软件。可以看出，这一模式具有较高的专业门槛，但在知识经济时代，知识阶层在不断扩大，而平台的崛起又减少了彼此沟通的成本，社会力量驱动创新的作用逐渐凸显出来。这也与如今开放创新的趋势相关联，许多企业都建立起了开放创新平台，使全球的创业创新者都能够找到自己的用武之地。

---

① Apache（音译为阿帕奇）是世界使用排名第一的 Web 服务器软件。它可以运行在绝大多数广泛使用的计算机平台上，由于其跨平台和安全性被广泛使用，是最流行的 Web 服务器端软件之一。它快速、可靠并且可通过简单的 API 扩充将 Perl/Python 等解释器编译到服务器中。

② MySQL 是一个关系型数据库管理系统，由瑞典 MySQL AB 公司开发，属于 Oracle 旗下产品，是最流行的关系型数据库管理系统之一。MySQL 是一种关系型数据库管理系统，关系数据库将数据保存在不同的表中，而不是将所有数据放在一个大仓库内，这样就提高了速度和灵活性。MySQL 采用了双授权政策，分为社区版和商业版，其体积小、速度快、总体拥有成本低，特别是开放源码这一特点使得一般中小型网站的开发都选择 MySQL 作为网站数据库。

③ SourceForge.net，又称 SF.net，是开源软件开发者进行开发管理的集中式场所。SourceForge.net 由 VA Software 提供主机，并运行 SourceForge 软件。大量开源项目在此落户，包括维基百科使用的 MediaWiki。SourceForge 是全球最大开源软件开发平台和仓库，网站建立的宗旨就是为开源软件提供一个存储、协作和发布的平台，SourceForge 上拥有大量非常优秀的开源软件。

2. 创新生态系统的知识基础

创新生态系统可以为企业和其他创新主体提供可持续发展所必需的知识资源（Lichtenstein & Lyons，2001）。创新生态系统中核心企业常常在重大创新和技术迭代中发挥引领作用（Adner & Kapoor，2010）。创新生态系统内部包含了参与者间的复杂关系，这些关系在一定程度上反映了知识资源的分布和配置情况（郑少芳和唐方成，2018）。知识分布差异引起的知识流动对于企业的创新能力提升和价值共创具有重要意义（梅亮等，2014）。对研发主体来说，创新生态系统内部的合作网络有助于知识资源的获取（Persaud，2005）。因此大型企业集团纷纷构建以自身为核心的创新生态系统，以最大限度地获取外部知识资源并为其带来创新灵感（Rohrbeck et al.，2009）。

在创新生态系统中，各类参与主体会进行知识资源的交换以进行持续的创新迭代（Moore，1993）。栖息于系统的各类主体都可以从技术迭代中获益，例如，数以万计的企业为安卓生态系统提供软件应用和终端服务，并从中获取了重要的技术支持。创新生态系统中知识资源流动是双向的，这些流动方式主要包括对外部技术的获取、集成和整合，以及内部技术的流出、重组和商业模式重构。知识渗透和流动确保了创新主体对最新技术的跟踪和对市场信息的敏锐把握。与传统的商业体系不同，创新生态系统内部的知识流动更加活跃，企业边界上的知识渗透也更加明显（Malecki，2011）。企业间的知识渗透并不是平等的交换关系，不同创新主体在组织边界上的知识流动过程各不相同（Bogers，2011）。在每个特定时期，各个企业在创新生态系统中都有相对固定的知识位势，不同知识位势主体间的知识势差引发了知识的流动和扩散。企业间的知识互补性是其达成合作意愿的前提。一些企业虽然规模较小，但由于在某些领域具有独特技术，因此在一些创新生态系统中也具有相对较高的知识位势（刘景东等，2015）。而创新生态系统中的核心企业或领导企业具有最高的知识位势，是重大技术创新的主要推动者。广泛存在的中小供应商和应用开发商虽然在某一领域具有专长，但其总体的知识位势较低，在过大的知识势差下知识的吸收转化较为困难。一些创新生态系统中存在着中间知识位势主体，他们在知识流动的过程中起到了知识媒介的作用，对知识吸收转化的辅助作用有利于消除系统内知识势差过大的不利影响。

8.1.2　创新生态系统中的知识位势与知识势差

1. 创新生态系统中的知识位势

对于知识位势的解读多从知识深度与知识宽度两个角度进行。知识深度是指其在技术领域内的专业水平。对某一特定技术领域的深入理解不仅提供了解决某一特定类型问题的专业知识，还支持其参与探索该技术领域新技术的开发和应用，是反映企业技术能力和探索新技术知识应用愿望的关键指标。知识宽度是指为了发展特定学科而必须掌握的知识领域范围（Wang & Von Tunzelmann，2000）。作为一种衡量标准，广度反映了知识在多大程度上与所进行的研究相邻和相关。拥有广泛知识基础的公司熟悉技术知识版图上的多个领域，因此能够探索更多的途径和进入新的领域（Kauffman et al.，2000）。与知识深度的衡量标准一样，拥有"广泛"知识的公司通过进一步搜索来改善自己的地位（Brusoni et al.，2001）。

（1）知识深度。当企业在特定领域的技术知识基础比竞争对手更深时，它对潜在合作伙伴更具吸引力，因此参与创新生态系统的机会就会增加（Ahuja，2000）。知识深入对大多数企业而言是困难的，因为技术的不确定性的叠加增加了企业必须克服的障碍（Mitchell & Singh，1992），所以创新生态系统是解决这一挑战有吸引力的解决方案。在特定领域积累的技术能力越雄厚，企业对其他希望通过合作获得更多知识的人越具有吸引力（Baum et al.，2000）。

对拥有雄厚技术知识基础的企业来说，深厚的知识可能会对其加入创新生态系统的意愿产生影响，重新部署内部资源或直接收购外部资源似乎是比与其他企业合作更好的选项（Rothaermel & Deeds，2004）。除少数情况外，一家拥有良好资质的企业从合作伙伴那里学到的东西可能比合作伙伴从自身学到的要少得多（Ahuja，2000），这样的创新生态系统可能会增加机会主义风险，卡罗里斯（Carolis，2003）指出被模仿会对企业绩效产生负面影响。

（2）知识广度。广泛的知识基础能为创新生态系统提供支持。拥有广泛知识基础的企业能够更好地监测技术市场的变化，发现和识别值得探索的潜在机会。这些企业也更有能力评估由未来可能的合作伙伴提供的新技术项目的价值，从而有更多的动机投资于与合作伙伴探索新技术的机会（Arora & Gmbardella，1990）。拥有广泛知识基础的企业更可能从创新生态系统中获得更多好处。科恩和莱文塔尔（Cohen & Levanthal，1990）认为知识的广泛性增加了"吸收能力"。在一个经历根本性技术创新的行业（如生物技术），由于新技术知识分散在产业网络中，企业需要与其他企业合作来充分探索机会（Powell et al.，1996）。广泛的知识基础使公司能够建立架构知识的能力，将来自合作伙伴公司的分散知识整合到一个连贯的整体中（Henderson

& Cockburn，1994）。拥有广泛技术知识基础的公司还可能会获得最佳的经济绩效，他们可以通过补充其广泛的产品线实现其技术开发的范围经济（Piscitello，2004）。成熟的多技术研发密集型公司非常有能力吸收公司边界以外的新知识和新技术，尽管重大的技术中断和突破会导致专业技术生产商的增长。上述机制表明，"广泛"的知识储备对创新生态系统的形成具有积极影响。

2. 创新生态系统中的知识势差

创新生态系统中每个企业都有其相对固定的知识位势，不同的知识位势差异促成了知识在不同创新主体间的流动。如果一个主体在知识深度上具有优势，其更愿意采取封闭边界和自主探索的创新方式；而当一个主体在知识广度上具有优势时，则更倾向于参与到创新生态系统中（Zhang & Baden Fuller，2010）。知识位势的高低是相对的，某一子系统中的低知识位势企业，有可能成为另一个子系统中的高知识位势企业。长期来看，随着知识的流动和企业对于新技术的消化吸收，原先处于低知识位势的企业可能跃升至高知识位势领域，而某些原先处于高知识位势的企业则可能成为创新生态系统中的跟随者。

创新生态系统中的核心企业或领导企业具有最高的知识位势，他们是技术创新和知识创造的引领者。主要供应商和研究机构也具有较高的知识位势，但他们与核心企业或行业领导者存在明显的知识势差尤其是在前沿技术方面。新创企业及中小型供应商的知识存量相对较低，但他们也可能在某一领域具有独特优势和专长。长期以来积累的巨大知识势差，导致了大企业集团和中小供应商之间难以实现知识的双向流动和创新协同。即使这些小型供应商和新创企业在某一领域具有独特优势，但也难以立即融入高知识位势企业主导的创新生态系统中。在这种情况下，具有相对较高知识位势的主要供应商、系统集成商以及研究机构就扮演了重要角色。

过大的知识势差和技术壁垒虽然不利于知识在系统中的自然扩散，但通过中间知识位势主体的知识流动辅助机制，隐性知识可以在大型集团企业和小型供应商及中小客户之间进行加工和转化。企业在某领域的专长可以维持其在创新生态系统中的知识位势。企业的知识广度越窄，所涉及的核心技术领域越少，技术被模仿或替代所带来的后果就越严重（戴勇和林振阳，2018）。因此，既需分析知识流动对于创新生态系统价值创造的作用，也需考虑在某次创新协作中专有技术面临的被替代风险。创新生态系统内的知识流动会给企业带来一系列成本，包括企业承担的技术流失风险和由此引发的市场份额的减少等（刁丽琳，2012）。不同主体间知识位势的差异为知识的转移提供了动力（Falvey et al.，2007）。当创新参与者具有更高的知识互补性时会增加知识共享的深度。知识的互补性触发了知识转移的过程并维持了创新生态系统的稳定性（Feller et al.，2009）。当知识势差过大时，知识溢出效应也会减弱（Phene et al.，2005）。

8.2 创新生态系统中知识治理聚焦的
议题与挑战

综合而言，去中心化情境让焦点企业逐渐把目光聚焦到创新生态系统的搭建中，由于知识常常与生态系统中的不同节点深度捆绑，具有较高自主性的节点会陷入在原子化与网络化、精益化与冗余化以及私有化与公共化的悖论中，实施恰当的知识治理来动态融合矛盾的两级方能满足企业知识创造的需要（Smith & Lewis，2011）。创新源于知识创造，而知识常常附着在节点上，但赋予知识以价值并转化为具体创新通常由不同节点连接而成的网络完成，这就使企业面临知识连接的状态、知识配置的方式和知识收益的分配这三个问题。

8.2.1 知识治理聚焦的议题

其一，知识连接的状态。知识连接要求知识主体既要与创新生态系统的其他主体进行密切的知识交换，又要保持个体自主的知识创造能力，也就是创新生态系统内知识节点需要在原子化与网络化上做好选择与权衡。尼克森和曾格（Nickerson & Zenger，2004）提到新知识既可以通过企业自己发现问题并给出解决方案来获得，也可以通过企业吸收外部知识而获得。去中心化情境给了知识节点更多的自主选择权，节点会根据自己的知识态势来选择嵌入在特定网络中还是独自寻求解决方案。

其二，知识配置的方式。创新生态系统知识配置的方式既要求企业对构成企业知识库的知识有着相对宏观和结构意义上的认知（结构认知），同时又要对企业中每个节点的状态有相对清晰的理解（内容认知）。当企业对所需知识的整体结构相对清晰时就拥有了恰当配置知识资源的条件，但创新面对的是不确定的未来且创新更需要知识创造，仅依靠结构清晰的认知显然无法面对不确定的未来，这就需要企业在保证精准配置的同时还要保证适当的冗余。

其三，知识收益的分配。创新生态系统中知识收益的分配就是要思考不同创新主体既要追求独占知识收益，又要保证系统内有足够的公共知识。自罗默（Romer，1990）提出知识具有公共品属性，知识的隶属方属于社会或特定组织就是合理的。但随着对知识的进一步了解，学者们逐渐意识到知识只能个人持有，知识能否分享与个人意愿关联紧密（Husted et al.，2012），这彰显了知识作为私有品的竞争属性。知识收益得以被独占的原因是知识的私有属性超过了公共属性，反之知识收益只能全部共享或部分共享。知识的公共属性程度较高意味着知识本身具有非竞争性和非排他性，预防其他节点的机会主义挪用几无可能，企业就只能选择用免费共享或部分共享的模式来获取知识使用的扩散效应，从而更应从扩散效应中寻求新的获益模式。

8.2.2 去中心化情境下知识治理的挑战

去中心化情境下面对知识治理的悖论，企业可以借助正式的契约、权力结构和激励安排等机制进行治理（Foss et al.，2003），包含各类社区平台机制、知识交互的市场机制等（Grandori，2001）。然而这些机制也存在诸多局限，例如，由于"契约"的不完全性①而无法避免机会主义行为（聂辉华，2017）。这就需要知识节点间以共同利益为出发点构筑知识互动的关系基础，强调节点间的社会关系和情感对知识活动的影响，将节点意愿以及社会关系纳入治理中（Husted et al.，2012），通过关系治理机制促进知识互动。

总之，创新生态系统中恰当的治理机制能够更好地促进企业的持续创新，但去中心化情境下的企业仍然存在一系列风险与挑战。由于创新生态系统中不同知识节点都拥有了更强的自主性，科层控制越来越难以发挥作用，这给以科层为核心的企业运作机制带来了极大的挑战。去中心化情境下，知识节点间的关系相对松散，不同知识节点所处位势的不同决定了其在生态系统中的知识释放与获取能力。因此，创新生态系统的知识治理过程需要对生态系统成员及成员间关系进行治理。在构建创新生态系统或知识节点进入系统前，

---

① 不完全契约指合约因为人的不完全理性、信息的复杂性等原因而无法达到完备。

应对成员进行进入管理。新成员的加入虽然会为生态系统提供更多的知识资源和创新动力，但是也需要设置门槛对节点的质量和数量进行把控。如果质量得不到控制，知识节点的种种机会主义行为会占用知识资源，并降低其他节点的知识创造积极性，从而影响整个生态系统的创新能力。成员数量无序增长会导致生态系统种群比例失衡，市场竞争压力增大，从而抑制了节点的知识创造行为。另外，对已有的系统成员应该采取相关治理机制提升成员的创新能力和意愿。企业应采取适宜的激励措施，通过调动知识势差鼓励节点进行知识创造，进而提升成员创新积极性。对于创新能力不足的节点，可以通过知识交流平台来提升知识节点的知识创造能力。例如华为的 eSDK 平台，通过开放端口提供 DE 集成开发环境和代码开源，开发者可以在开源社区利用华为的远程实验室和实验环境进行开发，降低了开发者的开发难度。通过该社区，不仅华为在 ICT 领域的地位得到巩固，合作开发者的创新能力也得到了进一步的提升，从而提升了整个创新生态系统的知识创造能力。

去中心化情境下，创新生态系统中的各个成员处于弱连接的状态，这种松散的耦合关系弱化了节点间的相互作用。在创新生态系统面对外部环境的变化时，创新生态也无法立刻作出有效反应阻止其影响的扩散，所以系统很难维持原有的状态。在创新生态系统内部，知识节点间的位势不断动态变化，知识节点之间保持着相对脆弱的合作关系。这种不断变化的内部连接让生态系统随时都有可能发生颠覆。在创新生态系统外部，由于环境的复杂性和动态性，系统时刻面对剧变的风险。例如，在新冠肺炎疫情的冲击下，由于供应链的外部依赖和生产管理的精益化运营，企业难以在外部环境的变化中生存。因此，创新生态系统的稳定性也成为创新生态需要面对的一大挑战。为此，在创新生态系统的知识治理过程中，应该使知识节点在原子化和网络化中保持平衡，并维持在适宜的网络聚集度。适宜的网络聚集程度下，知识节点的自主创新和协同创新有机结合，从而促进了创新生态系统合作关系的稳定性（雷雨嫣等，2019）。在创新生态系统的知识治理过程中应保持边缘企业和核心企业的知识关联，核心企业越强，二者之间知识流动越频繁，创新生态系统就越稳定。

去中心化情境的特点就是知识节点不依附于其他节点，这给创新生态系统带来了更多创新的可能，但也对组织管理能力提出了更高要求。从宏观层面来看，让创新主体"集中力量办大事"会变得愈发艰难。自主性既是企业提升绩效的源动力，也是阻止系统达成整体目标的枷锁。去中心化情境下众多创新主体产生了大量创新，然而众多创意在资源稀缺条件下无法全部得以实施。创新生态系统就必然面临创新筛选的困境，这就要求创新生态系统需要聚焦治理目标和明晰治理方向。在创新生态系统的治理过程中，良好的文化环境、参与主体间的凝聚力都能够给创新生态系统的可持续性贡献力量，这也是这一主题未来需要关注的领域。

主要参考文献

［1］陈加友．基于区块链技术的去中心化自治组织：核心属性、理论解析与应用前景［J］．改革，2021（3）：134-143.

［2］陈劲．如何进一步提升中国企业创新能力？［J］．科学学研究，2012，30（12）：1762-1763.

［3］陈劲，金鑫，张奇．企业分布式创新知识共享机制研究［J］．科研管理，2012，33（6）：1-7.

［4］陈静，曾德明，欧阳晓平．知识重组能力与高新技术企业绩效——冗余资源与创新开放度的调节效应分析［J］．管理工程学报，2021.

［5］戴勇，林振阳．产学研合作的知识势差与知识产权风险研究［J］．科研管理，2018，39（2）：75-85.

［6］刁丽琳．合作创新中知识窃取和保护的演化博弈研究［J］．科学学研究，2012，30（5）：721-728.

［7］方润生．企业的冗余资源及其有限理性来源观［J］．经济经纬，2004（4）：92-95.

［8］蒋天颖，程聪．员工个人知识组织化模型构建与分析［J］．情报杂志，2010，29（5）：12-15.

［9］柯泽，谭诗好．人工智能媒介拟态环境的变化及其受众影响［J］．学术界，2020（7）：51-60.

［10］雷雨嫣，刘启雷，陈关聚．网络视角下创新生态位与系统稳定性关系研究［J］．科学学研究，2019，37（3）：535-544.

［11］李万，常静，王敏杰，等．创新3.0与创新生态系统［J］．科学学研究，2014，32（12）：1761-1770.

［12］李晓翔，霍国庆．组织冗余对产品创新的作用机制研究［J］．科研管理，2015，36（9）：72-79.

［13］李胤奇，李柏洲．企业知识治理与社会技术能力耦合机制及影响

因素研究 [J]. 科技进步与对策, 2017, 34 (6): 132 - 138.

[14] 刘景东, 党兴华, 谢永平. 不同知识位势下知识获取方式与技术创新的关系研究——基于行业差异性的实证分析 [J]. 科学学与科学技术管理, 2015, 36 (1): 44 - 52.

[15] 鲁若愚, 周阳, 丁奕文, 周冬梅, 冯旭. 企业创新网络: 溯源、演化与研究展望 [J]. 管理世界, 2021, 37 (1): 217 - 233.

[16] 梅亮, 陈劲, 刘洋. 创新生态系统: 源起、知识演进和理论框架 [J]. 科学学研究, 2014, 32 (12): 1771 - 1780.

[17] 聂辉华. 不完全契约理论对中国改革的启迪 [J]. 领导决策信息, 2017 (5): 5.

[18] 潘李鹏, 池仁勇. 基于内部网络视角的企业知识结构与创新研究——"发散为王, 还是收敛制胜?" [J]. 科学学研究, 2018, 36 (2): 288 - 295.

[19] 钱锡红, 杨永福, 徐万里. 企业网络位置, 吸收能力与创新绩效——一个交互效应模型 [J]. 管理世界, 2010 (5): 118 - 129.

[20] 邱均平, 文庭孝, 王伟军. 知识管理学概论 [M]. 北京: 高等教育出版社, 2011.

[21] 施宏伟, 李路丹. 创新网络知识冗余及知识增量模型研究 [J]. 科技进步与对策, 2016, 33 (24): 124 - 128.

[22] 屠兴勇. 三元知识运作管理模型构建与三元知识理论应用价值探析 [J]. 外国经济与管理, 2012, 34 (3): 10 - 19.

[23] 万晨曦, 郭东强. 虚拟社区知识共享研究综述 [J]. 情报科学, 2016, 34 (8): 165 - 170.

[24] 王国顺, 王景围. 企业知识的分布式特征与共享机制的构建 [J]. 财经理论与实践, 2011, 32 (3): 85 - 88.

[25] 王雎. 开放式创新下的占有制度: 基于知识产权的探讨 [J]. 科研管理, 2010, 31 (1): 153 - 159.

[26] 王延川. "除魅"区块链: 去中心化、新中心化与再中心化 [J]. 西安交通大学学报 (社会科学版), 2020, 40 (3): 38 - 45.

[27] 吴金希. 创新生态体系的内涵、特征及其政策含义 [J]. 科学学研究, 2014, 32 (1): 44 - 51.

[28] 肖岚, 高长春. "众包"改变企业创新模式 [J]. 上海经济研究, 2010 (3): 35 - 41.

［29］杨张博. 网络嵌入性与技术创新: 间接联系及联盟多样性如何影响企业技术创新［J］. 科学学与科学技术管理, 2018, 39 (7): 51 −64.

［30］张新华, 张飞."知识" 概念及其涵义研究［J］. 图书情报工作, 2013, 57 (6): 49.

［31］张长征, 李怀祖. 组织冗余对企业知识管理能力的影响研究［J］. 科学学与科学技术管理, 2008, 29 (10): 108 −112.

［32］张治河, 潘晶晶, 李鹏. 战略性新兴产业创新能力评价、演化及规律探索［J］. 科研管理, 2015, 36 (3): 1 −12.

［33］郑少芳, 唐方成. 高科技企业创新生态系统的知识治理机制［J］. 中国科技论坛, 2018 (1): 47 −57.

［34］Ackoff R. L. From Data to Wisdom［J］. Journal of Applied Systems Analysis, 1989, 16 (1): 3 −9.

［35］Adizes I. How and Why corporation Grow and Die and What to Do about it: Corporate Life cycle［M］. Englewood Cliffs, NJ: Prentice Hall, 1989.

［36］Adler P. S., Goldoftas B., Levine D. I. Flexibility Versus Efficiency? A Case Study of Model Changeovers in the Toyota Production System［J］. Organization Science, 1999, 10 (1): 43 −68.

［37］Adner R. Ecosystem as Structure: An Actionable Construct for Strategy［J］. Journal of Management, 2017, 43 (1): 39 −58.

［38］Adner R., Kapoor R. Value Creation in Innovation Ecosystems: How the Structure of Technological Interdependence Affects firm Performance in new Technology Generations［J］. Strategic Management Journal, 2010, 31 (3): 306 −333.

［39］Afuah A. Redefining firm Boundaries in the Face of the Internet: Are Firms Really Shrinking?［J］. Academy of Management Review, 2003, 28 (1): 34 −53.

［40］Ahuja G. Collaboration Networks, Structural Holes, and Innovation: A Longitudinal Study［J］. Administrative Science Quarterly, 2000, 45 (3): 425 −455.

［41］Ajzen I. The Theory of Planned Behavior［J］. Organizational Behavior and Human Decision Processes, 1991, 50 (2): 179 −211.

［42］Alexy O., Criscuolo P., Salter A. Does IP Strategy Have to Cripple Open Innovation?［J］. MIT Sloan Management Review, 2009, 51 (1): 71.

［43］Alexy O. , George G. , Salter A. J. Cui Bono? The Selective Revealing of Knowledge and Its Implications for Innovative Activity ［J］. Academy of Management Review, 2013, 38 (2): 270 - 291.

［44］Allen J. F. Maintaining Knowledge about Temporal Intervals ［J］. Communications of the ACM, 1983, 26 (11): 832 - 843.

［45］Amabile T. M. A Model of Creativity and Innovation in Organizations ［J］. Research in Organizational Behavior, 1988, 10 (1): 123 - 167.

［46］Amabile T. M. , Conti R. , Coon H. , Lazenby J. , Herron M. Assessing the Work Environment for Creativity ［J］. Academy of Management Journal, 1996, 39 (5): 1154 - 1184.

［47］Anton J. J. , Yao D. A. The Sale of Ideas: Strategic Disclosure, Property Rights, and Contracting ［J］. The Review of Economic Studies, 2002, 69 (3): 513 - 531.

［48］Argote L. , Ingram P. Knowledge Transfer: A Basis for Competitive Advantage in Firms ［J］. Organizational Behavior and Human Decision Processes, 2000, 82 (1): 150 - 169.

［49］Argyris C. , Schön D. A. Organizational Learning: A theory of Action Perspective ［J］. Reis, 1997 (77/78): 345 - 348.

［50］Aristotle J. B. The Complete Works of Aristotle ［M］. Princeton, NJ: Princeton University Press, 1984.

［51］Arora A. , Gambardella A. Complementarity and External Linkages: the Strategies of the Large Firms in Biotechnology ［J］. The Journal of Industrial Economics, 1990: 361 - 379.

［52］Arrow K. Economic Welfare and the Allocation of Resources for Invention ［M］. The Rate and Direction of Inventive Activity: Economic and Social Factors. Princeton University Press, 1962: 609 - 626.

［53］Arrow K. J. The Economic Implications of Learning by Doing ［M］. Readings in the Theory of Growth. Springer, 1971: 131 - 149.

［54］Ashby W. R. An Introduction to Cybernetics ［M］. Englewood Clifls, NJ: Prentice Hall, 1956.

［55］Asheim B. Differentiated Knowledge Bases and Varieties of Regional Innovation Systems ［J］. Innovation, 2007, 20 (3): 223 - 241.

［56］Asheim B. , Coenen L. , Vang J. Face-to-Face, Buzz, and Knowledge

Bases: Socio-spatial Implications for Learning, Innovation, and Innovation Policy [J]. Environment and Planning C: Government and Policy, 2007, 25 (5): 655 −670.

[57] Asheim B. , Coenen L. Knowledge Bases and Regional Innovation Systems: Comparing Nordic Clusters [J]. Research Policy, 2005, 34 (8): 1173 − 1190.

[58] Axtell C. M. , Holman D. J. , Unsworth K. L. , Wall T. D. , Waterson P. E. , Harrington E. Shopfloor Innovation: Facilitating the Suggestion and Implementation of Ideas [J]. Journal of Occupational and Organizational Psychology, 2000, 73 (3): 265 −285.

[59] Balconi M. Tacitness, Codification of Technological Knowledge and the Organisation of Industry [J]. Research Policy, 2002, 31 (3): 357 −379.

[60] Barchi M. , Greco M. Negotiation in Open Innovation: A Literature Review [J]. Group Decision and Negotiation, 2018, 27 (3): 343 −374.

[61] Bateson G. Mind and Nature: A Necessary Unity [M]. New York: Bantam Books, 1979.

[62] Baum J. A. , Calabrese T. , Silverman B. S. Don't Go it Alone: Alliance Network Composition and Startups' Performance in Canadian Biotechnology [J]. Strategic Management Journal, 2000, 21 (3): 267 −294.

[63] Beckman C. M. The Influence of Founding Team Company Affiliations on Firm Behavior [J]. Academy of Management Journal, 2006, 49 (4): 741 − 758.

[64] Bell D. The Coming of the Post-industrial Society [M]. New York: Basic Books, 1973.

[65] Benkler Y. , Nissenbaum H. Commons-based Peer Production and Virtue [J]. Journal of Political Philosophy, 2006, 14 (4): 394 −419.

[66] Benner M. J. , Tushman M. L. Exploitation, Exploration, and Process Management: The Productivity Dilemma Revisited [J]. Academy of Management Review, 2003, 28 (2): 238 −256.

[67] Berthon P. , Pitt L. , Kietzmann J. , Mocarthy I. P. CGIP: Managing Consumer-generated Intellectual Property [J]. California Management Review, 2015, 57 (4): 43 −62.

[68] Bhagat R. S. , Kedia B. L. , Harveston P. D. , Triandis H. C. Cultural

Variations in the Cross-border Transfer of Organizational Knowledge: An Integrative Framework [J]. Academy of Management Review, 2002, 27 (2): 204 – 221.

[69] Birkinshaw J., Hamel G., Mol M. J. Management Innovation [J]. Academy of Management Review, 2008, 33 (4): 825 – 845.

[70] Boehm B. W. A spiral Model of Software Development and Enhancement [J]. Computer, 1988, 21 (5): 61 – 72.

[71] Bogers M. The Open Innovation Paradox: Knowledge Sharing and Protection in R&D Collaborations [J]. European Journal of Innovation Management, 2011, 14 (1): 93 – 117.

[72] Bogers M., West J. Managing Distributed Innovation: Strategic Utilization of Open and User Innovation [J]. Creativity and Innovation Management, 2012, 21 (1): 61 – 75.

[73] Bourgeois III L. J. On the Measurement of Organizational Slack [J]. Academy of Management Review, 1981, 6 (1): 29 – 39.

[74] Bourgeois L. J., Singh J. V. Organizational Slack and Political Behavior Among Top Management Teams. Acad Manage Proceedings [C]. Academy of Management, Briarcliff Manor, NY 10510, 1983: 43 – 49.

[75] Bromiley P. Testing a Causal Model of Corporate Risk Taking and Performance [J]. Academy of Management Journal, 1991, 34 (1): 37 – 59.

[76] Brunswicker S., Chesbrough H. The Adoption of Open Innovation in Large Firms: Practices, Measures, and Risks A Survey of Large Firms Examines How Firms Approach Open Innovation Strategically and Manage Knowledge Flows at the Project Level. [J]. Research-Technology Management, 2018, 61 (1): 35 – 45.

[77] Brusoni S., Prencipe A. The Organization of Innovation in Ecosystems: Problem Framing, Problem Solving, and Patterns of Coupling [M], Collaboration and Competition in Business Ecosystems. Emerald Group Publishing Limited, 2013.

[78] Brusoni S., Prencipe A., Pavitt K. Knowledge Specialization, Organizational Coupling, and the Boundaries of the Firm: Why Do Firms Know more Than They Make? [J]. Administrative Science Quarterly, 2001, 46 (4): 597 – 621.

[79] Burgelman R. A. Strategy as Vector and the Inertia of Coevolutionary

Lock-in [J]. Administrative Science Quarterly, 2002, 47 (2): 325 – 357.

[80] Burgelman R. A. , Siegel R. E. Defining the Minimum Winning Game in High-technology Ventures [J]. California Management Review, 2007, 49 (3): 6 – 26.

[81] Burt, R. S. Structural Holes The Social Structure of Competition [M]. Cambridge, MA: Harvard Vniversity Press, 1992.

[82] Burt R. S. Structural Holes and Good Ideas [J]. American Journal of Sociology, 2004, 110 (2): 349 – 399.

[83] Buterin V. DAOs, DACs, DAs and More: An Incomplete Terminology Guide [J]. Ethereum Blog, 2014 (6): 2014.

[84] Campbell D. T. Blind Variation and Selective Retentions in Creative Thought as in Other Knowledge Processes [J]. Psychological Review, 1960, 67 (6): 380.

[85] Carter E. E. The Behavioral Theory of the Firm and Top-level Corporate Decisions [J]. Administrative Science Quarterly, 1971, 16 (4): 413 – 429.

[86] Casey M. J, Vigna P. In Blockchain we Trust [J]. MIT Technology Review, 2018, 121 (3): 10 – 16.

[87] Catalini C. How Blockchain Technology Will Impact the Digital Economy [J]. Oxford Business Law Blog, 2017.

[88] Chandler A. D. , Hagström P. , Sölvell Ö. The Dynamic Firm: the Role of Technology, Strategy, Organization and Regions [M]. OUP Oxford, 1999.

[89] Cheng J. L. , Kesner I. F. Organizational Slack and Response to Environmental Shifts: The Impact of Resource Allocation Patterns [J]. Journal of Management, 1997, 23 (1): 1 – 18.

[90] Chesbrough H. The Logic of Open Innovation: Managing Intellectual Property [J]. California Management Review, 2003, 45 (3): 33 – 58.

[91] Chesbrough H. W. Open Innovation: The New Imperative for Creating and Profiting From Technology [M]. Harvard Business Press, 2003.

[92] Choo C. W. The Knowing Organization: How Organizations Use Information to Construct Meaning, Create Knowledge and Make Decisions [J]. International Journal of Information Management, 1996, 16 (5): 329 – 340.

[93] Christensen C. M. , Bower J. L. Customer Power, Strategic Investment,

and the Failure of Leading Firms [J]. Strategic Management Journal, 1996, 17 (3): 197 - 218.

[94] Coase R. H. The Nature of the Firm [J]. Economica, 1937, 4 (16): 386 - 405.

[95] Cohen W. M. , Levinthal D. A. Absorptive Capacity: A New Perspective on Learning and Innovation [J]. Administrative Science Quarterly, 1990, 35 (1): 128 - 152.

[96] Coleman D. C. Colbertism [M]. Problems of the Planned Economy. Springer, 1990: 51 - 53.

[97] Cyert R. M. , March J. G. A Behavioral Theory of the Firm [M]. Englewood Cliffs, NJ: Prentice Hall, 1963.

[98] Dahlander L. , Magnusson M. G. Relationships Between Open Source Software Companies and Communities: Observations From Nordic Firms [J]. Research Policy, 2005, 34 (4): 481 - 493.

[99] Davenport T. H. , Prusak L. Information Ecology: Mastering the Information and Knowledge Environment [M]. Oxford University Press on Demand, 1997.

[100] Davis G. F. , Stout S. K. Organization Theory and the Market for Corporate Control: A Dynamic Analysis of the Characteristics of Large Takeover Targets, 1980 - 1990 [J]. Administrative Science Quarterly, 1992, 37 (4): 605 - 633.

[101] Davis S. , Botkin J. The Coming of Knowledge-based Business. [J]. Harvard Business Review, 1994, 72 (5): 165 - 170.

[102] Day D. V. , Harrison M. M. A Multilevel, Identity-based Approach to Leadership Development [J]. Human Resource Management Review, 2007, 17 (4): 360 - 373.

[103] De Carolis D. M. Competencies and Imitability in the Pharmaceutical Industry: An Analysis of Their Relationship With Firm Performance [J]. Journal of Management, 2003, 29 (1): 27 - 50.

[104] Deci E. L. , Ryan R. M. Self-determination Theory [M]. Hand Book of Theories of Social Psychology, New York, NY: Basic Books, 2017.

[105] Diamond J. The Third Chimpanzee: on the Evolution and Future of the Human Animal [M]. Simon and Schuster, 2014.

[106] Dittrich K. , Duysters G. Networking as a Means to Strategy Change:

the Case of Open Innovation in Mobile Telephony [J]. Journal of Product Innovation Management, 2007, 24 (6): 510 –521.

[107] Dooley L., O'sullivan D. Managing Within Distributed Innovation Networks [J]. International Journal of Innovation Management, 2007, 11 (3): 397 –416.

[108] Dosi G. Sources, Procedures, and Microeconomic Effects of Innovation [J]. Journal of Economic Literature, 1988: 1120 –1171.

[109] Dretske F. The Pragmatic Dimension of Knowledge [J]. Philosophical Studies, 1981, 40 (3): 363 –378.

[110] Drucker P. The Theory of the Business [Z]. Cambridge, 1994.

[111] Drucker P. F. Die fünf Entscheidenden Fragen des Managements [M]. John Wiley & Sons, 2009.

[112] Duncan B. L. Differential Social Perception and Attribution of Intergroup Violence: Testing the Lower Limits of Stereotyping of Blacks [J]. Journal of Personality and Social Psychology, 1976, 34 (4): 590.

[113] Dutta S., Fraser M. Barack Obama and the Facebook Election [J]. US News, 2008 (19).

[114] Dutton J. E, Ashford S. J, O'Neill R. M., Lawrence K. A. Moves That Matter: Issue Selling and Organizational Change [J]. Academy of Management Journal, 2001, 44 (4): 716 –736.

[115] Edquist C. Design of Innovation Policy Through Diagnostic analysis: Identification of Systemic Problems (or Failures) [J]. Industrial and Corporate Change, 2011, 20 (6): 1725 –1753.

[116] Engerman S. L., Sokoloff K. L. Institutional and Non-institutional Explanations of Economic Differences [M]. Handbook of New Institutional Economics. Springer, 2005: 639 –665.

[117] Fagerberg J., Mowery D. C., Nelson R. R. The Oxford Handbook of Innovation [M]. Oxford University Press, 2005.

[118] Falvey R., Foster N., Greenaway D. Relative Backwardness, Absorptive Capacity and Knowledge Spillovers [J]. Economics Letters, 2007, 97 (3): 230 –234.

[119] Feller J., Finnegan P., Hayes J., Finnegan P., Hages J., O. Reilly P. 'Orchestrating' Sustainable Crowdsourcing: A Characterisation of

Solver Brokerages [J]. The Journal of Strategic Information Systems, 2012, 21 (3): 216 –232.

[120] Finholt T. A. Collaboratories [J]. Annual Review of Information Science and Technology, 2002, 36: 73 – 107.

[121] Fiol C. M. Revisiting an Identity-based View of Sustainable Competitive Advantage [J]. Journal of Management, 2001, 27 (6): 691 –699.

[122] Fischer T. , Henkel J. Patent Trolls on Markets for Technology——An Empirical Analysis of NPEs' Patent Acquisitions [J]. Research Policy, 2012, 41 (9): 1519 –1533.

[123] Foray D. Economics of Knowledge [M]. MIT Press, 2004.

[124] Foss N. J. , Husted K. , Michailova S. , Pedersen T. Governing Knowledge Processes: Theoretical Foundations and Research Opportunities [J]. Copenhagen Business School, 2003.

[125] Foss N. J. , Minbaeva D. B. , Pedersen T. , Reinholt M. Encouraging Knowledge Sharing Among Employees: How Job Design Matters [J]. Human Resource Management, 2009, 48 (6): 871 –893.

[126] Fraser M. , Dutta S. Throwing Sheep in the Boardroom: How Online Social Networking Will Transform your Life, Work and World [M]. John Wiley & Sons, 2010.

[127] Freeman C. Soete, L. The Economics of Industrial Innovation [Z]. Cambridge, Mass: MIT Press, 1997.

[128] Freeman C. Networks of Innovators: a Synthesis of Research Issues [J]. Research Policy, 1991, 20 (5): 499 –514.

[129] Freeman C. , Soete L. Developing Science, Technology and Innovation Indicators: What We can Learn From the Past [J]. Research Policy, 2009, 38 (4): 583 –589.

[130] Friedlmaier M. , Tumasjan A. , Welpe I. M. Disrupting Industries With Blockchain: The Industry, Venture Capital Funding, and Regional Distribution of Blockchain Ventures: Venture Capital Funding, and Regional Distribution of Blockchain Ventures (September 22, 2017) [C]. Proceedings of the 51st Annual Hawaii International Conference on System Sciences (HICSS), 2018.

[131] Friedman R. A. , Currall S. C. Conflict Escalation: Dispute Exacerbating Elements of E-mail Communication [J]. Human Relations, 2003, 56

(11): 1325 – 1347.

[132] Galasso A., Schankerman M. Patents and Cumulative Innovation: Causal Evidence From the Courts [J]. The Quarterly Journal of Economics, 2015, 130 (1): 317 – 369.

[133] Galunic D. C., Rodan S. Resource Recombinations in the Firm: Knowledge Structures and the Potential for Schumpeterian Innovation [J]. Strategic Management Journal, 1998, 19 (12): 1193 – 1201.

[134] Geoffrey Love E., Nohria N. Reducing Slack: The Performance Consequences of Downsizing by Large Industrial Firms, 1977 – 1993 [J]. Strategic Management Journal, 2005, 26 (12): 1087 – 1108.

[135] Gilson L. L., Mathieu J. E., Shalley C. E., Ruddy T. M. Creativity and Standardization: Complementary or Conflicting Drivers of Team Effectiveness? [J]. Academy of Management Journal, 2005, 48 (3): 521 – 531.

[136] Graham J. R. Debt and the Marginal Tax Rate [J]. Journal of Financial Economics, 1996, 41 (1): 41 – 73.

[137] Grandori A. Neither Hierarchy Nor Identity: Knowledge-Governance Mechanisms and the Theory of the Firm [J]. Journal of Management and Governance, 2001, 5 (3): 381 – 399.

[138] Granovetter M. Economic Action and Social Structure: The Problem of Embeddednessl [J]. American Journal of Sociology, 1985, 91 (3): 481 – 510.

[139] Granovetter M. S. The Strength of Weak Ties [J]. American Journal of Sociology, 1973, 78 (6): 1360 – 1380.

[140] Grant R. M., Baden Fuller C. A Knowledge Accessing Theory of Strategic Alliances [J]. Journal of Management Studies, 2004, 41 (1): 61 – 84.

[141] Greenley G. E., Oktemgil M. A Comparison of Slack Resources in High and Low Performing British Companies [J]. Journal of Management Studies, 1998, 35 (3): 377 – 398.

[142] Gupta A. K., Smith K. G., Shalley C. E. The Interplay Between Exploration and Exploitation [J]. Academy of Management Journal, 2006, 49 (4): 693 – 706.

[143] Hannan M. T., Freeman J. Structural Inertia and Organizational Change [J]. American Sociological Review, 1984, 49 (2): 149 – 164.

[144] Harari Y. N. Sapiens: A Brief History of Humankind [M]. Random House, 2014.

[145] Heger D. , Zaby A. K. Patent Breadth as Effective Barrier to Market Entry [J]. Economics of Innovation and New Technology, 2018, 27 (2): 174 – 188.

[146] Heller M. A. , Eisenberg R. S. Can Patents Deter Innovation? The Anticommons in Biomedical Research [J]. Science, 1998, 280 (5364): 698 – 701.

[147] Holgersson M. , Granstrand O. Patenting Motives, Technology Strategies, and Open Innovation [J]. Management Decision, 2017, 55 (6): 1265 – 1284.

[148] Hopp W. J. , Spearman M. L. Factory Physics [M]. Waveland Press, 2011.

[149] Husted K. , Michailova S. Diagnosing and Fighting Knowledge-sharing Hostility [J]. Organizational Dynamics, 2002, 31 (1): 60 – 73.

[150] Husted K. , Michailova S. , Minbaeva D. B. , Pedersen T. Knowledge-Sharing Hostility and Governance Mechanisms: an Empirical Test [J]. Journal of Knowledge Management, 2012, 16 (5): 754 – 773.

[151] Hutchins E. Cognition in the Wild [M]. MIT Press, 1995.

[152] Hyysalo S. , Helminen P. , Mäkinen S. , Johnson M. , Juntunen J. K. , Freeman S. Intermediate Search Elements and Method Combination in Lead-user Searches [J]. International Journal of Innovation Management, 2015, 19 (1): 1550007.

[153] Hyysalo S. , Usenyuk S. The User Dominated Technology Era: Dynamics of Dispersed Peer-innovation [J]. Research Policy, 2015, 44 (3): 560 – 576.

[154] Jacobides M. G. , Cennamo C. , Gawer A. Towards a Theory of Ecosystems [J]. Strategic Management Journal, 2018, 39 (8): 2255 – 2276.

[155] Jansen J. J. , Van Den Bosch F. A. , Volberda H. W. Exploratory Innovation, Exploitative Innovation, and Performance: Effects of Organizational Antecedents and Environmental Moderators [J]. Management Science, 2006, 52 (11): 1661 – 1674.

[156] Kaplan S. , Henderson R. Inertia and Incentives: Bridging Organiza-

tional Economics and Organizational Theory [J]. Organization Science, 2005, 16 (5): 509 – 521.

[157] Kauffman S. , Lobo J. , Macready W. G. Optimal Search on a Technology Landscape [J]. Journal of Economic Behavior & Organization, 2000, 43 (2): 141 – 166.

[158] Kermally S. Effective Knowledge Management: A Best Practice Blueprint [M]. Wiley, 2002.

[159] Kiesler S. , Cummings J. N. What do We Know About Proximity and Distance in Work Groups? A Legacy of Research [J]. Distributed Work, 2002 (1): 57 – 80.

[160] Kilduff M. , Tsai W. Social Networks and Organizations [M]. Sage, 2003.

[161] Kingston W. Innovation Needs Patents Reform [J]. Research Policy, 2001, 30 (3): 403 – 423.

[162] Laursen K. , Salter A. Open for Innovation: the Role of Openness in Explaining Innovation Performance Among UK Manufacturing Firms [J]. Strategic Management Journal, 2006, 27 (2): 131 – 150.

[163] Lavie D. Alliance Portfolios and Firm Performance: A Study of Value Creation and Appropriation in the US Software Industry [J]. Strategic Management Journal, 2007, 28 (12): 1187 – 1212.

[164] Lavie D. , Rosenkopf L. Balancing Exploration and Exploitation in Alliance Formation [J]. Academy of Management Journal, 2006, 49 (4): 797 – 818.

[165] Lavie D. , Stettner U. , Tushman M. L. Exploration and Exploitation Within and Across Organizations [J]. Academy of Management Annals, 2010, 4 (1): 109 – 155.

[166] Le Bon G. The Crowd: A Study of the Popular Mind [M]. Mineola, NY: Dover Publications, 1895.

[167] Leonard Barton D. Core Capabilities and Core Rigidities: A Paradox in Managing New Product Development [J]. Strategic Management Journal, 1992, 13 (S1): 111 – 125.

[168] Lerner J. , Tirole J. Some Simple Economics of Open Source [J]. The Journal of Industrial Economics, 2002, 50 (2): 197 – 234.

［169］ Lester R. K. , Piore M. J. Innovation——The Missing Dimension ［M］. Harvard University Press, 2004.

［170］ Levin R. C. , Klevorick A. K. , Nelson R. R. , Winter S. G. , Gilbert R. , Griliches Z. Appropriating the Returns From Industrial Research and Development ［J］. Brookings Papers on Economic Activity, 1987 (3): 783 – 831.

［171］ Levinthal D. , March J. G. A Model of Adaptive Organizational Search ［J］. Journal of Economic Behavior & Organization, 1981, 2 (4): 307 – 333.

［172］ Lichtenstein G. A. , Lyons T. S. The Entrepreneurial Development System: Transforming Business Talent and Community Economies ［J］. Economic Development Quarterly, 2001, 15 (1): 3 – 20.

［173］ Liu D. , Jiang K. , Shalley C. E. , Keem S. , Zhou J. Motivational Mechanisms of Employee Creativity: A Meta-analytic Examination and Theoretical Extension of the Creativity Literature ［J］. Organizational Behavior and Human Decision Processes, 2016 (137): 236 – 263.

［174］ Los B. , Verspagen B. R&D Spillovers and Productivity: Evidence From US Manufacturing Microdata ［J］. Empirical Economics, 2000, 25 (1): 127 – 148.

［175］ Machlup F. The Study of Information: Interdisciplinary Messages ［M］. New York, NY: Wiley, 1983.

［176］ Malecki E. J. Connecting Local Entrepreneurial Ecosystems to Global Innovation Networks: Open Innovation, Double Networks and Knowledge Integration ［J］. International Journal of Entrepreneurship and Innovation Management, 2011, 14 (1): 36 – 59.

［177］ Malerba F. Sectoral Systems of Innovation: a Framework for Linking Innovation to the Knowledge Base, Structure and Dynamics of Sectors ［J］. Economics of Innovation and New Technology, 2005, 14 (1 – 2): 63 – 82.

［178］ Malerba F. , Orsenigo L. Technological Regimes and Sectoral Patterns of Innovative Activities ［J］. Industrial and Corporate Change, 1997, 6 (1): 83 – 118.

［179］ Mansfield E. How Rapidly Does New Industrial Technology Leak Out? ［J］. Journal of Industrial Economics, 1985, 9 (34): 217 – 223.

［180］ Mansfield E. Technical Change and the Rate of Imitation ［J］. Econometrica: Journal of the Econometric Society, 1961, 29 (4): 741 – 766.

[181] March J. G. Exploration and Exploitation in Organizational Learning [J]. Organization Science, 1991, 2 (1): 71 - 87.

[182] Marlin D. , Geiger S. W. A reexamination of the Organizational Slack and Innovation Relationship [J]. Journal of Business Research, 2015, 68 (12): 2683 - 2690.

[183] Martin R. , Moodysson J. Comparing Knowledge Bases: on the Geography and Organization of Knowledge Sourcing in the Regional Innovation System of Scania, Sweden [J]. European Urban and Regional Studies, 2013, 20 (2): 170 - 187.

[184] Martin R. , Moodysson J. Innovation in Symbolic Industries: The Geography and Organization of Knowledge Sourcing [J]. European Planning Studies. 2011, 19 (7): 1183 - 1203.

[185] McNamara P. , Baden Fuller C. Lessons From the Celltech Case: Balancing Knowledge Exploration and Exploitation in Organizational Renewal [J]. British Journal of Management, 1999, 10 (4): 291 - 307.

[186] Mishina Y. , Pollock T. G. , Porac J. F. Are more Resources Always Better for Growth? Resource Stickiness in Market and Product Expansion [J]. Strategic Management Journal, 2004, 25 (12): 1179 - 1197.

[187] Mitchell W. , Singh K. Incumbents' Use of Pre-entry Alliances Before Expansion Into New Technical Subfields of an Industry [J]. Journal of Economic Behavior & Organization, 1992, 18 (3): 347 - 372.

[188] Mitri M. A Knowledge Management Framework for Curriculum Assessment [J]. Journal of Computer Information Systems, 2003, 43 (4): 15 - 24.

[189] Mokyr J. Innovation in an Historical Perspective: Tales of Technology and Evolution [M]. Technological Innovation and Economic Performance. Princeton University Press, 2002: 23 - 46.

[190] Monteiro F. , Birkinshaw J. The External Knowledge Sourcing Process in Multinational Corporations [J]. Strategic Management Journal, 2017, 38 (2): 342 - 362.

[191] Moore J. F. Predators and Prey: a New Ecology of Competition [J]. Harvard Business Review, 1993, 71 (3): 75 - 86.

[192] Mowery D. C. , Oxley J. E. , Silverman B. S. Strategic Alliances and Interfirm Knowledge Transfer [J]. Strategic Management Journal, 1996, 17

（S2）：77－91.

[193] Nahapiet J. , Ghoshal S. Social Capital, Intellectual Capital, and the Organizational Advantage [J]. Academy of Management Review, 1998, 23 (2)：242－266.

[194] Nash J. Non-cooperative Games [J]. Annals of Mathematics, 1951, 54 (2)：286－295.

[195] Nelson R. R. , Winter S. G. The Schumpeterian Tradeoff Revisited [J]. The American Economic Review, 1982, 72 (1)：114－132.

[196] Nickerson J. A. , Zenger T. R. A Knowledge-based Theory of the Firm——The Problem-solving Perspective [J]. Organization Science, 2004, 15 (6)：617－632.

[197] Noel M. , Schankerman M. Strategic Patenting and Software Innovation [J]. The Journal of Industrial Economics, 2013, 61 (3)：481－520.

[198] Nohria N. , Gulati R. Is Slack Good or Bad for Innovation? [J]. Academy of Management Journal, 1996, 39 (5)：1245－1264.

[199] Nohria N. , Gulati R. What is the Optimum Amount of Organizational Slack?：A Study of the Relationship Between Slack and Innovation in Multinational Firms [J]. European Management Journal, 1997, 15 (6)：603－611.

[200] Nonaka I. , Konno N. The Concept of "Ba"：Building a Foundation for Knowledge Creation [J]. California Management Review, 1998, 40 (3)：40－54.

[201] Nonaka I. The Knowledge-creating Company [J]. Harvard Business Review, 1991.

[202] Nonaka I. , Takeuchi H. The Knowledge-creating Company：How Japanese Companies Create the Dynamics of Innovation [M]. Oxford University Press, 1995.

[203] Penrose E. T. The Theory of the Growth of the Firm [M]. New York：Wiley, 1959.

[204] Persaud A. Enhancing Synergistic Innovative Capability in Multinational Corporations：An Empirical Investigation [J]. Journal of Product Innovation Management, 2005, 22 (5)：412－429.

[205] Phelps C. C. A Longitudinal Study of the Influence of Alliance Network Structure and Composition on Firm Exploratory Innovation [J]. Academy of Man-

agement Journal, 2010, 53 (4): 890 – 913.

[206] Phene A. , Madhok A. , Liu K. Knowledge Transfer Within the Multinational Firm: What Drives the Speed of Transfer? [J]. MIR: Management International Review, 2005, 45 (2): 53 – 74.

[207] Piaget J. Genetic Epistemology [M]. Columbia University Press, 1970.

[208] Piran F. A. S. , Lacerda D. P. , Camargo L. F. R. , Viero C. F. , Dresch A. , Cauchich-Miguel P. A. . Product Modularization and Effects on Efficiency: an Analysis of a Bus Manufacturer Using Data Envelopment Analysis (DEA) [J]. International Journal of Production Economics, 2016, 182: 1 – 13.

[209] Popadiuk S. , Choo C. W. Innovation and Knowledge Creation: How are These Concepts Related? [J]. International Journal of Information Management, 2006, 26 (4): 302 – 312.

[210] Powell W. W. , Koput K. W. , Smith-Doerr L. Interorganizational Collaboration and the Locus of Innovation: Networks of Learning in Biotechnology [J]. Administrative Science Quarterly, 1996, 41 (1): 116 – 145.

[211] Quinn J. B. Intelligent Enterprise: A Knowledge and Service Based Paradigm for Industr [M]. Simon and Schuster, 1992.

[212] Raymond E. The Cathedral and the Bazaar [J]. Knowledge, Technology & Policy, 1999, 12 (3): 23 – 49.

[213] Rietzschel E. F. , Nijstad B. A. , Stroebe W. The Selection of Creative Ideas After Individual Idea Generation: Choosing Between Creativity and Impact [J]. British Journal of Psychology, 2010, 101 (1): 47 – 68.

[214] Rifkin J. The Zero Marginal Cost Society: The Internet of Things, the Collaborative Commons, and the Eclipse of Capitalism [M]. St. Martin's Press, 2014.

[215] Rindfleisch A. , Moorman C. The Acquisition and Utilization of Information in New Product Alliances: A Strength-of-ties Perspective [J]. Journal of Marketing, 2001, 65 (2): 1 – 18.

[216] Roetzel P. G. Information Overload in the Information Age: a Review of the Literature From Business Administration, Business Psychology, and Related Disciplines With a Bibliometric Approach and Framework Development [J]. Business Research, 2019, 12 (2): 479 – 522.

[217] Rogers E. M. Diffusion of Innovations [M]. Simon and Schuster, 1962.

[218] Rohrbeck R. , Hölzle K. , Gemünden H. G. Opening Up for Competitive Advantage——How Deutsche Telekom Creates an Open Innovation Ecosystem [J]. R&d Management, 2009, 39 (4): 420 – 430.

[219] Romer P. M. Endogenous Technological Change [J]. Journal of Political Economy, 1990, 98 (5, Part 2): S71 – S102.

[220] Romer P. M. Increasing Returns and Long-run Growth [J]. Journal of Political Economy, 1986, 94 (5): 1002 – 1037.

[221] Rosenberg N. , Nathan R. Inside the Black Box: Technology and Economics [M]. Cambridge University Press, 1982.

[222] Rothaermel F. T. , Deeds D. L. Exploration and Exploitation Alliances in Biotechnology: A System of New Product Development [J]. Strategic Management Journal, 2004, 25 (3): 201 – 221.

[223] Rousseau J. Discourse on the Origin of Inequality [M]. Oxford University Press, 1755.

[224] Russell J A. Pancultural Aspects of the Human Conceptual Organization of Emotions. [J]. Journal of Personality and Social Psychology, 1983, 45 (6): 1281.

[225] Sampson R. J. , Raudenbush S. W. Seeing Disorder: Neighborhood Stigma and the Social Construction of "broken windows" [J]. Social Psychology Quarterly, 2004, 67 (4): 319 – 342.

[226] Samuelson P. A. The Pure Theory of Public Expenditure [J]. The Review of Economics and Statistics, 1954: 387 – 389.

[227] Schubert T. , Tavassoli S. Product Innovation and Educational Diversity in Top and Middle Management Teams [J]. Academy of Management Journal, 2020, 63 (1): 272 – 294.

[228] Schumpeter J. A. The Theory of Economic Development, Tenth Printing 2004 [J]. Transaction Publishers, New Brun Swick, New Jersey, 1912: 117 – 118.

[229] Shapiro C. , Varian H. R. , Carl S. Information Rules: A Strategic Guide to the Network Economy [M]. Harvard Business Press, 1998.

[230] Shapiro N. S. , Levine J. H. Creating Learning Communities: A Prac-

tical Guide to Winning Support, Organizing for Change, and Implementing Programs. Jossey-Bass Higher and Adult Education Series [M]. ERIC, 1999.

[231] Sharfman M. P. , Wolf G. , Chase R. B. , Tansik D. A. Antecedents of Organizational Slack [J]. Academy of Management Review, 1988, 13 (4): 601 – 614.

[232] Sheremata W. A. Centrifugal and Centripetal Forces in Radical New Product Development Under Time Pressure [J]. Academy of Management Review, 2000, 25 (2): 389 – 408.

[233] Simmel G. The Sociology of Georg Simmel [M]. Simon and Schuster, 1950.

[234] Simmel G. Sobre la Individualidad y Las Formas Sociales [M]. Universidad Nacional de Quilmes Buenos Aires, 2002.

[235] Simsek Z. , Heavey C. , Veiga J. F. , Souder D. A Typology for Aligning Organizational Ambidexterity's Conceptualizations, Antecedents, and Outcomes [J]. Journal of Management Studies, 2009, 46 (5): 864 – 894.

[236] Sirmon D. G. , Hitt M. A. Contingencies Within Dynamic Managerial Capabilities: Interdependent Effects of Resource Investment and Deployment on firm Performance [J]. Strategic Management Journal, 2009, 30 (13): 1375 – 1394.

[237] Sirmon D. G. , Hitt M. A. Contingencies within Dynamic Managerial Capabilities: Interdependent Effects of Resource Investment and Deployment On Firm Performance [J]. Strategic Management Jourel, 2009, 30 (13): 1375 – 1394.

[238] Smart P. K. , Tranfield D. , Deasley P. , Levene R. , Rowe A. , Corley J. Integrating "Lean" and "High Reliability" Thinking [J]. Proceedings of the Institution of Mechanical Engineers, Part B: Journal of Engineering Manufacture, 2003, 217 (5): 733 – 739.

[239] Smith A. An Inquiry Into the Nature and Causes of the Wealth of Nations [M]. University of Chicago Press Economics Books, 1997.

[240] Smith W. K. , Lewis M. W. Toward a Theory of Paradox: A Dynamic Equilibrium Model of Organizing [J]. Academy of Management Review, 2011, 36 (2): 381 – 403.

[241] Solow R. M. Technical Change and the Aggregate Production Function

[J]. The Review of Economics and Statistics, 1957, 39 (3): 312 –320.

[242] Sørensen J. B. , Stuart T. E. Aging, Obsolescence, and Organizational Innovation [J]. Administrative Science Quarterly, 2000, 45 (1): 81 –112.

[243] Spencer Jennifer W. Firms' Knowledge Haring Strategies in the Global Innovation System: Empirical Evidence from the Flat Panel Display Industry [J]. Strategic Management Journal, 2003, 24 (3): 217 –233.

[244] Starbuck W. H. Learning by Knowledge-intensive Firms [J]. Journal of Management Studies, 1992, 29 (6): 713 –740.

[245] Streeter C. L. Redundancy in Organizational Systems [J]. Social Service Review, 1992, 66 (1): 97 –111.

[246] Szulanski G. Exploring Internal Stickiness: Impediments to the Transfer of Best Practice within the Firm [J]. Strategic Management Journal, 1996, 17 (S2): 27 –43.

[247] Talke K. , Salomo S. , Kock A. Top Management Team Diversity and Strategic Innovation Orientation: The Relationship and Consequences for Innovativeness and Performance [J]. Journal of Product Innovation Management, 2011, 28 (6): 819 –832.

[248] Tallman S. , Jenkins M. , Henry N. , Pinch S. Knowledge, Clusters, and Competitive Advantage [J]. Academy of Management Review, 2004, 29 (2): 258 –271.

[249] Tan J. , Peng M. W. Organizational Slack and Firm Performance During Economic Transitions: Two Studies from an Emerging Economy [J]. Strategic Management Journal, 2003, 24 (13): 1249 –1263.

[250] Teece D. J. Dynamic Capabilities as (workable) Management Systems Theory [J]. Journal of Management & Organization, 2018, 24 (3): 359 –368.

[251] Teece D. J. Profiting from Technological Innovation: Implications for Integration, Collaboration, Licensing and Public Policy [J]. Research Policy, 1986, 15 (6): 285 –305.

[252] Tiwana A. , Ramesh B. A Design Knowledge Management System to Support Collaborative Information Product Evolution [J]. Decision Support Systems, 2001, 31 (2): 241 –262.

[253] Toffler A. The Third Wave2 The Classic Study of Tomorrow [J]. Ban-

tam, New York, 1980.

[254] Toffler A. Powershift: Knowledge, Wealth and Violence at the Edge of the 21st Century [M]. Bantam Books, New York, 1990.

[255] Tsai W. Knowledge Transfer in Intraorganizational Networks: Effects of Network Position and Absorptive Capacity on Business Unit Innovation and Performance [J]. Academy of Management Journal, 2001, 44 (5): 996 – 1004.

[256] Tsoukas H. The Firm as a Distributed Knowledge System: A Constructionist Approach [J]. Strategic Management Journal, 1996, 17 (S2): 11 – 25.

[257] Tushman M. L., O'Reilly III C. A. Ambidextrous Organizations: Managing Evolutionary and Revolutionary Change [J]. California Management Review, 1996, 38 (4): 8 – 29.

[258] Ueda M. Banks Versus Venture Capital: Project Evaluation, Screening, and Expropriation [J]. The Journal of Finance, 2004, 59 (2): 601 – 621.

[259] Uotila J., Maula M., Keil T., et al. Exploration, Exploitation, and Financial Performance: Analysis of S&P 500 Corporations [J]. Strategic Management Journal, 2009, 30 (2): 221 – 231.

[260] Veblen T. The Theory of the Leisure Class [M]. Boston: Houghton Mifflin, 1973.

[261] Vermeulen F., Barkema H. Learning Through Acquisitions [J]. Academy of Management Journal, 2001, 44 (3): 457 – 476.

[262] Vernon R. International Investment and International Trade in the Product Cycle [J]. Quaterly Journal of Economics, 1966.

[263] Von Hippel E. Successful Industrial Products from Customer Ideas: Presentation of a new Customer-active Paradigm with Evidence and Implications [J]. Journal of Marketing, 1978, 42 (1): 39 – 49.

[264] Von Hippel E. Democratizing Innovation [M]. MIT Press, 2006.

[265] Von Hippel E. Lead Users: a Source of Novel Product Concepts [J]. Management Science, 1986, 32 (7): 791 – 805.

[266] Von Krogh G., Von Hippel E. Special Issue on Open Source Software Development [J]. Research Policy, 2003, 32 (7): 1149 – 1157.

[267] Von Mises L. Grundprobleme der Nationalökonomie: Untersuchungen über Verfahren, Aufgaben und Inhalt der Wirtschafts-und Gesellschaftslehre [M].

G. Fischer, 1933.

［268］ Wang C. , Rodan S. , Fruin M. , et al. Knowledge Networks, Col-laboration Networks, and Exploratory Innovation ［J］. Academy of Management Journal, 2014, 57 (2): 484 – 514.

［269］ Wang H. , Choi J. , Wan G. , et al. Slack Resources and the Rent-Generating Potential of Firm-Specific Knowledge ［J］. Journal of Management, 2016, 42 (2): 500 – 523.

［270］ Wang Q. , Von Tunzelmann N. Complexity and the Functions of the Firm: Breadth and Depth ［J］. Research Policy, 2000, 29 (7 – 8): 805 – 818.

［271］ Waterman R. H. , Peters T. J. In Search of Excellence: Lessons from America's Best-run Companies ［M］. New York: Harper & Row, 1982.

［272］ Weick K. E. Sensemaking in Organizations ［M］. Sage, 1995.

［273］ Yoo Y. , Boland Jr R. J. , Lyytinen K. , Majchrzak A. Organizing for Innovation in the Digitized World ［J］. Organization Science, 2012, 23 (5): 1398 – 1408.

［274］ Zhang J. , Baden Fuller C. The Influence of Technological Knowledge Base and Organizational Structure on Technology Collaboration ［J］. Journal of Management Studies, 2010, 47 (4): 679 – 704.

［275］ Zhou J. , George J. M. When Job Dissatisfaction Leads to Creativity: Encouraging the Expression of Voice ［J］. Academy of Management Journal, 2001, 44 (4): 682 – 696.

［276］ Zobel A. , Lokshin B. , Hagedoorn J. Formal and Informal Appropria-tion Mechanisms: The Role of Openness and Innovativeness ［J］. Technovation, 2017 (59): 44 – 54.